从技术走向管理
李元芳升职记

（第3版）

王树文 著

电子工业出版社·
Publishing House of Electronics Industry
北京·BEIJING

内 容 简 介

本书以生动、活泼的形式展现了李元芳从技术骨干成功转型为管理人才的职场经历。全书分为引子、第一篇、第二篇、第三篇、第四篇、后记六个部分，作者把将要走向管理岗位的技术人员、企业的中层管理者所遇到的问题加以整理，总结出 111 章与管理技能、领导技能息息相关的文章（前 100 章侧重管理技能，后 11 章侧重领导技能），章章直击管理难点、解决管理问题，各章之间既相互联系又彼此独立，读者可以根据需要选择阅读方式。同时，本书的附录部分把每一章的核心内容加以提炼做成索引，以使有不同需求的读者可以进行有针对性地阅读。

本书适合工作多年的技术人员、有志走向管理岗位的技术人员和已经走上管理岗位的中基层管理者阅读，还可以作为企业高层管理者培养下属的参考读物。

图书在版编目（CIP）数据

从技术走向管理：李元芳升职记 / 王树文著. —3 版. —北京：电子工业出版社，2021.8
（2025.8 重印）

ISBN 978-7-121-41590-6

Ⅰ. ①从… Ⅱ. ①王… Ⅲ. ①管理学—通俗读物 Ⅳ. ①C93-49

中国版本图书馆 CIP 数据核字（2021）第 139649 号

责任编辑：孙学瑛　　　　　　　特约编辑：田学清
印　　刷：北京天宇星印刷厂
装　　订：北京天宇星印刷厂
出版发行：电子工业出版社
　　　　　北京市海淀区万寿路 173 信箱　　　　邮编：100036
开　　本：720×1000　　1/16　　印张：18　　字数：312.5 千字
版　　次：2013 年 8 月第 1 版
　　　　　2021 年 8 月第 3 版
印　　次：2025 年 8 月第 8 次印刷
定　　价：68.00 元

凡所购买电子工业出版社图书有缺损问题，请向购买书店调换。若书店售缺，请与本社发行部联系，联系及邮购电话：（010）88254888，88258888。

质量投诉请发邮件至 zlts@phei.com.cn，盗版侵权举报请发邮件至 dbqq@phei.com.cn。

本书咨询联系方式：010-51260888-819，faq@phei.com.cn。

目　录

引子：五年半的一线技术工作

故事得从那个春天说起。

毕业于我国南部城市某 985 重点大学计算机系的李元芳，通过参加广州南方人才市场春季大型招聘会，从众多的应聘者中脱颖而出，被当时在广州乃至全国都小有名气的广州港前信息科技有限公司录用。李元芳入职那年，广州港前信息科技有限公司已经成立 5 年了，这是一家以计算机系统集成和软件开发为主营业务的高科技民营企业。李元芳入职那一年，公司已发展到中等规模，员工人数突破了四百人，是"国家规划布局内重点软件企业"和"国家火炬计划重点高新技术企业"，获得了计算机信息系统集成二级资质[①]。

入职前后的情景，李元芳记忆犹新。

＊　　　　　＊　　　　　＊

那年的 7 月 5 日晚，李元芳登上了开往广州的列车。7 月 6 日早上七点，载着他和他的美丽梦想的列车到达广州火车站。李元芳提着自己的简单行囊，随人流走出火车站，坐上前往广州港前信息科技有限公司所在地广州天河软件园高唐园区的公交车。李元芳怀着对未来无限美好的憧憬，一路上心潮澎湃。公交车离广州港前信息科技有限公司越近，李元芳的心跳得越快，他既希望自己能早点到公司报到上班，开启自己的职业生涯，又担心自己能否顺利实现从学生到公司职员的角色转变。

公交车驶入广州天河软件园高唐园区，眼前的景象仍让李元芳这个虽然在农村长大但已经在城市上了四年大学的高才生大开眼界：气派的写字楼、干净的园区、整齐的绿化带……不过，此时的李元芳并没有太多心思来欣赏这一切，因为他心驰神往的还是即将入职的公司。他知道，这个园区是自己将要工作的地方，以后还有很多时间慢慢熟悉和了解。

李元芳按照录用通知书上的地址找到公司所在的办公大楼。他下意识地整理了一下自己有点褪色的蓝色西装（李元芳家境并不富裕，这套蓝色西装还是四年前刚考入大学时姐姐送给他的），然后进入公司，前台文员李思思热情地接待了他。就在两人眼神交汇的那一瞬间，李元芳如触电一般——眼前这位亭亭玉立、皮肤

[①] 计算机信息系统集成资质认证是计算机信息系统集成企业为了取得《计算机信息系统集成资质证书》，必须经过国家工业和信息化部授权的第三方认证机构进行的一种认证，以评定企业从事计算机信息系统集成的综合能力。计算机信息系统集成资质等级分为一级、二级、三级和四级。

白皙、双眸清澈的柔婉女孩，给了他从未有过的、无以名状的异样感觉。李元芳不敢多看李思思，他迅速把自己的目光收了回来。

李思思看过李元芳的录用通知书后，对他说："李元芳，您好，欢迎您成为我们的新同事。您先喝杯水，然后我带您到公司人力资源部报到。"李思思边说边递上一杯水。

人力资源部位于公司二楼，接待李元芳的是人力资源部的招聘专员常靓。常靓按公司流程为李元芳办好入职手续后，将他带到了电子政务软件开发部。部门秘书蔡琴给他安排好办公座位和工作电脑后，将他带到了部门经理薛勇的办公室。

薛勇是一位平易近人的经理，四十岁左右，中等身材、微胖。他一边起身把李元芳迎进自己的办公室一边说："李元芳，欢迎你加入我们的团队，一路辛苦了。我是电子政务软件开发部的经理薛勇，希望以后我们能精诚合作。在工作和生活中有什么困难，你可以直接告诉我。今天是你入职的第一天，暂时不给你布置工作，稍后部门秘书蔡琴会给你安排宿舍，今天你就好好休息，明天再正式上班，希望你能尽快适应这里的工作环境和广州的生活。你现在有什么困难吗？"

也许是性格比较内向，也许是第一次见到自己的上司有点拘束，李元芳没有和部门经理薛勇过多交流，就匆匆离开了薛勇的办公室。

部门秘书蔡琴给李元芳安排了临时宿舍。临时宿舍就在离公司不远的城中村，每个房间十平方米左右，每间房两张床，住两个人，是公司专门为刚入职的员工准备的，新员工最长住宿时间为三个月，三个月之后，需要员工自己租房子以便腾出房间给后续入职的员工使用。

入职当天晚上，李元芳想了很多。他憧憬着自己美好的未来生活，内心很激动也很亢奋，好像有一股炽热的火焰在燃烧。这个年轻的小伙子暗暗发誓：一定要尽快干出点儿成绩！

*　　　　　*　　　　　*

入职第二天，李元芳就正式上班了。他结束了大学时期相对自由的生活，进入紧张而忙碌的工作状态，开始几天还真有点不太适应。

一个从农村走出来的孩子，只身来到举目无亲的异乡都市，工作和生活的艰难是可想而知的。也许是农村的孩子更能吃苦，李元芳努力克服种种困难，立志要通过自己的刻苦努力出人头地，为自己和父母争光。

电子政务软件开发部当时有 25 名员工，李元芳想尽办法让自己尽快融入这个大家庭，一个月后，他就适应了工作节奏。

＊　　　　　　＊　　　　　　＊

时光荏苒，一晃就是五年半，这段时间李元芳在电子政务软件开发部担任过软件程序员、模块设计师、系统设计师和架构设计师，一直致力于具体的一线技术工作。

李元芳勤奋好学、态度积极，所以进步很快，深受部门经理薛勇的青睐，从入职那年起连续五年被评为公司优秀员工，工资也由入职时的月薪 8000 元提高到 15000 元。

在这五年半的时间里，李元芳如饥似渴地学习电子政务软件开发部负责的项目中需要用到的计算机技术，先后掌握了 C++开发语言、Oralce 数据库开发技术、UML 建模工具、J2EE 架构技术等，从进公司时学习开发 C/S（Client/Server）应用，一直到熟练掌握 B/S（Browser/Server）应用开发，一路走来，从未停歇。

第一篇：管理菜鸟在蜕变

001. 赶鸭子上架

在李元芳进入广州港前信息科技有限公司的这五年半时间里，公司的业务突飞猛进，公司员工人数从李元芳入职时的四百多人增加到近八百人，李元芳所在的部门人数也从25人增加到42人。

新的一年元旦假期过后，李元芳刚上班，办公桌上的电话就清脆地响了起来。李元芳以为是客户的电话，接听之后，才知道是公司主管软件业务的常务副总经理熊浩打来的。

熊浩是广州港前信息科技有限公司创始人之一，五十岁左右，做过市场营销，有一定的技术背景，管理能力一流，尤其擅长人际沟通。熊浩身材偏瘦，但人特别精神，工作起来好像从来不知道疲劳。五年半来，李元芳虽然没有多少机会直接与熊浩沟通，但从一些会议和平时大家的议论中能感觉到，熊浩是一位好领导。

电话那头的熊浩操着雄厚的男中音说："喂，李元芳吗？我是熊浩。请九点半来我办公室一趟，我有事找你。"

工作五年半来，这是李元芳第一次被公司常务副总经理熊浩单独"召见"，心中难免有点忐忑，是工作上出了差错还是其他原因？一时间，李元芳紧张起来，不知道将会发生什么事情。

时间一分钟一分钟过去，李元芳好不容易挨到九点半，他起身走到熊浩的办公室门前，敲响了办公室的门。

熊浩摆了一下手，示意李元芳坐在自己对面的椅子上。熊浩点燃一支烟，喝了一口茶，说："元芳，公司这几年发展迅速，员工人数增加了不少，急需管理人才，你们部门经理薛勇一个人要管理偌大一个部门，比较困难。他认为你技术能力强、工作积极、勤奋上进，提议让你做他的副手，你们一起来管理电子政务软件开发部。根据你入职五年半来的工作表现，在公司新一年的组织架构调整和人事任命研究讨论会议上，经过董事会讨论通过，决定任命你为电子政务软件开发部副经理，协助薛勇管理这个部门，你个人意愿如何？"

李元芳万万没有想到，自己在工作了五年半之后，能被提拔到管理岗位。要知道，从技术岗位走向管理岗位，是绝大多数技术人员期望获得的发展机会。在李元芳工作的部门中，工作年限比他长但还没有被提拔到管理岗位的同事大有人在。听到这个突如其来的好消息，李元芳既欣喜又紧张：欣喜的是自己得到了很多人可望而不可即的职业晋升和发展的机会，紧张的是不知道自己是否有能力把握住这一机会。也许是初生牛犊不怕虎，李元芳定了定神，握紧拳头给自己信心：我做了五年半的技术开发，成绩有目共睹，现在做管理，问题应该不会太大，一定要把握住这个机会。想到这里，李元芳热血沸腾，更加兴奋了。

也许是欣喜过望，李元芳愣在那里，甚至忘了回答熊浩的问题。

熊浩见李元芳没有回答自己提出的问题，就继续说："我知道，做技术你是一把好手，开发的程序稳定、运行效率也很高。然而，做管理和做技术是有很大不同的，管理岗位对人的能力和素质的要求与技术岗位相比存在比较大的差异，能否实现从技术到管理的成功转型，是很多从技术走向管理的人所面对的最大挑战，也是必须要逾越的障碍。希望你在以后的工作中能尽快进入角色，在开展管理工作时遇到什么棘手的问题，可以多请教部门经理薛勇和公司人力资源部经理郑现实，也欢迎你和我探讨。我知道，你很爱看书，以前你看技术类书籍比较多，转到管理岗位，要多看看管理类书籍，好好补补管理这门课。另外，根据公司薪酬体系，你的月薪增加到17000元，稍后公司人力资源部薪酬专员会发邮件通知你。"

良久，李元芳激动的心情才稍稍平复。他知道，这是部门经理薛勇和公司领导对自己以往工作业绩的肯定，也是领导对自己的信任，更是领导对自己的期望。他在心里默默发誓：一定不能让公司失望、让领导失望。

离开熊浩办公室之前，李元芳只说了一句话："谢谢公司和您对我的信任与栽培，请您放心，我一定努力做到最好。"

第三天，公司总经理办公室就发出了新年第一份由公司董事长兼总经理狄仁杰签发的"红头文件"，在公司新一年的组织架构和管理人员任命名单中，李元芳被提拔为公司电子政务软件开发部副经理。

李元芳看完"红头文件"，高兴之余，不免担心起来。五年半来，李元芳从事的都是具体的一线技术工作，从来没有做过管理，特别是公司常务副总经理熊浩关于技术岗位与管理岗位的话语，更是让李元芳忧心忡忡：管理工作估计不会像我想象得那么简单，管理和技术的差异到底在哪里？管理工作到底该怎样做？我是否可以成功实现从技术到管理的转型？摆在李元芳面前的问题似乎很多，他一时不敢多想，也没办法多想。

随着公司文件的下发，各项工作也随之按新的组织架构开展起来。根据公司的《岗位职责说明书》，电子政务软件开发部副经理李元芳主要负责部门技术发展方向的把控、部门技术人员的培养和部门技术人员的工作调配。

当天下午，薛勇和李元芳就部门新年度的主体工作计划进行了简短的沟通，之后就开始分头制订各自负责的工作的详细年度计划。

这时，李元芳才发现做技术时游刃有余的自己，在着手做管理工作时，竟然不知从何入手！

瞎折腾了几天之后，李元芳对于如何开展管理工作还是没有丝毫头绪，只好去请薛勇指点一二。

002. 管理者需要必要的"折腾"

李元芳走马上任的第五天，早上一上班他就迫不及待地拨通了部门经理薛勇的分机，支支吾吾地说明了自己想向薛勇请教的想法。薛勇表示热情欢迎。

李元芳走进薛勇的办公室，薛勇从办公椅上起身，和李元芳一同坐到办公室另一头会客区的沙发上。

李元芳说："薛经理，多谢您的提携，我才有机会走上管理岗位。这几天我一直在思考如何开展管理工作，也试图动手去做，但好像无从下手，我感到十分茫然。您是公司资深经理，还一直是我的上司，所以想请您给我一些指导。"

薛勇已经工作了二十多年，有近十年的管理经验，在广州港前信息科技有限公司中算得上是资深的中层经理。他喝了一口茶，微微一笑，说："指导谈不上，咱们是同事，是管理搭档，我只是工作时间比你长一些，工作经验稍微丰富一点而已。咱们以后多探讨、多沟通。"

薛勇把自己的手机调到震动状态，接着说："你所分管的部门工作的年度计划制订出来了吗？"

李元芳红着脸说："还没有，我不知道该如何写。"

李元芳在薛勇所管理的部门工作了五年半，十分佩服薛勇的工作能力和为人处事方式，他认为薛勇是一位很好的管理者，也是一位很好的上司，为人谦虚、低调，非常愿意帮助下属进步和成长。

李元芳十分纳闷：以前薛勇总会主动给自己一些工作指导，但为什么这一次他没有主动指导自己做年度工作计划，而是让自己独自去做呢？

本想问问个中原因，可还没等李元芳开口，薛勇就接着说："你知道我为什么没有告诉你如何制订年度工作计划，而要你独自去做吗？"

这正是李元芳想问的问题。李元芳说："薛经理，我不知道为什么，而且有点纳闷。我知道这不像您之前的风格，要是之前遇到这种我不懂的，您一定会先给我讲清楚，但这次您没有给我讲。"

薛勇说："我做管理工作近十年了，虽然我现在的管理水平还算不错，但之前也经历过不少挫折和失败。我认为，作为一名新晋管理者，在开展管理工作的过程中，独立去思考、尝试、经历、揣摩、接受一些必要的挫折和挑战是十分有益的，这样会让你感受更深，更容易掌握管理技能。这就是我让你独立做计划的原因。

"之前，我有一个朋友，在 QQ 个性签名上写道，'生命在于运动，管理在于折腾'，我认为这句话是有几分道理的。多年以前，我看过某卫视的一档节目，该节目中有一句台词：'人生因为经历而懂得，因为懂得而珍惜'。其实，这句话用在管理人员的管理能力培养上，也是合适的。有些事情，自己不亲身经历和感受，是很难把握个中精髓的。管理者需要必要的'折腾'，但我并不鼓励凡事都自己去折腾。在以后的管理工作中，你一定要多学习、多思考、多检讨、多反思、多提炼、多归纳、多总结、多听听别人的意见和建议，这样会让你在管理方面'折腾'少一点、成功多一点。"

李元芳终于明白了薛勇的良苦用心。

说到这里，薛勇起身从抽屉里拿出一份去年的部门工作计划和一些材料，对李元芳说："这是去年的部门工作计划和我收集的支撑今年计划的一些数据，你拿去参考，然后根据我们上次沟通的关于部门今年主体工作的安排，先自己动手尝试制订今年的工作计划，三天之后我们再一起讨论你所负责的部门工作计划。"

谢过薛勇之后，李元芳回到了自己的办公室。接下来的几天，他绞尽脑汁终于制订出一份工作计划，并发给了部门经理薛勇。

发出工作计划的那天晚上，李元芳躺在床上辗转反侧。他心里没底，不知道薛勇会如何评价自己的这份"处女计划"。

003. 让计划成为习惯

薛勇看了李元芳发过来的部门工作计划，觉得虽然有些条理不清，但李元芳能自己独立制订计划，这一点还是值得肯定的。

提交工作计划的第二天，一上班李元芳就忐忑不安地打电话给部门经理薛勇，询问薛勇的意见。

薛勇说："元芳，你的计划我已经看过了，能独立思考并制订出年度工作计划，不简单。不过，计划中有些地方条理不清，有些环节考虑欠周密，可能会影响今后的执行。你有空过来一下，我们一起讨论讨论。"

李元芳来到薛勇的办公室。薛勇并没有马上和他讨论部门计划的具体内容，而是说："想把一件事情做好，养成做计划的习惯实在是太重要了，特别是对于带团队的管理者来说，更是如此。因为一个团队'不是一个人在战斗'，如果没有合适的计划来指导团队成员的集体行动，大家根本不可能'心有灵犀'地去协同配合，更无法完成工作任务。况且，没有计划，就没有基准；没有基准，就无法衡量工作的业绩。因此，计划的作用在于：（1）给未来的行动提供指导；（2）通过做计划这一过程中的缜密思考，对未来可能出现的情况有所准备。去年我参加过一个管理课程培训，课堂上老师讲了工作的五个'凡是'，我感触很深，'凡是工作必有计划，凡是计划必有结果，凡是结果必有责任，凡是责任必有检查，凡是检查必有奖罚'。这五个'凡是'，你现在可能无法全面体会到它们的内涵，等工作久了，相信你一定感触良多。"

薛勇停顿了一下，接着说："我刚开始带团队的时候，也没有意识到计划的重要性。记得当时我带了一个地级市公文审批系统项目，起初根本就没做计划，而是根据自己的经验和想法随时安排团队成员的工作，结果团队工作效率低下，业绩很差，项目中经常出差错。当时，我还误以为是下属故意不配合我的工作。后来，公司常务副总经理熊浩点醒了我，说团队业绩差的核心原因是我们的工作没有计划。事实证明，确实是这么回事。临时的想法本身就缺乏周密的思考，再加上这些想法都在我的脑海里，大家只能根据我的指令行事，亦步亦趋，根本无法发挥主观能动性，结果就可想而知了。从那以后，我就养成了事前计划的好习惯，这个习惯让我受益匪浅。行动前要有计划，'没有计划，就是在计划失败'，这句话真的很有道理。"

李元芳之前一直是按照别人的安排来完成工作任务的，对计划的重要性确实没有太多感触。如今听薛勇一说，才意识到原来计划有这么重要的作用。李元芳暗暗要求自己：以后做任何事情之前一定要制订好计划！

这时，薛勇拿出一张纸，画了制订工作计划的基本流程图，如图1所示。

然后，薛勇借助流程图向李元芳做了一些基本解释。

第一步　做好制订工作计划之前的各项准备工作，包括收集必要的数据、进行充分的分析等。

第二步　根据工作目标（如年度工作目标、项目目标等）编制工作计划纲要。

第三步　在工作计划纲要的基础上，逐渐细化工作计划的各个部分，确保细化到工作计划可以被明确执行的程度。

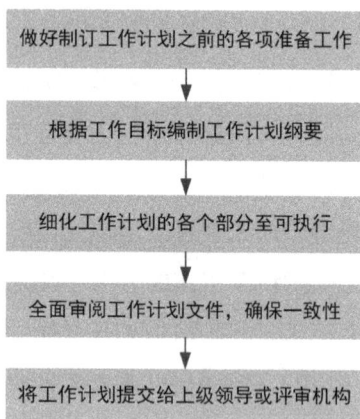

图 1　制订工作计划的基本流程

第四步　全面审阅整个工作计划,看看工作计划的各部分之间是否存在矛盾,确保工作计划中各部分的一致性。

第五步　把自己认为已经符合要求的工作计划提交给上级领导或评审机构。

最后,薛勇说:"你回去完善一下计划,明天再发给我吧!"

004. 计划之前要有行动

拿到李元芳修改之后的工作计划,薛勇认真看了两遍,发现这一版比之前的那一版好了很多。

这时，薛勇办公桌上的电话响了，薛勇拿起听筒，原来是李元芳打来的。

李元芳问道："薛经理，我是李元芳，修改后的计划您看了吗？"

薛勇回答说："我刚看完，感觉不错。我准备把咱们两个人的计划整合起来，形成部门的年度工作计划，然后咱们一起讨论一遍，再提交给熊副总审批。"

接下来，在沟通部门年度工作计划时，薛勇问了李元芳一个问题："元芳，你知道为什么很多人说'计划没有变化快'吗？为什么很多人认为做计划没有用吗？"

李元芳想了想，说："我只知道有些人把'计划赶不上变化'作为不做计划的借口。您提的这个问题，我不知道究竟是什么原因导致的。"

薛勇说："很多人认为是环境变化太快，其实这是不正确的。"

李元芳请教道："那是为什么呢？"

薛勇说："还记得上次我给你讲过的制订工作计划的基本流程中的第一个步骤吗？"

李元芳说："这个我记得。您说的第一个步骤是做好制订工作计划之前的各项准备工作，包括收集必要的数据、进行充分的分析等。"

薛勇说："答案就在这里！我之前讲过，行动之前一定要有计划，其实计划之前也一定要有行动，那就是在制订计划之前，一定要做好准备的充分，该收集的数据要收集、该分析的资料要分析，只有这样，才能制订出科学、合理的计划。很多人说'计划没有变化快'，其实核心原因是计划本身不科学、不合理，而计划不科学、不合理的根本原因是他们在制订计划之前准备工作做得不充分！工作中，不少人应付了事，公司或上司要求他们做计划，他们就草草拼凑一个交差，其实这样做计划纯粹是在浪费时间，还不如不做！"

李元芳此时才明白，原来薛勇之前给自己的那些数据资料，就是薛勇已经完成的"计划之前的行动"。

李元芳在心里慨叹：管理这门学问真是博大精深啊！

讨论完工作计划，薛勇补充说道："对于一些比较重要并且需要花费比较长的时间才能完成的工作计划，不但要做好计划前的准备，最好先制订一个'制订计划的计划'，这样会更好。"

李元芳明白了薛勇这番话的含义。他向薛勇道谢之后，回到了自己的办公室。

李元芳刚坐下，办公桌上的电话就响了。

005. 技术人才当管理者最重要的是什么

李元芳拿起话筒，电话是人力资源部经理郑现实打来的。

郑现实说："元芳，按照公司制度，新晋中层管理者履职一个月之后，需要就岗位适应性到人力资源部面谈。现在你已经上任二十多天了，下周五刚好一个月，我会安排和你进行面谈，请你做好准备。"

郑现实作为人力资源部经理，在广州港前信息科技有限公司工作近四年了。他是被猎头挖到广州港前信息科技有限公司的，之前曾在外企做过两年左右的人力资源主管，有丰富的人力资源管理经验。

转眼间，李元芳担任部门副经理已经一个月了，人力资源部经理郑现实和公司新晋中层管理者的面谈时间已到。

郑现实和李元芳面谈时，说："管理，是指同别人一起，或通过别人使活动完成得更有效的过程。管理者通过对资源进行计划、组织、指挥、协调和控制来实现预定的目标。那么，元芳，你认为技术人才当好管理者最重要的应该是什么？"

李元芳没有想到郑现实会问这样一个自己从来没有想过的问题。他摇摇头，示意自己不知道如何回答。

郑现实说："技术人才当好管理者最重要的应该是思维习惯和行为习惯的改变，要从技术人员的思维习惯和行为习惯调整为管理人员所需要的思维习惯和行为习惯。"

李元芳问道："郑经理，您能告诉我哪些思维习惯和行为习惯需要改变吗？"

郑现实说："至于哪些思维习惯和行为习惯需要改变，我现在不告诉你。在以后的工作中，你一定会逐渐领悟到的。"

说到这里，郑现实问道："很多公司会把最出色的一线技术人员提拔到管理岗位，这其中一定有它的道理。那么，你有没有分析过，技术人才当管理者有哪些优势和不足？"

李元芳没有对这个问题进行过深入的分析和总结，只好凭自己的体会谈了一些肤浅的看法。

郑现实听后说："你刚才谈到的确实是技术人才当管理者的优势和不足，但不全面。"

说完，郑现实从文件夹中拿出一张纸。纸上是一个表格，表格中总结了技术人才当管理者的优势和不足，如表1所示。

表1　技术人才当管理者的优势和不足

优　　势	不　　足
内行领导内行，容易服众	缺乏人际沟通技能
精通技术，容易把控具体的技术问题	不善于从大处着眼
逻辑思维能力强	形象思维能力弱
理性	视野不开阔
单纯、原则性强	缺乏变通
务实	忽视必要的务虚

李元芳看完后，立刻对自己进行了剖析，发现自己现在的状况和这张表上总结出来的内容非常吻合。他明白要成为合格的管理者，自己还有很长的路要走，还有很多方面需要提升和突破。

此时，有人敲响了郑现实办公室的门。

006．衣服穿得好，可以当领导

郑现实说："元芳，你稍等。"

郑现实起身打开门，李元芳发现来找郑现实的这位先生自己从来没见过，只见这位先生西装革履，穿着非常考究。

郑现实和这位先生寒暄了几句，就让人力资源部的培训专员去接待了。

郑现实回到自己的办公室，对李元芳说："元芳，你注意到刚才来找我的这位先生了吗？"

李元芳说："我看了他两眼。"

郑现实说："那你认为他的穿着怎样？"

李元芳说："很有品位啊！"

郑现实接着说："元芳，你认为管理者的个人外在形象重要吗？"

李元芳误会了郑现实的意思，疑惑地问道："您是说当管理者，男的需要长得帅气，女的需要长得漂亮吗？"

郑现实忍不住扑哧一笑，说："我说的不是长相，而是指诸如着装、个人卫生等方面的外在形象。"

李元芳一直以来还算比较注意自己的个人卫生，但他与绝大多数技术人员一样，不怎么注意自己的着装。

由于从来没有意识到着装竟然与当好管理者有关系，李元芳没有把握地回答道："既然您问到这个问题，我想应该是有关系的吧！"

郑现实说："是的，着装与当好管理者确实有一定的关系。着装整洁的管理者会给下属以专业、干练的形象。你看看我们公司的各级领导者，应该说绝大部分都很注意自己的着装，而且职位越高的领导者越注意自己的外在形象。"

李元芳说："原来是这样啊！"

郑现实接着说："你看看你自己穿的衣服，先不说颜色和款式方面的搭配，最起码不要皱皱巴巴的啊！"

李元芳认真地审视了一下自己的着装，感觉自己确实很"土"——衣服皱皱巴巴，甚至上面还有几点墨水印，真不像一个高科技公司的管理者。

郑现实说："对于管理者来说，着装其实蛮重要的。你刚从技术走向管理，可能还没有这种意识，这也情有可原。希望你从现在开始注意自己的着装，这样不但对你当管理者有好处，对你找女朋友也会有帮助的。"

李元芳说："难怪您一直很注意着装，每天衣服都穿得整整齐齐，个人外在形象非常得体，我原来以为这是您在外企时养成的习惯，没想到这是做管理者需要注意的一个方面啊！"

郑现实说："是的，我在外企时比现在更注意着装，那时候我几乎天天穿西装、打领带。我们公司虽然没有在着装方面对管理者提出明确的要求，但你看看熊总、薛经理，他们的着装是不是也很考究和得体啊？"

李元芳回答道："谢谢郑经理，我从明天开始一定给自己'改头换面'。"

郑现实笑了笑，说："衣服穿得好，可以当领导。"

李元芳觉得郑现实说的这句话虽然有点夸张，但确实有几分道理。

接着，郑现实听取了李元芳这一个月的工作情况介绍和工作感受。面谈接近尾声时，郑现实说："元芳，从你这一个月的工作表现来看，你具有成为优秀管理者的潜质。当然，你现在还是管理新手，要成为优秀的管理者，需要学习和掌握的知识和技能还很多，希望你再接再厉、不断进步。"

离开郑现实的办公室之前，李元芳说："郑经理，谢谢您对我的帮助，能否麻烦您把'技术人才当管理者的优势和不足'这张表格的电子版发给我？我想参考这张表格中的内容去提升自己。"

郑经理说："当然可以。"

李元芳回到自己的办公座位，登录公司内部电子邮件系统，系统自动弹出收到新邮件的提示，打开一看，正是人力资源部经理郑现实发过来的'技术人才当管理者的优势和不足'这个文件。李元芳把文件下载到自己的电脑上，同时打印了一份贴在办公桌上，以便随时提醒自己需要注意的方面和改进的地方。

*　　　　　　*　　　　　　*

李元芳非常积极上进，由于与郑现实面谈时提到要养成管理者所特有的思维习惯和行为习惯，李元芳购买了史蒂芬·柯维博士的《高效能人士的七个习惯》一书仔细研读，试图从中学到对自己如何从技术走向管理有帮助的知识。

当然，从与郑现实面谈的第二天起，李元芳就开始重视自己的着装。也似乎从那时开始，李元芳的生命中荡起了爱情的涟漪。

007. 用目标导向行为

某个星期三的下午，公司常务副总经理熊浩让秘书李思思通知李元芳来自己的办公室，熊浩想问问李元芳履职近两个月来的工作感受。

熊浩的秘书李思思，其实就是李元芳刚入职时的前台文员李思思。由于李思思担任前台文员时表现突出，又善于学习和思考问题，人也机灵，在李元芳入职第四年年初，公司调任李思思为常务副总经理熊浩的秘书。

李元芳从李思思的双眸中感受到，她似乎给了自己一个不一样的眼神。这个眼神像一只小鹿，在李元芳的心里乱撞。

         *   *   *

一见面，熊浩就笑容满面地问："元芳，这两个月自我感觉如何？有没有摸到一些做管理的门道？"

李元芳赶紧把自己的思绪从"小鹿"撞击的遐想中拉回来。

担任部门副经理近两个月了，李元芳感觉自己好像还没有进入状态，于是实话实说："熊总，我感觉自己还是管理的门外汉，正在学习一些入门的技能。上次，人力资源部经理郑现实和我面谈时告诉我，培养管理者所特有的思维习惯和行为习惯很重要，所以我最近正在读《高效能人士的七个习惯》一书。"

熊浩说："这很好，希望你能尽快把书中的精髓转化为自己的思维习惯和行为习惯。这段时间，我也一直在观察你，发现你在开展工作时还是采用原来的技术性思维做事，对我分派的工作，你拿到了就开始做，而不是先弄清楚要做到什么程度，然后从目标出发去寻找最佳的行动方案。你的行事方法导致的结果有两种，要么是多花了时间和精力，要么是无法达到原定的工作目标。例如，上次要你协助人力资源部设计一个'工程师岗位任职资格表'，前前后后修改了三次，比原定的时间推迟了两天才完成。修改三次、推迟两天，这从表面上看好像是工作能力的问题，其实是工作方法的问题。你自己分析过吗？"

一席话如当头棒喝，熊浩提到的这件事李元芳记忆犹新，他也一直认为自己是第一次做这类事情，是由于能力不足才导致返工和延时的，根本就没有意识到是工作方法出了问题！

熊浩接着说："作为职场人士，特别是管理人员，不能别人分派什么就着急去做什么，而是应该先弄清楚要做到什么程度，也就是弄清楚这件事情的目标。明确目标之后，再从目标本身出发，确定适当的行动，这样制订出来的行动方案就会更加实用和高效，更能取得原本想取得的工作结果。因此，目标导向，也就是用目标来导向行为，是从技术走向管理的你必须要养成的一个非常重要的习惯。"

听熊浩这么一说，李元芳如梦初醒，自己确实是拿到什么工作就直接按惯有的思路去做。以前做技术，工作比较单一，又是自己的强项，这种做事方法的潜在问题很难暴露出来；如今从事管理工作，而管理工作自己刚接触不久且灵活性大，如果还是采用以前的做法，问题自然就暴露出来了。

见李元芳在沉思，熊浩补充说："刚才你说正在看《高效能人士的七个习惯》，其实这本书中提到的第二个习惯'以终为始'，就是我所说的这个意思。"

李元芳万万没有想到，熊浩对《高效能人士的七个习惯》这本书竟如此熟悉。李元芳像过电影一样快速回忆这本书中关于"以终为始"这个习惯的主要内容，顿时恍然大悟："以终为始"与熊总所讲的"用目标来导向行动"确实是一回事！

李元芳在心里反思："《高效能人士的七个习惯》这本书我也看了一遍，却没有掌握书中的精髓，真是看过不等于理解和学会啊！"

熊浩点燃一支烟，吸了一口，说："元芳，以后做事情之前，不要急于动手。先弄清楚目标，再规划行动方案，最后按行动方案执行，这样持续一段时间之后，相信'目标导向'会成为你的工作习惯的。好，今天就到这里吧，期待着你的进步。"

李元芳看了看表，已到下班的时间了。谢过熊浩，李元芳回到自己的办公桌前，关好电脑、整理好桌面，就回家了。一路上，李元芳的心情特别好，因为公司里有熊浩、薛勇、郑现实等优秀的领导在帮助他，他感到很幸运。

008. 目标是要做到什么程度，目的是为什么要做

时间过得很快，一转眼，新的一年已经过去三个月，又到了对公司各业务模块进行季度工作总结的时候了。

公司软件业务的季度工作总结由常务副总经理熊浩主持，各软件开发部的正副经理都参加了这次会议。会上，公司软件业务模块下设的七个软件开发部都做了总结，部门经理一个个自信满满、慷慨陈词。总体来看，第一季度的工作业绩基本符合原定计划的要求。

各软件开发部汇报完工作后，常务副总经理熊浩说："新的一年市场竞争加剧，公司相关工作也有一些新的调整和部署，大家能克服困难，及时调整工作思路和方法，并取得这样的成绩，是非常值得肯定的，谢谢大家的努力。然而，最近我发现一个问题：我们的中层管理队伍中，还有为数不少的管理人员，特别是今年新晋的几位管理人员，没有弄明白什么是工作目标、什么是工作目的，工作起来虽然胆量很大，但成效很小，这是非常危险的，这将会严重影响我们的工作效率和工作质量。所以，我想通过这次会议，让大家弄明白这个问题。"

熊浩的话音刚落，在座的十几位中层经理就你一言我一语地议论起来。熊浩摆摆手，示意大家先安静下来。

会场恢复安静后，熊浩对电子政务软件开发部的经理薛勇说："薛经理，你在公司担任部门经理快十年了，能否请你给大家解释一下什么是工作目标，什么是工作目的？"

薛勇清了清嗓子（薛勇最近患了感冒，嗓子有点不舒服），说："根据我的理解，我认为工作的目标就是要做什么事情，以及要把这些事情做到什么程度；工作的目的就是为什么要做这些事情，也就是做这些事情的动机和意义究竟是什么。我们只有弄清楚工作的目标，才能知道如何多快好省地去做事，否则很可能事倍功半；我们只有弄清楚工作的目的，才有动力去做事，否则就纯粹是上令下行式地应付。"

熊浩点点头，默认了薛勇的解释。他接着对大家说："所以，弄清楚工作的目

标和目的非常重要，各位一定要高度重视这个问题。"

这时，熊浩把目光移向正在做笔记的李元芳："元芳，请你根据刚才薛经理的解释，阐述一下你们部门今年年度工作的目标和目的。"

李元芳反应很快，马上在脑海里梳理了一下思路，说："我们部门的工作目标主要有四个：一是实现部门年度项目产值2200万元，二是按公司既定标准培养五名系统设计人员、三名架构师和两名需求分析师，三是人员离职率控制在10%以内，四是确保客户平均满意度不低于95分。我们部门的工作目的是配合公司今年的业务布局和市场拓展，支撑公司人力资源的可持续发展。"

李元芳的话音刚落，会场里就响起了热烈的掌声。李元芳没有想到，大家对自己的解释会给予如此高的评价。

熊浩说："李元芳对目标和目的的理解非常到位，在座各位还有不清楚的吗？"

看到没人回答，熊浩又找了一位部门副经理做测试，这位部门副经理对目标和目的的解释也非常正确。

估计大家都理解了目标和目的的真正内涵，熊浩认为自己的目的已经达到。接着，他就第二季度工作的开展，给大家提了几条建议和要求，便宣布会议结束。

从会议室出来，李元芳不小心撞到迎面而来的李思思，使李思思手中拿的资料撒了一地。李元芳赶紧弯下身，把资料捡起来，并放回李思思的手里。

李元芳满怀歉意地说了一声"对不起"，李思思嫣然一笑，正是这一笑注定了两人不解的情缘。

009. 从结果中享受快乐

电子政务软件开发部项目经理张帆最近特别郁闷，因为他们项目组辛辛苦苦开发出来的系统，项目组全体成员都感觉非常好，但提交给客户时，客户非常不满意，还说"你们开发的系统不是我们想要的"。

项目经理张帆做过四年的技术开发，从事项目管理工作一年多。

带着满脑袋的疑惑，张帆去找部门经理薛勇指点迷津，刚好李元芳也在薛勇的办公室，正副两位部门经理正在讨论第二季度部门人员培训事宜。

张帆说明来意后，薛勇说："元芳，刚好你也在这里，咱们一起来分析分析。我想这种典型的案例，对刚从技术走向管理的你也非常有帮助。"

停顿了一下，薛勇接着说："小张，根据你刚才的描述，我判断这是技术人员很容易犯的毛病。做技术的人总喜欢拿着自己的技术、自己开发的功能模块孤芳自赏，陶醉于自己的技术如何如何先进，自己开发的功能模块如何如何强大，自己设计的功能界面如何如何美观，沉浸在工作过程的快乐之中，几乎很少去思考自己的工作成果是否真正符合别人的需求，是否会让别人欣赏。两位有没有想过这个问题：如果我们只在乎工作过程能否让自己开心、快乐，而不去关心结果带给他人的价值，这样下去，我们的工作会有真正的意义吗？"

李元芳和张帆都陷入沉思。的确，技术人员往往习惯于自我感觉良好，很少会去思考自己的工作结果能给他人带来什么价值，当别人不认同自己的工作成果时，自己不是去反思哪里没有做好，而是去责备他人刁难自己或者不懂得欣赏。

薛勇一针见血地指出了问题的根源，这让李元芳和张帆折服。

薛勇接着说："做技术工作的人容易陷在自我欣赏的过程中姑且可以理解，但做管理工作的项目经理，如果还停留在这个层面，那就大错特错了。管理人员一定是从工作结果中去体会工作本身的快乐，换句话说，就是从结果中享受快乐。只要结果好，哪怕过程痛苦一点也值得；如果工作结果一塌糊涂，过程做得再好、再开心，管理者的价值也只能等于零。当然，如果工作结果很理想，工作过程也很开心、很愉悦，那就更好了。"

李元芳问："薛经理，我之前看过一篇文章，文章上说'管理者以结果论英雄'，你说的是不是就是这个意思？"

薛勇回答："差不多就是这个意思。"

薛勇转身，对项目经理张帆说："小张，你认为你刚才提到的问题该怎么解决？"

张帆回答："我准备在项目组中开展一次培训，让大家意识到工作结果的重要性。另外，作为项目经理的我，以后要努力跳出技术性思维的怪圈，紧盯结果，同时关注过程。"

薛勇说："很好，重视结果，同时关注过程。祝你成功！"

项目经理张帆心满意足地离开了部门经理薛勇的办公室。

李元芳的心里也像吃了蜜一样，没想到自己今天遇到这样一个好机会，又免费上了生动的一课。

张帆走后，薛勇和李元芳继续讨论第二季度部门人员培训事宜，直至达成共识。

走出部门经理薛勇的办公室，李元芳收到了一条短信。

010. 从整体和全局出发

短信是李元芳在福州的表哥发来的，内容是：元芳，听姑姑说你当了部门副经理，恭喜你，欢迎有空来福州做客。

李元芳马上给表哥回了一条短信表示感谢。

＊　　　　　　＊　　　　　　＊

4 月份，公司软件销售部签了好几个电子政务软件建设项目的订单，而按业务划分，这几个项目都归在薛勇和李元芳这个部门。这样，电子政务软件开发部一下子比平时忙了很多，负责项目开发和实施任务的六位项目经理都感到人手比较紧张。考虑到六位项目经理所负责的项目的总工作量基本一致，负责技术资源调配的李元芳把部门目前所拥有的技术资源进行了平均分配。资源分配下去之后，有三位项目经理非常不满，认为李元芳分配资源时考虑欠妥，没有顾及各项目经理的实际困难和客观需要，要求重新分配。

李元芳一时头大，不知道问题究竟出在哪里，况且部门项目突增、人力资源有限，根本不可能让六位项目经理都得到充足的资源。

三位项目经理找李元芳"理论"未果，便给部门经理薛勇发了一封电子邮件，投诉李元芳，理由是"李元芳厚此薄彼"。

薛勇看过投诉邮件后，以为李元芳是在搞小圈子，不禁打了一个寒战，怀疑自己当初是不是看错了李元芳。薛勇认为，如果真是这样，问题就严重了。他立刻让部门秘书蔡琴把李元芳请到自己的办公室。

一见面，薛勇就单刀直入："我刚才收到三位项目经理的集体投诉邮件，说你最近在技术人员的资源分配方面厚此薄彼，有这回事吗？"

李元芳一时惊愕，自己压根儿没有厚此薄彼啊！"丈二和尚摸不着头脑"的李元芳很委屈，把分配资源的事情向部门经理薛勇仔仔细细地描述了一遍。

薛勇听完后十分庆幸，幸好李元芳不是在搞小圈子，心中那块石头也落了地。

薛勇说："元芳，原来你只是根据工作量来分配资源啊，难怪会有人不满意。"

李元芳十分疑惑，问道："这种分配资源的方式有什么问题吗？"

薛勇说："作为管理人员，我们的视野一定要开阔、要站在比技术人员更高的位置来审视事物和看待问题。你现在是部门副经理，应该站在部门整体和全局的角度来审视所有项目，然后根据各项目的实际情况和需要合理分配资源。考虑问题不全面，容易让人有意见。这个月我们部门的项目突然增加，势必会出现资源不够的情况，但项目的重要程度、紧急程度、难易程度、规模大小等都是不同的，如果能综合考虑到各方面的因素来分配和动态调配资源，就能最大可能地做到平衡，最大可能地合理使用资源。"

薛勇喝了一口水，继续说："技术人员往往是从单点或局部出发来考虑问题，这样不容易照顾整体，一不小心就产生了'瞎子摸象'的局面。管理人员一定要养成从全局思考问题的习惯，即全局思维。这次你犯了这个错误，我想也不是什么坏事，能让你'吃一堑，长一智'，也算是一种另类的收益。"

说到这里，薛勇哈哈一笑。

李元芳领悟了薛勇的意思，说："薛经理，您刚才讲的这个'全局思维'，实际上就是告诉我，作为管理人员一定要着眼大局，对吧？"

薛勇说："是的，从技术走向管理，一定要让自己从习惯于关注'点'转移到习惯于关注'面'上。像你这一次的资源分配，就是只关注了'点'，比如项目的总工作量，没有关注到'面'，比如项目的重要程度、紧急程度、难易程度、规模大小等。你回去之后，根据我们刚才探讨的内容，把技术资源的分配方案做一下调整吧！"

李元芳回到办公室，按照薛勇提供的工作思路，从全局的角度进行了深入分析，把技术资源在六位项目经理之间进行了重新分配，并向六位项目经理解释了这样分配的原因和好处。同时，李元芳还告诉大家，以后会根据项目的实际进展情况对资源进行动态调整。令李元芳感到惊喜的是，在人力资源总量没有增加的情况下，这一次的分配六位项目经理基本满意。

部门经理薛勇教给李元芳的"全局思维"的工作思路真的很管用，李元芳使用这种思路解决了几个在管理工作中遇到的比较棘手的问题，这让他非常高兴。

然而，李元芳并没有想到，这只是开始，难事还在后头。

011. 从多个角度看问题

一天中午在园区食堂吃饭的时候，李元芳刚好和薛勇坐在一起。

李元芳说："薛经理，上次您教给我的'全局思维'的工作思路让我受益匪浅，帮我解决了好几个工作中遇到的棘手的问题。最近我正在看一本管理类的书，书上说作为管理人员，需要从多角度看问题，这样能更准确地把握事物的本质特征。我想问问您，'从多个角度看问题'是不是也属于'全局思维'的范畴呢？"

薛勇说："没错，你能不能给我讲讲，为什么说'从多个角度看问题'能更准确地把握事物的本质特征呢？"

李元芳迟疑了一下，说："我看的这本书在这方面没有太多的阐述，现在我自己也没有比较成熟的想法。要不，您给我讲讲？"

薛勇说："这样吧，等吃完饭你来我办公室，利用中午休息时间，我给你看两幅图，你自然就明白其中的'所以然'了。"

李元芳说："这样会不会影响您中午休息？"

薛勇说："不要紧的，用不了多少时间。"

*　　　　　*　　　　　*

吃完午饭，两人一起来到薛勇的办公室。

薛勇从抽屉里拿出一幅图，如图 2 所示，对李元芳说："请根据你看到的画面，按你的判断来描述一下画面向我们展示的内容。"

李元芳说："这是一个非常浪漫的场景，一对年轻的恋人坐在公园的长椅上，温馨而幸福。"

薛勇没有说话，而是从抽屉中拿出了另外一幅图让李元芳看，如图 3 所示。

李元芳惊讶地说："原来是一名年轻小伙子和他的宠物狗坐在一起呀！"

薛勇说："现在，你能理解为什么说'从多个角度看问题'能更准确地把握事物的本质特征吗？"

图 2　从多个角度看问题（1）

图 3　从多个角度看问题（2）

李元芳是个聪明人，他说："一个事物或一个人会有不同的外在特征，我们从 A 角度看到的是 A 特征，从 B 角度看到的是 B 特征，从不同的角度看到的是不同的特征。当然，有些特征可能是表象特征，有些特征才是本质特征。如果我们只从有限的角度去观察，就只能看到有限的特征，而从这些有限的特征出发去判断和推演，可能就会得出片面甚至错误的结论！像第一幅图，我从背面只看到了这个场景的表象特征，所以得出了错误的结论；第二幅图从正面去看，我才真正看到这个场景的本质特征。您看我分析得对吗？"

薛勇认为李元芳的悟性很高，情不自禁地表扬了一句："元芳，你真行！"

薛勇接着说："从不同的角度看问题，由于我们掌握的信息的量和质不同，因此可能得出不同的结论。我们需要从多角度、多维度去观察、分析和思考问题并进行综合判断，这样才不容易犯错。以后，不仅是判断事物，在评判员工时，也一定要从多个角度去审视，再进行综合评价。"

李元芳如饮琼浆，他感觉和薛勇在一起真的能学到不少有用的东西。

*　　　　　*　　　　　*

又一个星期过去了，这个星期李元芳在工作上似乎没有出现什么差错。

叮铃铃，叮铃铃，一阵急促的电话铃声让正在低头思考问题的薛勇一惊。

012. 细节就是影响工作成败的那些环节

电话那头是李元芳的声音。从话语急切及短促的气息声里，薛勇猜测，他带来的不是什么好消息。

李元芳说："薛经理，我现在在客户现场，今天上午我作为公司代表去验收项目，结果客户拒绝在验收报告上签字。"

薛勇问："客户拒绝的原因是什么？"

李元芳说："客户说我们提交的文档封面风格不一致。这次我们一共提交了《用户使用说明书》《管理员手册》《系统安装手册》《系统操作指南》等七份文档，其中五份文档的封面风格一致，另外两份文档的封面风格和这五份不同，结果客户以此为由，拒绝签字验收。真没想到，客户会纠缠这样一个微不足道的小问题。"

薛勇说："我知道了，请你告诉客户，我们回来把文档改好再提交给他们验收。你们先回来吧！"

              *   *   *

一回到办公室，李元芳就迫不及待地去找薛勇。

薛勇说："刚才你从客户现场打电话给我，说文档封面风格不一致是微不足道的小问题，真是这样吗？如果真是微不足道的小问题，怎么可能影响客户签字验收呢？"

薛勇接着说："其实，这并不是小问题。记得两年前我去参加公司一个项目的投标，在评标的过程中，有一位专家说，'你们广州港前信息科技有限公司是一家通过了 CMMI[①] 3 级的高科技企业，可你们看看，标书中竟然还有这么多错别字！'就是因为这几个错别字，公司落标了，失去了一个好几千万的项目，教训非常深刻而惨痛啊！"

薛勇补充说："文档风格不一致，文档中有错别字等，这些在我们技术人员的眼中都是小事，是微不足道的，其实实事并非如此。这些是细节，是我们很容易

---

① CMMI（能力成熟度模型集成）是 Capability Maturity Model Integration 的缩写，CMMI 分为五个能力等级：初始级、已管理级、已定义级、量化管理级和优化级。CMMI 是对 IT 企业能力评价和认证的一个模型。

忽视的细节，如果这些细节没有做好，往往会影响工作的大局和成败。"

李元芳说："您的意思是，细节就是影响工作成败的那些环节？"

薛勇说："是的。'千里之堤，溃于蚁穴'，细节是会被不断放大的。"

说到这里，薛勇拿出一张纸，在纸上写了一个公式：

$$Y_{t+1} = Y_t^2$$

薛勇问李元芳："你看，这是一个数学公式，假设 $Y_1=1$，那么 Y_{30} 等于多少呢？"

李元芳回答说："如果 $Y_1=1$，那么 Y_{30} 还是等于 1 啊！"

薛勇说："没错。如果 $Y_1=1.0000001$，那么 Y_{30} 等于多少呢？"

李元芳说："我没有计算过，不知道。"

薛勇说："你猜猜，大概是多少？"

李元芳说："我估计是 2 左右。"

薛勇不置可否，只是打开电脑，调出一个 Excel 表格给李元芳看，如表 2 所示。

表 2　Y23 理论

t	结　果	t	结　果
1	1.0000001	16	1.00328217
2	1.00000020	17	1.00657512
3	1.00000040	18	1.01319348
4	1.00000080	19	1.02656102
5	1.00000160	20	1.05382752
6	1.00000320	21	1.11055245
7	1.00000640	22	1.23332675
8	1.00001280	23	1.52109486
9	1.00002560	24	2.31372958
10	1.00005120	25	5.35334456
11	1.00010241	26	28.65829798
12	1.00020482	27	821.29804305
13	1.00040968	28	674530.47552179
14	1.00081954	29	454991362407.65
15	1.00163974	30	207017139865568000000000.00

李元芳一看，顿时惊呆了，原来 Y_{30} 大到在 "2" 后面还有 23 位数啊！

薛勇告诉李元芳，这是彼得·圣吉在《第五项修炼》一书中提出的著名的 "Y23理论"。1.0000001 这么小的数，Y_{30} 竟然有 $2×10^{23}$ 这么大！

李元芳被 "Y23 理论" 吓出了一身冷汗。

薛勇说："作为管理人员，我们不仅要把握整体，还要关注细节啊！"

李元芳有点疑惑："薛经理，那小节和细节有什么区别啊？"

薛勇说："小节是指一些无关紧要的环节，不会对事情的全局和成败产生影响。例如，某位应聘者提交的个人简历上有错别字，这是细节；发现了简历上的错别字，是直接在纸质简历上修改，还是修改电子版后重新打印一份新的，这是小节。"

李元芳点点头，补充道："薛经理，我明白了。'关注细节'也属于'全局思维'的范畴，只有从全局出发，我们才能弄清楚哪些是细节！"

薛勇没想到李元芳能联想得这么到位，他们俩相视一笑。

*　　　　　　*　　　　　　*

李元芳回到自己的办公室，检查项目组是否已经把文档封面改好。

然而，没想到，一波未平，一波又起。

013. 轻重缓急要分清

这段时间，李元芳总感觉有什么不对劲：自己非常卖力地工作，一天到晚忙忙碌碌的，但自己和自己所管理的团队的工作业绩并不理想。他思来想去，不知道问题究竟出在哪里。

五一假期过后的第一天一上班，李元芳就去向公司人力资源部经理郑现实请教这个问题了。在平时的工作中，李元芳常常看到郑现实做起事来轻松自如、不愠不火，郑现实本人和整个人力资源部的工作业绩斐然，多次被公司董事长兼总经理狄仁杰点名表扬。

郑现实听完李元芳的 "陈述" 之后，发现李元芳在时间管理方面出了问题。

郑现实说："我们常常喜欢用'兵来将挡，水来土掩'形容一个人处理事情很有能力和魄力，但对于管理人员来说，其实最忌讳的就是'兵来将挡，水来土掩'——没有计划，没有安排，遇到什么事情就处理事情；不分轻重缓急，眉毛胡子一把抓。"

李元芳恍然大悟："看样子，您是在暗示我，我在时间管理方面出了问题。"

郑现实说："是的，问题就出在时间管理上。做事情，轻重缓急一定要分清。我们知道，时间管理就是利用技巧、技术和工具帮助人们完成工作、实现目标，因此时间管理并不是要把所有的事情做完，而是要有效地运用时间。时间管理的目的不仅告诉我们什么事情该做，更重要的是告诉我们什么事情不应该做。时间管理不是完全掌控，而是尽可能地降低变动性。这就告诉我们，时间管理最重要的功能是通过事先的规划进行提醒与指引。一个一天到晚忙得不可开交的人，可能根本就没做多少有价值的事情！我听说前段时间你在看《高效能人士的七个习惯》一书，书中讲述的'时间管理四象限法'，你用了吗？"

李元芳挠挠头，说："我有点印象，书中确实提到了'时间管理四象限法'，但我没有太在意，也没有用。"

郑现实突然问道："有些人总说培训对自己没什么用，你知道为什么吗？"

李元芳说："应该是培训的内容没有针对他们需要解决的问题。"

郑现实说："如果因为培训的内容没有针对自己所需要解决的问题而导致有人说培训对自己没有用，这当然是合情合理的。然而，大部分情况并非如此。"

李元芳问："大部分情况是什么原因？"

郑现实说："大部分情况是这些受训者根本就没有用培训时老师所讲的思想和方法去指导自己的行动！他们是听听激动、想想感动，总是在心动，就是没有行动。为了推卸自己的责任，最后找到的借口自然就是培训对自己没有用。他们听课的时候热血沸腾，听完之后回到自己的工作岗位上丝毫没有改变。要知道，知识只有被用到实践中，才算学以致用。"

说到这里，郑现实用略带批评的口吻说："以后认为有用的东西，学到了就一定要马上付诸行动，这样才能让知识真正产生作用。"

为了让李元芳印象深刻，郑现实拿出一张纸，把"时间管理四象限法"演示了一遍，如表3所示。

表 3　时间管理四象限法

	紧　　急	不　紧　急
重要	第一象限（碎石类事务） ● 紧急状况 ● 迫切的问题 ● 限期完成的会议或工作 【不得不做】	第二象限（鹅卵石类事务） ● 准备工作 ● 预防措施 ● 计划 ● 人际关系的建立 ● 提升自己的能力 【有计划地安排时间去做】
不重要	第三象限（细沙类事务） ● 造成干扰的事、电话 ● 某些信件、文件、报告 ● 出席某些会议 ● 一些迫在眉睫的事 【授权给别人做】	第四象限（水类事务） ● 忙碌、琐碎的事 ● 广告函件 ● 纯粹浪费时间的事 ● 有趣无益的活动 【可以不做】

郑现实说："第一象限中的事情是我们不得不做的，第二象限中的事情我们一定要安排时间有计划地做，第三象限中的事情我们可以授权下属去做，第四象限中的事情如果我们没有时间就可以不做。你以后按照'时间管理四象限法'把自己的工作分别归类到四个象限中，并按照这个原则去执行，这样才会事半功倍。"

说到这里，郑现实有点担心李元芳能否按照"时间管理四象限法"正确归类自己的工作事项，于是问道："元芳，你能把你所需要完成的工作按照'时间管理四象限法'正确归类吗？"

李元芳说："我回去试试看。"

为了确保李元芳真正掌握了"时间管理四象限法"，郑现实拿出一个案例让李元芳做测试，以检验李元芳对"时间管理四象限法"的掌握程度。

今天是 5 月 22 号，工程部经理王诚下班后在做第二天的工作计划。

王诚计划第二天完成 11 件事情，请采用"时间管理四象限法"帮王诚把这 11 件事情归入四个象限。

（1）起草远大公司的项目计划书（2 小时）。

（2）开会讨论华远公司计费系统的技术故障的解决方案（1 小时）。

（3）与天意公司讨论项目核心技术（1 小时）。

（4）向总监汇报新员工试用期间的工作表现（1小时）。

（5）解决卓航公司数据库系统安装拖延的问题（1小时）。

（6）构思季度研发成果报告（2小时）。

（7）讨论月底的促销会策略（1小时）。

（8）阅读内部刊物（2小时）。

（9）打电话给5位同学约定下个月聚会的事宜（0.5小时）。

（10）归档文件（0.5小时）。

（11）参加某项目周例会（1小时）。

李元芳花了十分钟认真分析了这个案例，然后胸有成竹地回答道："编号为（2）（4）（5）（7）的四件事情是属于第一象限的事情，编号为（1）（3）（6）的三件事情是属于第二象限的事情，编号为（10）（11）的两件事情是属于第三象限的事情，编号为（8）（9）的两件事情是属于第四象限的事情。"

郑现实点点头，认为李元芳对案例中事情的归类是正确的。

接着，郑现实拿出一张自己摘录的"成功人士时间分配表"递给李元芳，如表4所示。

表4 成功人士时间分配表

	紧　急	不　紧　急
重要	第一象限（碎石类事务） 【20%~25%】	第二象限（鹅卵石类事务） 【65%~80%】
不重要	第三象限（细沙类事务） 【15%左右】	第四象限（水类事务） 【不超过1%】

郑现实接着说："如果我们能按照'成功人士时间分配表'上的时间分配比例来分配我们的时间，那我们离'成功人士'就真的不远了。"

李元芳还是第一次看到"成功人士时间分配表"，这让他眼前一亮。对照自己目前的情况，他知道自己把绝大部分时间花在了"碎石类事务"和"细沙类事务"上，在"水类事务"上的时间投入也不少，但在"鹅卵石类事务"上投入的时间不多。李元芳终于明白了自己工作业绩不理想的真正原因。

李元芳提出把"成功人士时间分配表"复印一份，郑现实爽快地答应了。

郑现实补充说："根据我的经验，每天工作之前先确定当天必须完成的四到五件事情——当然，这些事情主要属于第一象限和第二象限，然后留出一小时左右的时间处理可能出现的突发事件，这样灵活应用'时间管理四象限法'的做法比较简单易操作。"

李元芳说："郑经理，您的意思就是希望我这种从技术走向管理的人养成'要事第一，关注重点'的习惯，对吧？"

郑现实点点头，竖起大拇指夸赞李元芳善于提炼、总结。

李元芳很高兴郑现实帮自己找到了问题的根源并提供了解决办法，道谢后，就准备离开郑现实的办公室。

郑现实说："元芳，请留步，我再问你一个问题。"

014. 先罗盘，后时钟

李元芳在心里嘀咕："难道时间管理还有什么深层次的含义不成？"

郑现实说："假如有一天，你独自到一个从来没有去过的地方游玩，不小心迷路了，你手上有一个罗盘和一块手表，你会如何使用这两个工具？"

李元芳回答说："当然是先使用罗盘定位好方向，再根据手表上显示的时间，比如离天黑还有多久，合理安排行动方案，比如是走还是跑。"

郑现实说："请你解释一下这样做的理由。"

李元芳信心十足地说："先使用罗盘的好处是弄清楚目的地的方位，方位弄清楚了，再根据可用的时间来合理规划行动方案，这样才容易走出困境。否则，要是走错了方向，南辕北辙，即使付出了再大的努力，最后也可能会失败。"

郑现实说："你的思路非常正确。这是一个生活问题，大家都比较容易弄清楚如何做，而如果是一个工作问题，很多人就未必会先弄清楚工作方向再去行动了。所以，在工作中，也要用这样的思想来指导自己的行动。'先罗盘，后时钟'，这就决定了我们是在做正确的事，继而才能正确地做事，最后才可能真正把事做正确，这也是时间管理中非常重要的一个法则啊！"

李元芳窃喜："看样子我还是挺行的嘛！"

郑现实接着说："方向比努力更重要。有人说过，一两智慧胜过十吨辛苦，真是非常有智慧的一句话啊！"

李元芳在心里把"先罗盘，后时钟"默默地念了十几遍，目的是把这一法则刻在大脑深处，以便今后自动自发地使用。

李元芳从郑现实的办公室出来之后，立即付诸行动，按照"时间管理四象限法"分析自己当天的工作并进行分类。

李元芳将自己当天的工作分类如表5所示。

表5　李元芳5月4日工作事项分类表

	紧　　急	不　紧　急
重要	● 参加公司技术研讨会 ● 把四月份部门技术人员的浮动工资考核表提交给部门经理薛勇签字	● 制订部门五月份技术改进计划 ● 阅读《项目管理知识体系指南》 ● 辅导部门架构设计师
不重要	● 给东莞市一客户送技术资料 ● 按常规参加一个项目的周例会 ● 归档封存部门四月份的技术文档	● 阅读近几天的广告函件 ● 打电话给同学赵某，询问近期会不会安排同学聚会

分类完毕，李元芳立即按轻重缓急着手行动。

李元芳每天都要求自己按照事情的轻重缓急行事，一个星期过去了，李元芳初步尝到了这种做法的甜头。

李元芳是一个有心人，他每天都对自己在四个象限事情上花费的时间进行统计，还制作了时间分配统计表，观察并期待着有一天自己在四个象限事情上的时间分配能够符合郑现实给自己展示的"成功人士时间分配表"的标准。李元芳深信，这一天总会到来的。

"要事第一，关注重点，"李元芳攥紧拳头对自己说，"坚持，不放弃！"

015."舍"与"得"

5月15日（星期六）下午，李元芳在广州广武酒店参加了由国内某著名管理培训师主讲的《管理者的智慧》公开课。

培训过程中，培训师提了一个问题："请问大家，你们如何理解'舍得'这个词的含义？"

一位学员回答说："'舍得'就是为人大方、不吝啬、不计较。"

另一位学员回答说："'舍得'就是敢于和勇于放弃一些东西。"

见没有其他学员提出自己的观点，培训师说："刚才两位朋友都回答得很好。不过，我对'舍得'这个词的理解与两位有些不同。"

说到这里，培训师故意停顿了一下，用眼睛扫视了一下大家，说："我认为，'舍得'既是一个词，更是两个字。如果按一个词去理解，就是前面两位朋友所回答的意思；如果按两个字去理解，那就是'舍弃'与'获得'。我们只有学会'舍'才可能'得'。像今天在座的所有朋友，你们今天下午放弃了和家人出游的机会，放弃了享受休闲时光的机会，获得了在此结交朋友、学习知识的机会。其实，我们每个人所拥有的一切都是用他的失去换来的，大家同意这种说法吗？"

培训师的话音刚落，台下顿时响起了热烈的掌声。

掌声过后，培训师补充说："多舍多得，少舍少得，不舍不得！作为管理者，我们一定要学会'舍得'！'鱼'和'熊掌'在大多数时候是不能兼得的，很多从技术走向管理的人员，既想在曾经让自己引以为豪的技术领域出类拔萃，又想把管理做得很棒，抱着这种想法的人几乎没办法做好管理。我们知道，我们之所以能拥有从技术走向管理的机会，当初我们所拥有和掌握的技术确实起到了主导作用，可我们走上管理岗位之后，我们能够稳定地拥有管理职位，甚至进一步升迁，绝不是因为我们的技术很棒，而是因为我们的管理能力很强。换句话说，假如有一天，公司领导不得不把我们从管理岗位上换下来，那绝对不是因为我们的技术水平不够高，而是因为我们的管理能力达不到岗位的要求！当然，我这样说并不是要大家完全放弃技术，因为掌握一定的技术对做好管理是很有帮助的，而是要大家不要再像以前从事技术岗位时那样的执着和痴狂。"

培训师的一席话，令李元芳感触颇多。

李元芳想：其实"舍得"就是时间管理的智慧啊！在这个世界上，没有用不完的时间，只有做不完的事情，我们只有放弃一些不重要的事情，才有更多的时间和精力去做更有价值的事情。

李元芳有感而发，情不自禁地在自己笔记本的封面上写下了大大的"舍得"两个字，作为对自己的提醒。

正是"舍得"两个字，不仅提高了李元芳的工作质量，还让李元芳告别了单身生活。

016. 十根手指有长短，荷花出水有高低

在李思思调任公司常务副总经理熊浩的秘书两年后，李元芳被提拔为电子政务软件开发部副经理，两人在工作上交流的机会自然就多了。

李元芳喜欢李思思的温柔美丽、灵活乖巧和善解人意，李思思欣赏李元芳的积极进取、爱岗敬业和谦虚好学。其实，两颗心彼此倾慕，只是谁也没有先去揭开那一层隔在两人之间的薄纱。

李元芳性格有点内向，他一直想向李思思表白心意，却害怕被李思思拒绝。

听完《管理者的智慧》公开课回家的路上，李元芳心绪激荡，想着与李思思之间曾经有意或无意发生的"故事"和"事故"，终于鼓起勇气，给李思思发了一条表达爱慕之心的短信。

这条短信，把两颗彼此倾慕的心拉到了一起。

*　　　　　*　　　　　*

李元芳和李思思很快就坠入爱河。交往不久，两人就形影不离了。

5月的广州天气不错，一个风和日丽的星期六，李元芳与李思思相约到广州天河公园游玩。一路上，李元芳和李思思两人肩并着肩徜徉在天河公园如画的美景中。李思思如丝的秀发在微风中散发出淡淡的清香，真是花美、水美、人更美。

不知不觉，两人来到一个荷花池边。天河公园里的这个荷花池虽然不大，但池中碧绿的荷叶沁人心脾，荷叶中点缀着朵朵已经绽放或含苞待放的荷花。

两人蹲下身来，细细地欣赏着满池的荷叶和荷花。忽然，李思思指着一朵高高的荷花问："元芳，这朵荷花美吗？"

李元芳不假思索，脱口而出："当然很美啊，你看她亭亭玉立，在微风中摇摆身姿，俨然一位美少女在翩翩起舞。"

接着，李思思又指着一朵矮矮的荷花问："元芳，你看这朵美吗？"

李元芳仔细看了一番，回答说："同样很美啊，你看她鲜艳的颜色和她展示出

来的青春般的生命力，真是让人喜爱啊！"

这时，李思思突然话锋一转，问道："元芳，你认为你们部门的同事怎么样？"

李元芳答道："我们部门的同事有些很不错、有些很糟糕。"

李思思反问道："真是这样吗？"

李元芳疑惑地说："是这样啊，难道我说得不对？"

李思思指着荷花说："其实，你的同事就如同满池的荷花，有高有低。正如你刚才回答的，我们不能说高的荷花就很美，矮的荷花就不美，对吧？"

李思思的话让李元芳震惊。他抬头看了李思思一眼，惊讶地问："思思，没想到，你的思想这么深邃啊！能否告诉我，你为什么拥有如此到位的团队建设智慧？"

李思思故意没有马上回答李元芳提出的这个问题，而是继续说："'十根手指有长短，荷花出水有高低'，短的手指和矮的荷花与长的手指和高的荷花一样，都是有价值的，都是很美的。同样，我们的同事也是如此——有些人这方面优秀，有些人那方面优秀，没有谁'十项全能'，也没有谁一无是处。作为管理者，我们应该养成聚焦优点的习惯，发现和挖掘下属身上的优点，凝聚团队成员的所有正能量来实现优势互补，从而创造最大的价值。"

"十根手指有长短，荷花出水有高低，"李元芳心想，"多么富有哲理的一句话啊！"

李元芳追问道："思思，你还没有回答我提出的问题呢？"

李思思说："你问的这个问题，其实原因很简单啊，我在公司常务副总经理熊浩身边工作两年多了，耳濡目染学会的啊！"

李思思接着说："熊总和我说过，刚刚从技术走向管理的人，很容易犯的一个错误就是，欣赏与自己性格、爱好、能力等相同或相似的同事，而对于与自己性格、爱好、能力等不同的同事往往存在偏见。"

李元芳发自内心地认同李思思的观点，马上在心里给自己制订了具体的改进计划。

在荷花池边欣赏良久，两人起身继续游玩。李元芳给自己下命令："思思不但外'秀'，而且内'慧'，我一定要好好努力干出一番事业，早日让她成为自己最美丽的新娘！"

回家的路上，路灯拉长了两人的影子，也拉近了两颗相爱的心……

017. "找对"而不是"找碴"

星期一上班后，李元芳送一份项目简报给部门经理薛勇审阅。以前，李元芳都是通过公司内部电子邮件的形式发送项目简报的，但当天上午公司电子邮件系统出了点问题，一时不能使用，为了不耽误工作，李元芳打印了一份项目简报亲自拿给薛勇。

当李元芳来到薛勇办公室门口时，发现薛勇办公室的门半开着，薛勇正在和项目经理张帆探讨着什么，便准备先回去稍后去找薛勇。

此时，薛勇的目光正好不经意移到门口，透过办公室半开的门看到了李元芳，于是问道："元芳，你找我有事？"

李元芳答道："是的，现在公司电子邮件系统无法使用，为了不耽误工作，我把项目简报给您打印了一份。"

薛勇说："那就给我吧。另外，我正在和张帆探讨一个问题，这个问题对你应该也很有启发，你进来一起听听。"

原来，项目经理张帆一直看不惯项目组成员小 A，认为小 A 就是一个捣蛋分子，优点无处可觅，缺点数不胜数。上周五，张帆更是狠狠地批评了小 A 一顿，还骂小 A 是"猪头"。一气之下，小 A 向部门经理薛勇递交了辞职报告，并向薛勇表达了对项目经理张帆的严重不满。

薛勇招呼李元芳坐下，然后对张帆说："小张啊，我们汉语中有一个词语叫'找碴'，但没有一个词语叫'找对'，这就说明，我们往往习惯发现他人身上的缺点和错误，而不习惯去发现和欣赏他人身上的优点和长处。作为管理人员，我们如果用这种观点来管理下属，那是有问题的。"

张帆气愤地说："薛经理，小 A 真的很差，他真的无可救药。俗话说'树大有枯枝，人多有白痴；长了翅膀的不一定都是天使，也有鸟人'啊！"

薛勇说："你的意思是，他就是你们团队中的'白痴'和'鸟人'？"

张帆说："差不多。"

薛勇说："你的这种观点不对。教育下属，要做到用心而无痕，能帮助到他，但不会伤害到他。像你这样动不动就骂下属是'猪头'，就更不可取了。那我问问你，他有什么优点？"

张帆支支吾吾，回答不上来，因为他眼中的小 A 只有缺点，他从来没有用心去寻找小 A 身上的优点。

薛勇说："小 A 肯定有他的不足之处，但也一定有他的优点和长处。管理者要善于发现下属的优点和长处，然后给予真诚的赞美和表扬。在你眼里，他们身上的优点多了，缺点自然就少了。'金无足赤，人无完人'，毛病的背后往往就是优点。管理者一定要多去发现和挖掘下属的优点，包容他们的不足。记住，眼中容不得沙子的管理者，不可能成为优秀的管理者。"

薛勇停顿了一下，接着说："我的意思并不是说在团队中绝对不会出现所谓的'害群之马'，但作为管理者，我们必须从正面用欣赏的眼光去看待下属。"

李元芳思忖："薛经理讲的'找对'而不要'找碴'与前两天李思思讲的'十根手指有长短，荷花出水有高低'有异曲同工之妙啊！"

薛勇继续说："我已说服小 A 留下来继续工作，从今天开始，你试着去发现他的优点并激励他。我相信，用不了多久，你一定会改变对他的看法。如果问题没有改善，我们再沟通。"

张帆点点头。

李元芳在一旁听着，心绪激荡：其实别人就是自己的一面镜子，我以后一定要时刻提醒自己，避免犯张帆这样的错误。

两个星期之后，张帆高兴地打电话向薛勇汇报："薛经理，小 A 改变很多了。"

薛勇说："恭喜你呀！"

此时，薛勇在心里默默地说了另一句话：最重要的是，你自己改变了很多啊！

018. 新木桶原理

李元芳最近在看一本讲团队管理的书，书中提到了"木桶原理"：一只木桶所能装的水不是由最长的那根木条决定的，而是由最短的那根木条决定的，因此，要让木桶多装水，就必须补长短板。

这个道理李元芳自然明白，但令李元芳苦恼的是，自己花了很多精力去提升团队的短板，可效果并不明显，团队业绩的提升也很有限。

为此，李元芳想利用工作汇报的机会向公司常务副总经理熊浩请教这个问题。

熊浩对李元芳近期的工作表现和进步非常满意，他乐呵呵地说："木桶原理有新解，如果你能用'新木桶原理'来解决团队工作效率问题，我相信你会取得更好的效果。"

说完，熊浩拿出一张白纸，用笔在纸上画了一个有"短板"的木桶，如图 4 所示。

画好之后，熊浩对李元芳说："根据'木桶原理'，如果我们希望这只木桶能装更多的水，办法就是加长短板。"

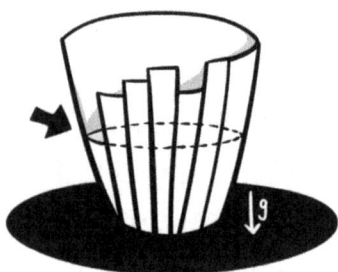

图 4　木桶原理（1）

说着，熊浩用笔在短板处画了一条线表示把短板加长，如图 5 所示。

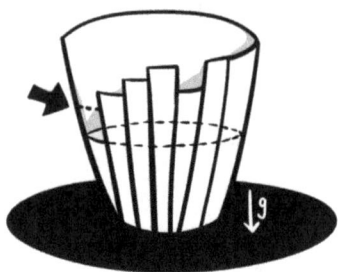

图 5　木桶原理（2）

画好之后，熊浩停下手中的笔，对李元芳说："元芳，我们来思考一下，如果不加长'短板'，我们有没有其他办法让这只木桶装更多的水？"

李元芳想了想，摇摇头。

熊浩说："如果我们把木桶倾斜，情况会怎样？"如图 6 所示。

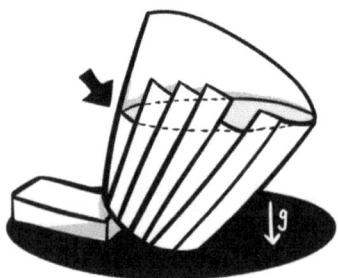

图 6　新木桶原理

李元芳顿悟："这样就能装更多的水了！"

熊浩接着说："是啊，我们没有去补木桶的短板，而是把木桶稍微倾斜，就能达到装更多的水的目的，这就是'新木桶原理'。你知道如何把'新木桶原理'应用到团队中去吗？"

李元芳说："是不是在团队中扬长避短？"

熊浩说："你说得没错。通常，我们想提升一个人或一个团队的效能，主要考虑的是如何提升短板，但要提升短板并不是一件容易的事情，通常需要付出很大的代价，并需要花费较长的时间，因此，我们可以用扬长避短的方式来达到提升个人或团队效能的目的。当然，在实际工作中，如果我们能双管齐下，既提升短板，又扬长避短，效果就会更显著、更持久。"

李元芳觉得自己今天大有收获。李元芳离开熊浩的办公室回到自己的办公座位上，第一时间就开始思考如何在团队中扬长避短。

后来，李元芳采用根据个人能力特点和性格特点合理安排工作的方法，果然取得了意想不到的效果。

＊　　　　　　　＊　　　　　　　＊

然而，最近发生的一件事情，却让李元芳百思不解。

019. 宽容是一种伟大的力量

事情是这样的。

工程师小 B 在广东汕头一客户现场升级客户的应用系统时没有按规定的流程进行操作，结果输入并执行了一行错误指令，删除了客户系统中的部分生产数据，项目组整整花了三天时间才恢复了数据。犯了错误的小 B 本以为部门经理薛勇听到这个消息后会大发雷霆，没想到薛勇却心平气和地对他说："下一次记得先看清楚操作流程再动手，不要再犯同样的错误了。"

这件事在李元芳的脑海里折腾了好几天。终于，李元芳忍不住问薛勇："薛经理，小 B 误删除客户生产数据一事给客户造成了那么大的麻烦，也给我们的团队和公司带来了不小的负面影响，您怎么不批评他？"

薛勇说："我先给你讲一个小故事。"

春秋时期，一天，楚王请了很多臣子喝酒吃饭，还让两位他最宠爱的美人许姬和麦姬轮流敬酒。席间，歌舞妙曼，美酒佳肴，烛光摇曳。

忽然一阵狂风吹来，吹灭了所有的蜡烛，室内顿时漆黑一片。一位官员趁机摸了一下许姬的手。许姬一甩手，扯断了他的帽带，然后匆匆回到座位上并在楚王耳边轻声说："刚才有人乘机调戏我，我扯断了他的帽带，您赶快叫人点燃蜡烛，看谁没有帽带，就知道刚才调戏我的人是谁了。"

楚王听了，并没有命令手下点燃蜡烛，而是大声对各位臣子说："我今天晚上一定要与各位一醉方休。来，大家都把帽子脱了，咱们来痛饮一场。"

由于众人都没有戴帽子，也就看不出是谁的帽带断了。

后来楚国攻打郑国，有一位健将独自率领数百人为三军开路，一路过关斩将，直通郑国的首都。此人正是当年调戏许姬的那位臣子，他因楚王宽容了他，而发誓毕生效忠于楚王。

故事讲完之后，薛勇接着说："古语云：'人非圣贤，孰能无过。'小 B 这次确实犯了一个不小的错误，但他不是故意的，况且错误发生之后，他第一时间向项目经理做了汇报，在连续三天的数据恢复过程中，他几乎没有合眼，所以我们应该宽容他。你没注意到小 B 当时十分难过吗？"

李元芳终于明白了薛勇的良苦用心，也明显感到，在管理方面，自己和部门经理薛勇之间存在着巨大的差距。

薛勇补充说："聚焦优点，就需要我们学会宽容下属。宽容是一种伟大的力量。我相信，这次宽容小 B 比批评他更能让他知道以后该怎么做。"

李元芳说："是的，这几天我发现小 B 做事比以前细心多了。"

此后，李元芳更加钦佩薛勇的大度和管理才能了。

*　　　　　*　　　　　*

不过，事情总是一波接一波地出现。

020. 对待技术人员最要紧的两个字——尊重

转眼间，李元芳担任电子政务软件开发部副经理已近五个月，但有一个问题他始终没有解决。

电子政务软件开发部有一名老员工 C，大家都称呼他为"老 C"，他比李元芳早进公司三年，是公司资历较深的员工，技术能力一流，但老 C 总是不配合李元芳的工作安排，这让李元芳工作起来很困难。李元芳提出的一些工作思路，如部门技术发展思路、技术人员培养方案等，老 C 总是习惯性地刁难刁难，甚至唱唱反调；李元芳安排的工作，老 C 总会找理由推辞或拒绝，实在推辞不掉的工作就慢条斯理地做；团队要求员工遵守的一些行为规则，老 C 也不好好遵守。总之，技术能力超强的老 C 给李元芳的印象是：以自己技术能力强为资本，认为团队离不开他，孤僻高傲，自视清高。

当管理者以来，李元芳多次尝试和老 C 沟通，但老 C 总是爱理不理，沟通效果也不明显，为此李元芳相当苦恼。

为了解决这个问题，李元芳打算向人力资源管理高手——公司人力资源部经理郑现实取经。

郑现实听完李元芳的叙述，说："这是技术高手身上普遍存在的问题。正所谓'能力越强，个性也越强'，况且他的资历又比你深厚，就更容易这样了。老 C 这个人我比较了解，他是有点孤傲，依仗技术好自视清高，这也是公司暂时没有把他提拔为管理人员的重要原因。"

李元芳问："那我要怎么做才能改变目前的境况呢？"

郑现实说："前几天，我参加了一个人力资源管理研讨会，会上一位嘉宾分享了他们公司的一个案例。这位嘉宾也是一位人力资源部经理，案例是这样的。他们公司一位技术人员向这位人力资源部经理投诉，抱怨他的部门经理不尊重下属。当这位人力资源部经理询问具体情况时，这位技术人员说：'我们的部门经理坐在办公室最前面，他每次给我们安排任务时都是向我们招招手——张三过来过来，李四过来过来——一点都不尊重我们。'"

讲完案例之后，郑现实接着说："其实，对待技术人员最要紧的两个字就是尊重。如果我们能给他们足够的尊重，他们大多愿意配合我们的工作。"

此后，李元芳就试着尊重老 C，对他客气起来，遇到决策事项或工作问题，也会找老 C 商量对策，真诚地倾听和采纳他的一些意见。没过多久，李元芳就发现老 C 不像以前那样"高高在上"了，甚至带头拥护和支持李元芳的领导和工作安排。

当然，想要更好地聚焦优点，还需要学会换位思考，这个道理李元芳是从张帆身上学到的。

021. 换位思考让人豁然开朗

虽然要养成一个好习惯不容易，但要改变一个不好的习惯也挺难。上次电子政务软件开发部项目经理张帆在"小 A 事件"上被薛勇点拨之后，在对待项目组成员方面虽然改进了不少，但还是有所欠缺。

事情是这样的：刚毕业不到一年的软件工程师小 D，由于工作经验不足，编写程序时考虑不周，没有及时释放系统资源，造成系统开销过大，导致系统运行速度缓慢，严重时甚至死机。当张帆得知是小 D 编写的模块导致的问题之后，忍不住把小 D 批评了一顿。

张帆批评小 D 说："你的技术水平怎么这么低，竟然犯了如此低级的错误！"

小 D 是个女孩，平时文文静静，被项目经理张帆这么一说，伤心地哭了。

部门经理薛勇得知此事后，找到李元芳，说："张帆这次的做法有点过分。这样，你找张帆谈谈，我旁听，看看你如何处理这个问题。"

李元芳非常感谢薛勇的信任，也感谢薛勇给自己锻炼的机会。为了更好地解决这个问题，李元芳在找张帆沟通之前，做了充足的准备。

李元芳还是第一次主导这种与"问题下属"的正式沟通，心里自然有点紧张。他对张帆说："张帆，你对小 D 的批评有点过分。"

张帆说："有点过分？她确实不该犯这种低级错误啊！如果换我去编写她负责的这段程序，我闭着眼睛也能搞定！"

李元芳说："你去编写这段程序肯定万无一失，这个我百分之百相信，但毕竟你是你、她是她啊！"

张帆不太服气地说："为什么我能做到，她却做不到呢？"

李元芳说："你忘了，你工作快五年了，她工作还不到一年！你想想，你在她这个年纪的时候，是不是也犯过类似的错误啊？"

张帆心里一怔，说话的声音一下子小了很多："那倒是。"

李元芳说："既然这样，那你批评小 D 的话是不是有点过分？"

张帆点点头。

李元芳认为和张帆的沟通"OK"了，就没有再说话。

坐在旁边的部门经理薛勇一直没有说话，看到李元芳和张帆不再交谈，而李元芳和张帆的沟通基本有了结果，便说道："其实，这需要我们换位思考。如果我们站在对方的角度去思考问题，就容易理解对方，就能采取正确的处事方式。"

李元芳在心里对自己说："姜还是老的辣啊！薛经理只用了'换位思考'四个字，就总结了我刚才讲话的全部内容。"

薛勇继续说："换位思考真的能让人豁然开朗。前不久，我的一位朋友给我讲过一个真实的案例，我觉得可以和两位分享一下。"

　　薛勇的这位朋友手下有一位项目经理，一次，这位项目经理的一位客户提出要他开发一个带业务处理流程的功能模块。由于时间很紧，这位项目经理拿到客户的需求之后，立刻组织人员加班加点，终于在当天晚上开发出带业务处理流程的功能模块。第二天上午，这位项目经理高高兴兴地来到客户的办公室，向客户汇报并展示了这一功能。客户看完之后，说："模块的功能已经实现了，但根据我们的业务特点，能不能请你把现在完成这一业务的六个步骤压缩到四个步骤呢？"这位项目经理听后，不以为然，心里嘀咕："这个客户真刁难人。"这位项目经理说："六个步骤也不复杂呀，就点六次鼠标而已。"客户说："你知道吗，你们是开发这个模块的工程师，从调试到测试通过，使用这个模块可能就是二三十次而已；而我是用这个模块办业务，每一天、每个星期、每个月都需要重复使用，如果能从六个步骤压缩到四个步骤，就可以节省三分之一的时间，这样累计下来，将给我节省多少时间啊！试想一下，如果你是我，是不是也会提出同样的修改要求？"这位项目经理听客户这么一说，豁然开朗，愉快地接受了客户提出的要求。

薛勇说："案例中的那位项目经理，从'我'的角度出发思考时认为客户在刁难自己，换位思考后就很容易释怀了，换位思考前后对同一个问题产生了两种截然不同的态度。因此，换位思考很重要，对管理者而言尤其重要。以后我们在面对同事、面对下属、面对上司、面对客户时，都要注意换位思考。张帆，你认为呢？"

张帆说："薛经理，您说得很对。"

薛勇追问："那你以后会怎么做？"

张帆说："薛经理，请您放心，以后遇到类似的事我会记得换位思考。"

沟通结束后，李元芳私下问薛勇："薛经理，刚才我和张帆的沟通，您认为怎样？"

薛勇夸奖道："不错，希望你再接再厉！"

李元芳明知自己还有欠缺，但听了薛勇对自己的表扬，心里还是美滋滋的。

022. 会"拼"才会赢

时间过得真快，一转眼就到了6月份。由于这几年广州港前信息科技有限公司的规模不断扩大，所以公司领导决定从这一年开始每年举行一次拔河比赛，目的是增强团队的凝聚力。6月初的一个下午，公司首届拔河比赛在软件园员工活动区举办，电子政务软件开发部派出的拔河团队一路过关斩将，最终荣登冠军宝座。

在这次拔河比赛中，有一场比赛让人大跌眼镜。这场比赛就是电子政务软件开发部拔河队迎战系统集成部拔河队，结果看上去兵强马壮的系统集成部拔河队竟然输给了与之实力相差悬殊的电子政务软件开发部拔河队。

赛后，大家七嘴八舌、议论纷纷，有人甚至调侃说："这是今年发生的最不可思议的事情。"

李元芳也对这个结果百思不解，于是就去请教部门经理薛勇。

薛勇回答说："我们能赢系统集成部拔河队，这是显而易见的啊！"

李元芳不解地问："可是他们的队员个个都要比我们强啊？"

薛勇说："拔河比赛是一项团队竞技，比的不是个人实力，而是团队实力。我承认系统集成部拔河队的队员个个都要比我们强，但你没有注意到他们在比赛前的表现吗？"

李元芳说："注意到了，他们在比赛前就如何安排队形发生了激烈争吵，在意见没能达成统一的情况下就参加比赛了。"

薛勇说："这就是他们失败的原因！他们意见不统一，人心自然不齐；人心不齐，自然不会有一致的行动；没有一致的行动，就无法形成最大的合力。而我们的拔河队，从个人条件来看确实不如他们，但大家意见高度统一，队形井然有序，全体队员同舟共济，自然就形成了最大的合力。'人心齐，泰山移'，这就是我们战胜他们的原因。"

薛勇停了停，继续说："元芳，我问你一个问题，都说会'拼'才会赢，你如何理解这个'拼'字？"

李元芳说："'拼'的意思就是'拼搏''努力'啊！"

薛勇说："非也。'拼'的意思应该是'拼凑'。如今，个人英雄主义的时代已经过去，是追求集体英雄主义的时代了。"

话题一转，薛勇突然问道："你知道电灯是谁发明的吗？"

李元芳不假思索地回答："爱迪生。"

薛勇又问："那飞机呢？"

李元芳脱口而出："莱特兄弟。"

"那我国的复兴号动车组列车呢？"薛勇继续问。

李元芳摇摇头，表示自己不知道。

薛勇说："复兴号动车组列车其实不是由某个人发明创造的，而是由一个团队发明创造的，因此我们无法说出他们的名字。"

这时薛勇的手机响了。他处理好电话之后，接着说："一个人不可能完美，但一个团队就可能实现完美。正如小孩子玩的积木，虽然每一块积木都有棱有角、不完美，但多块积木能拼出一个完美的长方形或正方形。管理者更应该注意'抱团打天下'，通过整合团队成员的力量实现团队的目标。如今，谁会'拼凑'，谁就是最大的赢家！所以，我们一定要学会整合资源，养成集思广益的思维方式和行为习惯。"

李元芳若有所思："整合！上次熊浩给自己讲的'新木桶原理'，一只木桶能装多少水是由最短的那根木条决定的。其实，木桶能装多少水，还跟木条之间的缝隙有关。只有把木条之间的缝隙密封了，木桶才能装更多的水。密封缝隙，其实就是整合的一种类型啊！类比到团队，成员之间的冲突和摩擦就是团队成员之间的'缝隙'，若要团队这只'木桶'装更多的'水'，解决团队成员之间的冲突和摩擦也至关重要，在这方面，以后自己一定要注意和加强！"

"集思广益，会'拼'才会赢，有道理。"李元芳喃喃自语。

经过这次拔河比赛，李元芳初步体会到了团队合作的重要性。

拔河比赛后的第三天，薛勇忽然想到上次还有一些关于"集思广益"方面的重要信息没来得及告诉李元芳，于是，利用中午吃饭的时间，薛勇打开了话匣子。

023. 1 加 1 可能大于 2

薛勇问："元芳，小学时我们学过'1 加 1 等于 2'，你认为上次拔河比赛中，系统集成部拔河队有没有实现 1 加 1 等于 2 呢？"

李元芳肯定地答道："当然没有，要不然我们就不可能赢他们了。"

薛勇说："没错。你认为在拔河比赛中有没有可能实现'1 加 1 等于 2'？"

李元芳说："根据物理学原理，两个力量在同一个方向时合力最大，最大的合力就是这两个力量之和。因此，在拔河比赛中，只要全体队员齐心协力，同时发力，心往一处想，劲往一处使，就可以实现'1 加 1 等于 2'。"

薛勇接着问："那在拔河比赛中有没有可能实现'1 加 1 大于 2'？"

李元芳沉思片刻，回答道："如果单纯从力的叠加上看，在拔河比赛中不可能实现'1 加 1 大于 2'，最多实现'1 加 1 等于 2'。当然，如果考虑到一些智慧和技巧的因素，也许有可能吧！"

薛勇说："确实如此，从拔河比赛中我们很难体会到'1 加 1 大于 2'，那么，你能举出'1 加 1 大于 2'的例子吗？"

说到这里，薛勇没有让李元芳马上回答这个问题，而是指着手中的一根筷子说："你看我手中的这根筷子，假如用 5 牛顿力量可以将它掰断，那么我把两根同样的筷子合在一起，你认为 10 牛顿力量可以将它们掰断吗？"

李元芳不敢肯定地回答道："也许不能。"

"是的，这个时候用 10 牛顿力量不能把两根合在一起的筷子掰断。如果不信，你回去拿自己家的筷子试试。"薛勇一边摇着手中的筷子一边说，"这是公共食堂的筷子，我们不能当场测试。"

薛勇接着说："这就告诉我们一个道理，'1 加 1'确实有可能'大于 2'。"

李元芳说："像足球赛、篮球赛、排球赛等这种要求能力互补和相互配合的竞技比赛，我们就很容易感受到'1加1大于2'。薛经理，您看我举的例子对吗？"

薛勇说："没错。鸡蛋、茶叶和盐，当它们整合在一起时能比每一个单独的个体产生更大的价值，卖更多的钱。在实际工作中，这种以团队成员能力互补的方式来协同工作，目的就是要实现'1加1大于2'。如果一个工作团队不能实现'1加1大于2'，那么这个团队的价值就有限，就不能充分体现出'抱团战斗'的真正意义。团队就是要实现个体简单相加无法实现的目标和价值，因此'1加1'的结果越大越好。"

李元芳点点头，说："我以前做技术的时候，习惯性地认为'1加1'只能'等于2'；现在做管理了，才比较容易理解和接受'1加1'可能'等于2'、可能'小于2'，甚至可能'大于2'，关键在于我们怎么做。"

薛勇说："是的，这就是技术人员和管理人员的区别。"

＊ ＊ ＊

李元芳是做技术出身的，喜欢较真。后来，他真的在家拿了两根筷子做测试，结果确实如薛勇所说。

知道是对的就去行动，这是李元芳的一大优点。在以后的工作中，李元芳想了很多办法，努力营造团队的合作氛围、创造条件，如设立"帮扶奖"、设立"建言献策奖"、组织集体技术攻关、建立基于团队的问题解决小组等，取得了不错的效果。

＊ ＊ ＊

李元芳以为薛勇只是要给自己讲这个道理，正准备起身离开时，薛勇叫住了他。

024. 唯有参与，才有认同

薛勇问："你知道为什么在为数不少的公司或部门里，很多员工对公司或部门制定的绩效考核办法不满意吗？"

李元芳回答道："我想应该是这些考核办法不科学、不公平吧！"

薛勇说："你的答案应该说只对了一小部分。其实，在很大程度上是这些公司或部门在制定绩效考核办法时，没有或很少让被考核者参与！"

李元芳说："难怪我们当初在制定绩效考核办法时，您花了很多时间征求大家的意见和建议。当时，我认为这样做可能有些多余和浪费时间，现在才明白了您的良苦用心。"

薛勇继续说："'集思广益'要求我们做到让团队成员全员参与，特别是一些诸如制定绩效考核办法、发布团队规章制度等事情，更应该这样做。'全员参与'一方面可以广泛征求大家的意见和建议，另一方面容易得到大家的认同。"

李元芳有些疑惑："'全员参与'有利于认同？"

"是的，其实生活中有一个很形象的例子可以证明这一点。"薛勇补充说，"在生活中，有那么一部分夫妻，丈夫会认为自己的朋友或同事的妻子比自己的妻子漂亮、有气质，妻子会认为自己的朋友或同事的丈夫比自己的丈夫潇洒、有风度，但是他们会在朋友或同事面前夸奖自己的儿子或女儿是最棒的，你知道这是为什么吗？"

李元芳说："薛经理，我不知道。"

薛勇说："因为自己的儿子或女儿与自己血脉相连，自然就容易认同。"

薛勇补充说："我们在以后的工作中要想真正做到'集思广益'，就一定要鼓励大家多参与，这样确立的一些制度才能更好地执行。"

李元芳答道："薛经理，我明白了，'集思广益'是一种理念，更是一种行动。"

后来，李元芳常常鼓励下属踊跃发言，遇到问题或寻求解决方案时，他经常采用有利于团队成员共同参与的专家判断法[①]、头脑风暴法[②]等，工作开展得有声有色。

[①] 专家判断法是指在组织内部或项目中让具有类似工作经验的人一起参与研讨。专家判断这一工具有两个重要的特点：(1)与会专家独立判断；(2)最终的结论与会专家要一致同意。

[②] 头脑风暴法的特点是与会人员可以非常自由地各抒己见，任何人不能对发言者的观点进行正确与否的评判，也不能随意打断发言者的发言。

025. 管理者其实是一根穿珍珠的线

李元芳在工作方面的表现一天比一天出色，在爱情的道路上也顺风顺水。李思思对李元芳的好感与日俱增，两人交往和交流的机会也越来越多。都说"爱情可以催人奋进"，这句话在李元芳的身上有所体现，李元芳在工作上的干劲在爱情力量的推动下持续升温。

又是一个风和日丽的星期六，李元芳和李思思相约去爬白云山。爬山途中，两人说说笑笑、走走停停，李思思还时不时撒娇，让李元芳背着自己。李元芳是"累并快乐着"，虽然有时候累得气喘吁吁、大汗淋漓，嘴上对李思思说"背着你爬山太辛苦"，但谁都知道，其实他心里比蜜还甜。

两个小时之后，他们手牵手来到了白云山山顶公园。两人坐在石条椅上休息，李思思把头斜靠在李元芳的肩上，享受着自己的男朋友给予的温情。

休息了一会儿，李思思基本恢复了体力，直身坐了起来。李元芳马上从背包中掏出一包李思思最喜欢吃的薯片递给她，李思思伴着薯片的香气，感受着爱情的温馨和浪漫，心情特别好。

李元芳和李思思静静地享用着美食，任时光默默流淌，沉浸在"此时无声胜有声"的意境之中。

薯片吃完了，李思思用湿纸巾擦了擦嘴和手（当然，湿纸巾是李元芳递过来的），对李元芳说："元芳，听说你们薛经理给你讲了'集思广益'和'整合团队资源'，我想问问你，如果要用两件物品来比喻团队管理者和团队成员，你认为哪两件物品比较合适？"

这个问题李元芳从来没有想过，一时回答不上来。李元芳不好意思地说："我不知道。"

李思思笑了笑，从脖子上取下自己的珍珠项链，说："你看这条项链，我认为可以把珍珠看作团队成员，把穿珍珠的这条线看作团队管理者。"

李元芳还是第一次听到这样的比喻，很好奇地问："为什么这样说呢？"

李思思说："薛经理说的'集思广益'和'整合团队资源'，其实被整合者就是团队成员，起整合作用的就是团队管理者。正如这条项链，一粒粒的珍珠就好比是团队成员，中间的那根线就好比是管理者。珍珠再好，如果没有中间的这根线，也只是'散珠一盘'。因此，管理者其实就是一根穿珍珠的线，他的价值和作用就是把一粒粒珍珠（员工）给'穿'起来，从而形成美丽的项链——高绩效团队。"

李思思接着说："那我再问问你，这条项链是珍珠漂亮，还是里面的线漂亮？"

李元芳回答说："珍珠露在外面，线在里面，我只能看到珍珠，看不到线，所以我认为珍珠漂亮，我不知道线漂不漂亮。"

李思思说："你说得没错。这就告诉我们一个道理：作为管理者，我们应该多让团队成员去呈现光鲜的一面，不要总抢在员工的前面炫耀自己；当团队创造了优秀业绩时，我们应该先让团队成员享受劳动成果，而不是有好处就自己冲在最前面。管理者永远都是穿珍珠的那根线。"

李元芳问李思思："那究竟是'线'的价值大，还是'珍珠'的价值大？"

李思思回答道："这就要看你是一根什么'线'了。管理者应该做一根结实的'纯金线'。也就是说，要做智慧的管理者，不要做愚庸的管理者。元芳，你说呢？"

026. 村看村，户看户，群众看干部

李元芳点点头，看着自己聪慧至极的女朋友李思思，问道："思思，你刚才说

'管理者永远都是穿珍珠的那根线'，是不是意味着管理者就不需要带头了？"

李思思回答说："此言差矣。'管理者永远都是穿珍珠的那根线'这句话是有前提条件的，是指管理者不要在员工面前炫耀自己，不要在利益面前只考虑或先考虑自己。但在工作方面、在履行公司规章制度等方面，管理者应该起模范带头的作用。"

"常言道：'村看村，户看户，群众看干部，'"李思思继续说，"这足以说明团队领头羊的重要性。"

李元芳插话道："某管理书上曾说过，'由一头狮子带领的羊群最终都会变成狮子，由一只羊带领的狮子队伍最终都会变成羊'，是不是这个道理？"

李思思回答道："你总是善于思考和联想，这是你的优点。那你认为自己是一头狮子还是一只羊？"

李元芳不敢在自己的女朋友面前过于张狂，但又不能让女朋友对自己有丝毫失望，于是灵机一动，采用两全其美的口吻说："现在是'羊'，如果有你长期在我身边，我想自己早晚会变成'狮子'的。"

说实话，李元芳还是有自知之明的：自己现在离"狮子"确实还有很大的距离。不过，路虽远行则将至，事虽难做则必成。"路漫漫其修远兮，吾将上下而求索"是从农村走出来的李元芳的工作态度。

在两人畅快的交流和沟通中，不知不觉到了中午。这对恋人起身朝附近的小吃店走去，准备好好享受白云山独特的美食。

简单吃过午餐，李元芳和李思思继续游玩。

*　　　　　　*　　　　　　*

对于恋人来说，时间总是过得很快，眼看夕阳西下，两人还有点流连忘返。从白云山回去的路上，李元芳想：思思比自己看过的由成君忆先生创作的《水煮三国》中诸葛亮的老婆阿丑更有智慧。当然，容貌方面，阿丑和思思根本就不在一个档次，没有任何可比性。

夜幕之下，看着万家灯火，李元芳和李思思紧紧相拥，紧得能听到彼此的心跳声……

027. 身先士卒就是威，说到做到就是信

最近，薛勇从部门秘书蔡琴处听说一个员工投诉李元芳，该员工"状告"身为部门副经理的李元芳在上班时间浏览与工作无关的娱乐网站。

薛勇认为这件事情虽然看上去很小，但其实不小，严重时会直接影响管理者的威信和管理者在员工心目中的形象。于是，薛勇把李元芳叫到自己的办公室。

薛勇说："元芳，你担任部门副经理以来进步很快，从技术到管理的转型也很顺利，恭喜你啊！"

李元芳说："多亏薛经理的悉心指导。您今天找我一定有什么事吧？"

薛勇问："元芳，最近有人反馈说你在本周二上午上班时做了与工作无关的事情，不知道有没有这回事？"

李元芳马上回想了一下本周二上午上班的情况。李元芳只觉得一阵脸红，自责地回答："我看了十分钟左右的娱乐新闻。"

薛勇说："公司和我们部门都有规定，上班时间不能干与工作无关的事情，作为管理者，我们一定要带头遵守规章制度，以身作则。前不久，我参加了广东南方软件过程改进专业委员会举办的一个管理沙龙，一位会员讲述了他们公司的一个案例，对我触动很大。这位会员说，他的部门经理没有做到以身作则。这位部门经理要求部门全体成员上班不能迟到、下班不能早退、工作时间不能干与工作无关的事情。起初，这位会员非常支持部门经理的工作，也认为部门经理这样要求大家是非常正确和应该的，可是后来，他对部门经理的看法和认可度急转直下。我问他发生了什么事情，他说他有一次不经意看到部门经理在上班时间炒股。你看，部门经理要下属遵守公司和部门的规章制度，自己却在上班时间炒股，这样的部门经理在员工心目中还会有威信吗？"

听到这里，李元芳脸一红，对薛勇检讨说："薛经理，这件事确实是我的错，没带好头，您看这事要不要告诉公司常务副总经理熊浩，我愿意接受公司的处罚。"

薛勇说："我觉得，这件事情你不用向熊浩汇报。人在成长的道路上，总会不经意地犯一些错误，特别是刚从技术走向管理、从'兵'过渡到'将'的你。原

来当'兵'时可以犯的小错误一时没有全部改正过来，也是可以原谅的，关键是以后不要再犯同样的错误。"

李元芳非常感激薛勇对自己的谅解和宽容，惭愧地说："薛经理，这次让您操心了，以后我一定会时时提醒并严格要求自己，绝对不会再犯类似的错误。"

薛勇补充说："有威信的管理者才能真正成为下属拥戴的管理者，而威信并非来源于管理者的权力和对权力的使用。元芳，你知道管理者的威信从何而来吗？"

李元芳说："以身作则。"

薛勇点点头，说："身先士卒就是威，说到做到就是信，好的榜样往往比说破嗓子更管用。我相信，从今天这件事情上你已经深刻体会到了威信的来源之一——身先士卒。在以后的工作中，再去慢慢体会和践行'说到做到'吧！"

李元芳离开薛勇的办公室，思绪万千：身先士卒就是威，说到做到就是信，我一定要成为有"威"有"信"的管理者！

028. 管理者要做应该做的事，而不是做喜欢做的事

从技术转型做管理的人几乎都存在这样一个毛病，那就是虽然身在管理岗位，但还是比较习惯和喜欢做一些技术工作。李元芳也不例外。

在《管理者的智慧》培训课上听培训师讲管理者要学会"舍得"之后的一

个多月时间里，李元芳在工作中尝试着让自己尽量以管理工作为主，但还是没有摆脱根深蒂固的"技术情节"。每当手头同时出现管理工作和技术工作时，李元芳还是自觉或不自觉地优先做技术工作。

薛勇也发现了李元芳的这个问题，觉得李元芳做部门副经理快半年了，是时候提醒李元芳要彻底改变了。

趁着两人沟通如何总结部门半年工作业绩的机会，薛勇问李元芳："元芳，你认为做技术工作容易一些，还是做管理工作容易一些？"

李元芳脱口而出："当然是做技术工作啦，这是我工作六年的强项。"

薛勇又问："那你喜欢做技术工作还是喜欢做管理工作？"

李元芳回答："当然是技术工作，因为做技术工作很有成就感，每次看到自己写的代码展示出漂亮的结果，或因为自己解决了一个技术问题而让系统重新恢复正常时，我就会激动不已。"

薛勇继续问："那你有没有想过，你现在的岗位应该多做和优先做技术工作还是管理工作？"

李元芳一下子蒙了。他想了想，回答说："我现在身处管理岗位，应该多做和优先做管理工作。"

薛勇说："没错，作为管理者，你应该多做和优先做管理工作。不过，你知道为什么你担任部门副经理半年了，我才和你讨论这个问题吗？"

李元芳回答道："不知道。"

薛勇说："因为这个习惯不容易一下子改过来，所以我想让你有一个过渡期和适应期。我刚开始从技术转型做管理的时候也是如此，一看到有技术问题需要解决就'手痒'，就想往前冲。"

李元芳说："薛经理，您的说法非常正确，我太有同感了。一看到有技术问题需要处理，我就容易忘记自己是管理者。"

薛勇说："其实，我们这种根深蒂固的'技术情节'是要不得的。作为管理者，我们一定要做自己应该做的事，而不是做自己喜欢做的事。试想一下，技术人员一个月的工资是多少？我们管理者一个月的工资是多少？如果我们拿着管理者的工资却干着技术人员的活儿，那不是浪费公司资源吗？"

李元芳打了一个寒战，说："我从来没有想过这个问题如此严重。"

薛勇说："所以我们一定要时刻提醒自己，要'忍痛'让自己真正改变这一错误的做法。"

李元芳问道："薛经理，有没有比较好的方法能让自己改变这种习惯？"

薛勇说："以后工作时，先想清楚这件事是不是应该做再动手，否则不可能改掉这种习惯。"

李元芳下意识地敲了一下自己的脑门，自言自语："管理者要做应该做的事，而不是做喜欢做的事，一定要记住哦！"

029. 强将手下无弱兵吗

薛勇接着说："我听说上星期你去广西南宁了解一个在客户现场做开发的项目的进展，有个技术工程师向你请教一个技术问题，你二话不说就亲自动手代替他做完了，有这回事吗？"

李元芳有点自豪地说："是的，当时我认为这个技术问题对他来说太难了，估计他一时学不会，所以就代劳了。"

薛勇问："元芳，你认为这件事是你应该做的吗？"

李元芳回答说："我认为这与您刚才讲的'管理者要做应该做的事，而不是做喜欢做的事'有点不一样，那是因为我没办法，要是这位技术工程师自己会做，我当时肯定不会插手。"

薛勇纠正道："其实，这件事同样属于我讲的'管理者要做应该做的事，而不是做喜欢做的事'的范畴。你想想看，在遇到这类事情时，作为管理者，我们是不是应该辅导他如何做而不是替他去做？"

李元芳认为薛勇的话有道理，不好意思地说："我当时也是着急，所以就直接做了。"

薛勇话锋一转，问道："你听说过'强将手下无弱兵'这句话吧？"

李元芳说："听过，这句话出自苏轼的《题连公壁》，原话是'强将手下无弱兵。真可信。'"

薛勇说："没错，那这句话是什么意思呢？"

李元芳从书上看过这句话的解释，因此他十分自信地回答："英勇的将领手下没有软弱无能的士兵，比喻好的领导能带出一支好的队伍。"

薛勇说："'强将手下无弱兵'，这句话好像是正确的。其实仔细分析，这句话只说对了一半，或者说，在某种特殊情况下才是正确的。"

李元芳不解，反问道："为什么这样说呢？"

薛勇解释道："如果一名能力出众的领导，懂得培养下属，多给下属锻炼的机会，当然是'强将手下无弱兵'；但如果一名能力出众的领导，生怕下属犯错误，事事亲力亲为，没有给下属学习、锻炼和成长的机会，下属的能力自然无法提升，这样就会变成'强将手下皆弱兵'，其结果就是只有领导一个人是'能人'，其他人都是'庸人'。因此，作为管理者，我们不能总是像母鸡护小鸡一样把下属保护起来，而是应该让他们离开我们的臂膀，去接受风雨的考验和洗礼。"

薛勇接着说："三国时代的诸葛亮，鞠躬尽瘁、死而后已，到最后是'蜀中无大将，廖化当先锋'，历史的教训让我们深思啊！回到刚才这件事情上来，如果下属遇到困难和问题我们就'迎难而上'去帮下属解决，一方面，下属缺少锻炼的机会，能力自然很难提高，这样不利于团队整体力量的增强，同时管理者也会越干越忙、越干越累；另一方面，有些下属会产生惰性和依赖心理——反正我不会做时有领导，无所谓。久而久之，那些有想法但没有机会提升自己能力的员工会选择离职，重新寻找有利于自己发展的平台，而那些不求上进的员工会蜷缩在'温暖的集体'中吃'大锅饭'。你仔细想想，这种做法是不是有百害而无一利啊？"

李元芳被惊出一身冷汗。

薛勇补充说："因此，正确的做法应该是我们教他们，一次教不会就教两次，两次教不会就教三次，直到教会为止。有些管理者可能会说，'教下属做花的时间比我自己做花的时间更长'。虽然这是事实，但我们要知道，如果这次教会了，那么下次就不用再去教了，也不用我们亲自动手去做，从长远来看，不仅培养了人，还节省了时间。"

李元芳说："薛经理，您言之有理，今后我一定注意尽可能让下属自己去做，不再越俎代庖了。"

薛勇说："好，希望你真能说到做到，这也是从技术走向管理的人员一个非常重要、非常不容易转变的地方。预祝你这位'强将'手下将来全部都是'强兵'！"

薛勇好像意犹未尽，他起身喝了杯茶，也给李元芳倒了一杯，继续说："今天我就把这个问题给你讲透彻。"

李元芳再次竖起了耳朵……

030. 谁的"猴子"谁负责抚养

李元芳是一个很爱学习的人，听薛勇这么一说，心里自然非常高兴。他发自内心地感激薛勇这位无私帮助自己的贵人。

薛勇说："元芳，你听说过比尔·翁肯发明的一个有趣的理论——'背上的猴子'吗？"

李元芳说："没有。"

薛勇说："我给你解释一下，比尔·翁肯所谓的'猴子'，是指'下一个动作'，即接下来要如何做。有这样一个案例。一位上司在走廊里碰到一位下属，下属说：

'我能不能和您谈一谈？我碰到了一个问题。'这位上司便站在走廊里专心听这位下属详细描述问题的来龙去脉，一站就是半个小时。这样，上司既耽搁了原来要做的事，也发现所获得的信息只够让自己决定要介入此事，但并不足以做出任何决策。于是上司说：'我现在没时间和你讨论，我考虑一下，回头再找你谈。'这样，原本在下属背上的'猴子'，也就是接下来要做的事，在下属与上司的沟通过程中便不知不觉地转移到了上司的背上。上司接替了下属的角色，而下属则变成了监督者——他会时不时跑来问上司：'那件事怎么样了？'"

薛勇停顿了一下，继续说："元芳，你替技术工程师解决技术问题，从某种角度来讲，就是你自己主动去背员工背上的'猴子'。"

李元芳笑了笑。

薛勇说："要想不主动去背员工背上的'猴子'，相对比较容易；如何不被动接收员工背上的'猴子'，那就比较难了。我们部门的员工小 E 就喜欢把自己背上的'猴子'转交给他人'抚养'，不知道你有没有中过招？"

李元芳扑哧一笑，说："有过，不过我当时没有想到他是把自己的'猴子'交给我'抚养'这么高深的层次。"

薛勇说："具体是什么事情，能说来听听吗？"

李元芳说："一次小 E 问我如何用 C++ 来实现文件的断点续传，我一时没有解决方案，于是顺口答应他回去想想，最后就是我亲自编写了实现文件断点续传的代码。"

薛勇说："你的这个例子很鲜活。你一旦接收了本该由下属'抚养'的'猴子'，下属就会认为是你自己想要'抚养'这些'猴子'。因此，你接收得越多，他们给得也就越多。于是你饱受堆积如山、永远处理不完的问题的困扰，甚至到了没有时间去'照顾'自己的'猴子'的程度，严重影响了管理者发挥真正的作用。因此，作为管理者，我们应该将时间花费在最重要的管理事务上，而不是去'抚养'一大堆别人的'猴子'。如果管理者能让每位员工去'抚养'自己的'猴子'，员工就能真正地管理自己的工作，也会更有责任心，同时，管理者才能有充足的时间去做规划、协调、创新等对团队更有价值的工作。"

李元芳托着下巴做思考状，问道："薛经理，你能不能告诉我，我如何做才能不让员工把他们的'猴子'转移到我的背上呢？"

薛勇故意说："这原本是你背上的'猴子'，现在想转移给我？"

听到这话，李元芳脸红了。

薛勇笑着说："这次我帮你'背'你背上的这只'猴子'吧，这样你以后才能更好地'背'你背上的'猴子'。"

薛勇继续说："如果下次别人想把他背上的'猴子'给你，你就说'我也不知道，你再去想想其他解决方案吧！'。"

李元芳追问："要是他积极主动地去想了，可还是不知道如何做呢？"

薛勇说："那就说明他不是有意把自己背上的'猴子'给你，这时你就应该去辅导他，或者与他一起去寻找解决问题的方案。"

李元芳说："我明白了，如果下属积极主动地去想办法，却还是不知道该如何做，那就不是'猴子'该如何管理的问题了，而是管理者应该去辅导和培养下属的问题了。"

薛勇说："你理解得完全正确。"

李元芳说："薛经理，我感觉您真是一个管理天才，懂得真多啊！"

031. 插播："添才"与"天才"

薛勇说："我哪是什么天才啊，只是积累了一些经验而已。"

李元芳说："薛经理，说句心里话，我由衷地佩服您的管理水平，在我的心中，您就是一位管理天才。"

薛勇说："说到'天才'，我个人认为，在这个世界上应该没有'天才'，特别是在管理领域；如果有，那'天才'就是天天给自己'添才'的人。其实，管理能力的提升，靠的是自己的积累、总结和领悟。正如饭只能一口一口地吃，管理技能也只能一点一点地积累。在十年前，我也是一只管理'菜鸟'，当时也认为公司常务副总经理熊浩是一位管理天才。我是通过十年的学习和积累，才有了今天的水平。"

李元芳说："十年之后，如果我也能达到您现在的管理水平就好了。"

薛勇说："这个并不难，你只要持续努力、不断学习、不断积累，天天给自己'添才'，不用十年，你的管理水平肯定会超过我。到时候你回头一看，可能会惊奇地发现，在这个世界上，除了你自己，其他人都不是'天才'。"

李元芳说："薛经理，您别拿我开玩笑了。我曾听一位培训师说，'冰冻三层非一日之寒，一个人的成功并非偶然'，看来这句话非常有道理啊！"

李元芳话音刚落，两人同时哈哈大笑起来。

032. 让"我能"引发蝴蝶效应

广州港前信息科技有限公司为了能更好地招聘人才，从李元芳入职那年开始，每年都会派人去一些重点高校做宣传性演讲，一方面提升公司的社会知名度，另一方面吸引优秀大学毕业生来公司任职。

这一年公司委派人力资源部经理郑现实和电子政务软件开发部副经理李元芳一起去武汉大学做宣传性演讲，希望通过介绍公司的规模、业务性质、发展前景、员工福利待遇等，吸引目前正在读大三、明年 6 月将要毕业的计算机专业的优秀学生在毕业后加盟广州港前信息科技有限公司，共谋发展。

6 月 24 日，郑现实和李元芳坐上了广州至武汉的高速列车。

上车后，郑现实对李元芳说："元芳，恭喜你啊！"

李元芳问："郑经理，您恭喜我什么呀？"

郑现实说："你应该知道的。"

李元芳绞尽脑汁都没有想出自己身上究竟发生了什么好事值得郑经理恭喜，只得回答："郑经理，我真不知道。要不您提示提示？"

郑现实说："你工作开展得比较顺利，爱情也随之而来，难道不值得恭喜吗？"

李元芳心里一惊："我和李思思之间的事一直比较低调，郑经理怎么这么快就知道了？"

既然郑经理已经知道了，李元芳只得承认："郑经理，您知道我和李思思在谈恋爱？"

郑现实说："对啊！"

李元芳不解："您是怎么知道的？"

郑现实说："'世上没有不透风的墙'，况且我是从事人力资源工作的，对人比较敏感。"

李元芳忐忑地问："郑经理，我和李思思谈恋爱，不违反公司制度吧？会不会影响我们在公司的发展啊？"

郑现实说："你和李思思没有违反公司的制度，自然也不会影响你们在公司的发展。'男大当婚，女大当嫁'，这是人之常情，你和李思思又是男才女貌，所以我说要恭喜你啊！"

李元芳的心绪一下子平静了许多。

郑现实接着说："元芳，你想想看，李思思能找你做男朋友，要不要感谢我？"

李元芳说："当然应该感谢您啊！是您对我的栽培提升了我的能力，所以我才有机会得到李思思的青睐。"

郑现实说："我说的可不是你的能力，你还记得你做部门副经理一个月的时候，我和你面谈时说的话吗？"

李元芳说："当然记得，您当时的教诲我一直记在心里。"

郑现实问道："那你回忆一下，我讲的哪句话和能让李思思做你女朋友关系最大？"

李元芳快速检索自己头脑中储存的信息，说："我想起来了，您说衣服穿得好对我找女朋友有帮助。"

郑现实笑了笑，说："就是这句话。如果你还是像之前那样不修边幅，不一定能得到李思思的芳心哦！要知道，李思思可是我们公司数一数二的美女啊！"

郑现实的话让李元芳十分自豪，他得意地说："多谢郑经理的指点，等我和思思结婚时，一定请您为上宾。"

*　　　　　　*　　　　　　*

接着，郑现实说："元芳，我听说李思思和你聊过'管理者其实是一根穿珍珠的线'和'管理者应该起领头羊的作用'，你们部门的经理薛勇也和你聊过'强将手下是强兵还是弱兵'的话题，那我想问问你，管理者如何才能使自己的能力价值最大化呢？"

李元芳说："我认为实现管理者能力价值最大化的方法应该是带领团队成员高效地和自己一起干。"

郑现实说："你说得没错，但还不够全面。"

李元芳问："您的意思是说还有其他方面吗？"

郑现实说："是的，你听说过'蝴蝶效应'吗？"

李元芳摇摇头。

郑现实说："蝴蝶在热带雨林中轻轻扇动几下翅膀，遥远的国家就可能形成一场龙卷风，这就是著名的'蝴蝶效应'。'蝴蝶效应'说明细微的事物如果遇到了合适的条件，会被放大到惊人的程度。"

李元芳不解地问："蝴蝶效应与实现管理者能力价值最大化有关系吗？"

郑现实说："一个人的能力毕竟是有限的，对吧？"

李元芳说："那是当然。"

郑现实说："管理者也不例外。自身优秀的管理者，如果不能把下属也培养成很优秀的员工，那么即使管理者能力再强，也是鼓掌难鸣。如果管理者能培养出很多优秀的下属，不是相当于放大了自身的能力，从而引发了蝴蝶效应吗？"

　　说到这里，郑现实指着正在高速前行的列车说："你知道为什么高速列车跑得这么快，而普通火车却不行吗？"

　　李元芳说："'火车跑得快，全靠车头带'嘛，我想应该是高速列车的车头动力很强。"

　　郑现实说："不是，其实是因为高速列车的每一节车厢都自带动力。这就正如一个团队，如果只有管理者一个人强大，即使大家同心协力，团队的工作业绩也不会十分突出；如果团队中的每一个人都很强大，再加上大家同心协力，那么团队的工作业绩一定是非常惊人的。"

　　李元芳恍然大悟道："郑经理，您的意思是说，管理者要努力把下属培养成优秀的员工，这样，优秀的人才多了，就能干出更多、更好的成绩，对吗？"

　　郑现实说："是的，我要说的就是管理者要让'我能'引发蝴蝶效应。"

　　李元芳心想："之前薛勇讲过，要我把下属都培养成'强兵'，这是多么重要啊！今天郑现实说的让'我能'引发蝴蝶效应，又是多么睿智的见地啊！"

让"我能"引发蝴蝶效应

　　郑现实补充说："因此，我认为实现管理者能力价值最大化有两个途径：第一，培养更多优秀的下属；第二，打造协同配合的合作型团队。"

　　在不知不觉中，高速列车已经离开广东韶关往湖南郴州方向前进。随高速列车一同前进的，还有郑现实和李元芳之间的话题……

033. 信任真的很重要

郑现实接着问："元芳，你认为影响企业发展壮大的最大内耗是什么？"

李元芳说："我想应该是企业员工之间的互相猜忌和怀疑，还有互不信任、互相提防。"

郑现实没想到李元芳对这个问题有如此到位的洞察力，惊奇地问："这个观点是你从书上学到的，还是自己领悟到的？"

李元芳笑了笑，说："都不是。"

郑现实好奇地问："那是怎么来的？"

李元芳得意地说："是思思告诉我的。成君忆先生在《水煮三国》中说'丑女是一杯茶'，我的观点是'美女是一杯浓茶'，可以让男人的头脑更清醒、更有智慧。"

郑现实明显感觉到，李元芳在六年的工作历练中成长和成熟得都很快，如此发展下去，前途不可限量；加之李思思给予的帮助，李元芳会如虎添翼。

郑现实说："我的观点和你一致，我也认为影响企业发展壮大的最大内耗是信任。在同类行业中，有些企业蒸蒸日上、生机盎然，有些企业日趋没落、死气沉沉，虽然与面对的市场环境有关，但我认为，导致这种差异的核心原因来自企业内部，特别是企业内部的内耗——互相猜忌和怀疑。一个企业营造员工互相信任的工作氛围是很重要的，领导和管理者之间要信任和被信任，管理者和员工之间要信任和被信任，只有信任别人，自己做到诚信，企业才有希望。因此，一个企业建立诚信体系非常重要，我们公司在这方面做得还是挺不错的。"

郑现实喝了一口水，继续说："作为从技术走向管理的新晋管理者，你一定要养成信任下属的习惯。这里提到的'信任'，既包括信任下属的人品，也包括信任下属的能力，不要既希望他们做好，又怀疑他们做不好——如果这样，下属会认为自己的上司不信任自己，从而产生消极情绪，进而影响工作效率，内耗自然就产生了。这是第一个层面。"

郑现实停顿了一下，问道："元芳，你知道第二个层面是什么吗？"

李元芳回答道："我不知道。"

郑现实补充说："第二个层面就是，管理者应该在团队中营造互相信任的氛围。也就是说，不但要让上下级之间互相信任、讲诚信，同级之间也应该互相信任、讲诚信，从而形成一个互相信任和讲诚信的大家庭。有人说过，因为诚信，所以简单。这就说明，人与人之间有了诚信，交往起来自然没有隔阂和障碍，内耗自然不复存在。没有内耗的企业，还有什么事情做不成、做不好呢？反之，如果你提防着我，我提防着你，那谁还会把全部心思投入到工作中呢？所以，信任真的很重要。"

李元芳不停地点头，他的头脑被郑现实的话语冲击着，如饥似渴地吸收着管理智慧。

李元芳说："郑经理，您能否教教我，如何在团队中建立信任？"

郑现实说："我们先休息一下，看看窗外的好风景，然后一起探讨这个话题。"

李元芳说："好的，谢谢郑经理。"

趁着休息，李元芳一边欣赏窗外的美景，一边拿出随身携带的笔记本，有感而发，仿照着当代诗人流沙河的《理想》，在笔记本上写道：

> 信任是杆，撑起团队的帆；
>
> 信任是帆，承载部门的船；
>
> 信任是船，畅游业绩的海；
>
> 信任是海，沉淀无尽的爱。

034. 情感账户：多"存款"，少"取款"

郑现实和李元芳两人乘坐的高速列车在郴州西站短暂停靠后，又朝衡阳方向呼啸而去。

两人休息了一会儿，郑现实接着说："元芳，我们现在来探讨一下你刚才提到的'如何在团队中建立信任'的问题吧。我先问你一个问题，你说我们是在银行账户中多存款之后的信用等级高，还是多取款之后的信用等级高？"

李元芳不假思索地回答说："这个很简单，当然是在银行账户中多存款之后的信用等级高，即使我们现在普遍使用的信用卡也一样。如果我们经常透支信用卡而没有及时还款，那么我们在银行的信用将会荡然无存，我们不但会面临高额罚款，而且银行会取消我们使用信用卡的资格；相反，如果我们长期坚持按时还款，银行就会提高我们信用卡的额度。"

郑现实说："没错，这个日常生活中的例子，大家都能正确理解。但如果是人与人之间的'情感账户'，大家不一定都能如此理解。"

郑现实接着说："其实，银行账户和人与人之间的'情感账户'道理是一样的。我们在'情感账户'中的'存款'越多，我们的被信任程度就越高。很多人是少'存款'多'取款'，也有很多人是刚'存款'就'取款'，这两种做法都会有损建立在别人心目中的信任程度。作为管理者，我们要想让下属、同事和上司多信任我们，就应该在他人的'情感账户'中多'存款'，不到万不得已，最好不要'支取'。在'情感账户'里，我们只有存得多、取得少，别人对我们的感激才会不断增加，而感激不断增加的结果就是别人对我们越来越信任。想想看，你是不是更愿意相信那些对自己帮助比较多的人？"

李元芳回答说："确实是。"

郑现实接着说："假如你身边有一个朋友，他总是想从你们之间的'情感账户'里多支取，你一定会慢慢疏远甚至回避他，对吧？"

李元芳回答说："没错。"

郑现实说："我们会慢慢疏远甚至回避他，实际上就是我们对他的信任程度在不断下降。因此，在'情感账户'里多'存款'少'取款'，是我们提升'被信任'程度的一个非常重要的举措。"

李元芳说："我们在下属心目中的'情感账户'里存储得越多，下属就会越爱戴和拥护我们，这样就越有利于我们开展管理工作。郑经理，您看我这样理解对吗？"

虽然郑现实觉得李元芳使用"爱戴"和"拥护"这两个词有点不妥，但好像问题也不大，就笑了笑，说："是这样的。"

李元芳接着问："郑经理，您刚才分析的是管理者如何让下属信任自己，那么，我们该如何更好地信任下属呢？"

035. 坚持"用人不疑"

郑现实说："这正是我接下来要和你探讨的问题。我们不妨试着换位思考，如果我们是下属，我们如何才能体会和感受到上司是在信任我们呢？"

李元芳想了想，说："上司不怀疑我们的人品和能力，充分放手让我们去干。"

郑现实说："没错，上司就是要'用人不疑'！刚刚从技术走向管理的管理者很容易犯一个毛病，那就是只信任自己的能力，不信任下属的能力，一边让下属承担工作，一边十万个不放心。这样，不但管理者自己很痛苦，下属们工作起来也会感觉束手缚脚，怕犯错误，无法充分发挥他们的能力和主观能动性——他们甚至会时不时地去请教上司，而这种不必要的请示和汇报，反过来又会影响上司正常工作的开展，进而影响上司和团队的工作效率。所以，我们把工作分配给下属后，就应该相信他们，让他们充分发挥，大胆实施。"

李元芳说："郑经理，您说得非常有道理。不过，要是这个人本身就是'疑人'，我们又该如何做呢？"

郑现实接着说："如果我们认为这个人本身就是'疑人'，就尽量不要让他入职；如果已经是部门员工，就给他一两次机会去验证和改进，如果验证发现他真的是'疑人'，特别是人品方面的'疑人'，又很难培养和改进，就不妨将他请出团队。"

李元芳说："郑经理，您解释得真是细致到位啊，我知道以后该怎么做了。"

郑现实接着说："在工作中，我们只有坚持'用人不疑'，才能让下属感受到我们是在信任他们。"

李元芳说："在情感账户上多'存款'少'取款'，让下属信任我们；在工作中坚持'用人不疑'，让下属体会到我们的信任。这种良性的上下级互动，团队想建设不好都难啊！"

郑现实说："其实，这只是把团队建设好的前提之一。"

李元芳问："还有其他方面吗？"

郑现实回答说："是的。"

此时，高速列车已经到达衡阳东站。当然，郑现实和李元芳之间的话题还在继续。

036. 建立团队的共同价值观、共同利益和共同目标

郑现实继续说："刚才我们探讨的方法，只解决了上下级之间的信任和被信任问题。但要建设好一个团队，光有上下级之间的信任是不够的。"

李元芳插话道："您是说还需要团队成员之间的信任，对吗？"

郑现实说："我要说的就是这个方面。"

李元芳急迫地问道："郑经理，依您看，该如何建立团队成员之间的信任呢？在这方面，我可是'一贫如洗'啊！"

郑现实打趣道："你蛮会使用成语啊！"

李元芳不知道郑现实是在表扬自己还是在调侃自己，所以没有说话。

郑现实接着说："总之，就是要建立团队的共同价值观、共同利益和共同目标！如果我们建立了团队的共同价值观，那团队全体成员就有了互相信任的基础和平台，然后大家在团队共同价值观的指引下，围绕着共同利益和共同目标同舟共济、一致行动，关注焦点就会转移到团队共同点上来，自然就容易在成员间建立信任了。"

李元芳说："我听过这么一句话，团队是为共同价值而战，团伙是为各自利益而争。之前我对这句话一直是一知半解，今天听您这么一解释，我才真正明白了这句话的含义。"

李元芳意犹未尽地问："郑经理，那如何建立团队的共同价值观、共同利益和共同目标呢？"

郑现实说："要建立团队的共同价值观、共同利益和共同目标很不容易，不仅需要采取正确的方法，还需要花费一定的时间。"

李元芳说："管理工作需要花费一定的时间才能产生效果，这个我能理解。可您说的方法是什么呀？"

郑现实说："方法其实比较简单，那就是让团队成员集体参与，建立团队的共同价值观、共同利益和共同目标。"

李元芳一怔，向郑现实求证道："郑经理，我们部门的薛经理给我讲过，'唯有参与，才有认同'，您说的就是这个方法吧？"

郑现实点点头。

此时，他们乘坐的高速列车已停靠在长沙南站。

037. 信任不等于撒手不管

高速列车在长沙南站短暂停留后，继续向目的地武汉站飞奔。

李元芳问道："郑经理，我刚才仔细想了想，还有一事不太明白。您说要'用人不疑'，要充分信任下属，让他们能充分发挥主观能动性。可是，我读过的《项目管理知识体系指南》告诉我们，作为管理者的项目经理需要监督项目组成员的工作；您之前也和我说过，管理者要对资源进行控制。所以，我想问问您，这'监督''控制'和'充分信任'是不是互相矛盾啊？"

郑现实说："这是一个很好的问题。其实'监督''控制'和'充分信任'并不矛盾，信任是一种态度，监督是一种行为，它们看上去对立，实际上是统一的。有些管理者一听要'充分信任下属'，就撒手不管了；有些管理者一听要'监督和控制资源'，就变得神经分兮，时时刻刻盯着下属，生怕下属背地里捣鬼，不肯让下属离开自己的视线一步——这两种极端的做法都是错误的。"

李元芳问道："郑经理，'充分信任下属'的好处我已经非常清楚了，那'监督和控制下属'有哪些好处啊？"

郑现实说："我得补充一下，我们所说的'监督和控制下属'，不是指'监督'和'控制'下属这个人，而是指'监督'和'控制'下属的工作进程和工作质量。'监督'和'控制'下属的工作进程和工作质量至少有这样几个好处：第一，及时了解下属的水平，判断他们是否能胜任该项工作，如果发现下属的能力与工作要求之间存在差异，可以根据差异的大小及时进行培训和辅导，甚至是换其他人来做；第二，及时发现下属的实际工作在进度和质量上与原计划的差异，并根据需要采取适当的纠偏和纠正措施；第三，通过监督工作收集相关数据，为下一步的决策提供依据；第四，通过监督了解实际情况，避免'瞎指挥'。"

李元芳说："原来'监督'和'控制'有这么多好处啊！"

郑现实接着说："因此，信任不等于撒手不管。管理者正确的做法应该是，既充分信任下属，又监督下属。有人说过，人们不会做你所期望的事，只会做你所检查的事，这也说明了监督的重要性。"

李元芳说："郑经理，您刚才说的很难做到啊，因为充分信任和监督两者之间的平衡不好把握啊！"

郑现实说："没错，要实现信任和监督的平衡确实不容易，这就是为什么在很多组织中会出现'一放就乱，一抓就死'的情况。想把管理工作做好确实不容易，这也是相当比例的从技术走向管理的人无法迅速或最终成功转型为管理者的原因之一。以后你在工作中不断历练和总结吧，相信你一定可以攻克这一难关。"

聊着聊着，高速列车已到达武汉站。郑现实和李元芳收拾好行李，走下高速列车，坐上出租车，准备赶往目的地——武汉大学。

＊　　　　　　＊　　　　　　＊

从武汉回来刚好是周末，李元芳在第一时间找到李思思，迫不及待地向自己的女朋友详细地"汇报"了这次与郑现实武汉大学之行的收获和见闻。李思思开心地听着，暗自为李元芳感到高兴。

038.　李元芳的半年总结

岁月如梭，转眼间半年过去了，又到了年中总结的时候。

7月8日和9日，公司组织所有部门述职。述职会议由公司总经理办公室牵头进行，各部门正职代表本部门述职，公司所有领导听取各部门的述职汇报；各部门副职需要向公司提交述职报告，但不需要口头述职。各部门副职的述职报告主要包括两个方面的内容：自己所负责的工作总结和个人成长报告。

李元芳述职报告的主要内容如表6和表7所示。

表6　李元芳上半年所负责工作的总结

序号	上半年计划任务	完成情况	差　异	改 进 措 施
1	3月，确定年度部门技术方向	按时完成	无	无
2	4月，新增两名技术人员为部门架构组成员	3月份完成	无	无

续表

序号	上半年计划任务	完成情况	差异	改进措施
3	6月，将两名新增的架构组成员培养为能胜任目前工作的架构师	按时完成	无	无
4	5月，完成对两名系统设计人员的培养	6月份完成	推迟了一个月	制订更详细的培养计划并严格按计划实施
5	根据需要动态调配技术人员	基本能按要求实施资源动态分派	4月份出现过一次失误	坚持从全局出发进行资源分派

表7　李元芳上半年个人成长报告

序号	从技术走向管理所需要养成的主要习惯	相关子习惯	习惯养成情况
1	计划先行	（1）行动前有计划 （2）计划前有准备	"计划先行"的两个子习惯已经养成
2	目标导向	（1）用目标导向行为 （2）从结果中享受快乐	"目标导向"的两个子习惯已经养成
3	全局思维	（1）关注整体 （2）从多个角度看问题 （3）注重细节	在"全局思维"习惯中，第一个和第二个子习惯已经养成，第三个子习惯还需要进一步培养
4	要事第一	（1）运用"时间管理四象限法" （2）先罗盘，后时钟 （3）学会"舍得"	在"要事第一"习惯中，第一个和第二个子习惯已经养成，第三个子习惯刚刚开始培养
5	聚焦优点	（1）发现和欣赏他人优点 （2）扬其长，避其短 （3）学会宽容 （4）学会尊重 （5）换位思考	在"聚焦优点"习惯中，第一个和第二个子习惯已经基本养成，第三个、第四个和第五个子习惯还需要加强培养
6	集思广益	（1）学会"拼凑" （2）引导全员参与 （3）当好"领头羊" （4）发展下属能力 （5）坚持各司其职 （6）倍增管理效能	"集思广益"习惯中的六个子习惯刚刚领悟，还需要花大量时间去实践
7	建立信任	（1）"情感账户"多"存款"少"取款" （2）用人不疑 （3）把握信任与监督的平衡	"建立信任"习惯中的三个子习惯刚刚接触，还有待进一步领悟和实践

李元芳对自己半年来的工作和个人成长比较满意，他对自己半年的履职情况评价为 90 分，公司领导（主要是部门经理薛勇和公司常务副总经理熊浩）对李元芳的评价为 95 分。

看着公司领导对自己的评价，李元芳会心地笑了。

039. 沟通应该这样进行

从技术走向管理的新晋管理者，沟通往往是弱项。先不说有效沟通方面的诸多技巧，甚至连一些基础的沟通知识，他们也有所欠缺。

李元芳作为刚刚从技术走向管理的管理者，当然也不例外。

＊　　　　　＊　　　　　＊

5 月份的时候，薛勇曾委派李元芳和张帆沟通"小 D 事件"（详见本书"换位思考让人豁然开朗"一章）。当时，薛勇表扬李元芳和张帆沟通得不错，主要是为了鼓励李元芳。其实，李元芳在沟通方面还存在一些明显的不足，例如事先没有确定好要达成的沟通目标，沟通方式比较单一，没有和张帆确认最后的沟通结论等。薛勇认为，新晋管理者李元芳需要学习和提升的方面很多，因此在李元芳担任部门副经理的半年时间内，薛勇没有在沟通方面对李元芳提出太多要求。

趁着上半年工作总结已经结束、下半年工作计划已经调整完毕，时间相对空闲，薛勇打算和李元芳讨论一下管理者很重要的一项技能——人际沟通。

李元芳来到薛勇的办公室。薛勇招呼李元芳坐下后，对李元芳说："元芳，你也许听说过，管理者将 75% ~ 90% 的时间用于沟通，这就足以看出沟通在管理工作中的重要作用。你担任部门副经理半年了，根据以往的经验，我认为你接下来应该在如何做到有效沟通方面多花点时间。"

李元芳看过《项目管理知识体系指南》，知道管理者的大部分时间应该用于沟通，也知道有效沟通对有效管理的重要作用，他感激地说："谢谢薛经理，我很想提高自己的沟通能力，但好像一直没有摸到门路。"

薛勇说："有效沟通是一项软技能，要真正做好非常难。我问你一个问题，你知道什么叫'沟通'吗？"

李元芳说："我认为，'沟通'就是和别人交谈，让对方明白和接受我们所要表达的意思和观点。"

薛勇说："你对'沟通'的理解不太准确。'沟通'应该是为了一个设定的目标，把信息、思想和情感在个人或群体间传递并达成共同协议的过程。因此，沟通有三大要素：第一，沟通之前应该有明确的目标，也就是与对方沟通什么、期望的结果如何；第二，要让沟通各方达成一致的结论，这个结论应该是大家都认可且可以执行的；第三，在沟通过程中，既需要借助语言传递信息，也需要借助非语言传递思想和情感。你能否从这三个方面回忆一下，今年 5 月份你和张帆沟通'小 D 事件'时有哪些不足之处？"

李元芳说："对照您刚才讲的沟通的三大要素，我认为，上次我和张帆沟通时存在三方面的不足：第一，我和张帆沟通之前，心里并没有想好希望达成什么结论；第二，张帆点头认可我的观点之后，我没有再和他确认，我记得后来还是您和张帆确认的；第三，当时我没有经验，也比较紧张，仅仅通过口头表达的形式和张帆沟通，几乎没有用到眼神、表情等一些非语言交流手段。"

薛勇说："你分析得很对。衡量沟通是否有效就是通过三个方面——准备、结果和沟通过程。'准备'可以类比我们之前探讨过的'计划先行'，'结果'可以类比我们之前探讨过的'目标导向'，'沟通过程'讲的就是沟通步骤和方法。"

说着，薛勇打开一张 A4 纸，让李元芳看纸上的一幅图，如图 7 所示。

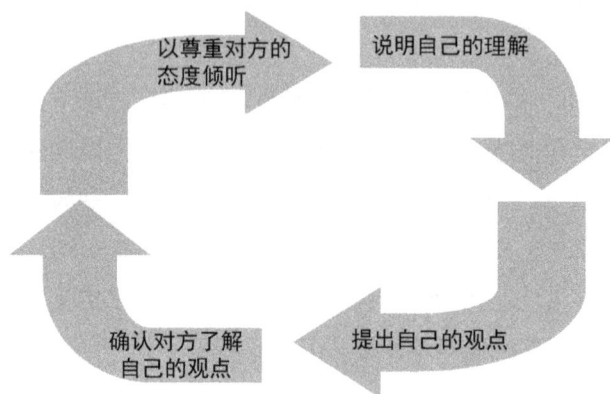

图 7　沟通循环

薛勇说：“请看'沟通循环'这幅图，有效沟通的步骤，类似于我们所熟悉的 PDCA 循环：首先是以尊重对方的态度倾听对方的观点，其次是说明我们对对方观点的理解，接着是提出我们的观点，最后是确认对方了解我们的观点。这四个步骤循环进行，直到大家达成一致意见。关于沟通的方法，这是一个很大的话题，需要根据不同的情境灵活运用，现在和你讲太多意义不大，以后你可以慢慢学习和实践，遇到了问题我们再一起探讨。”

薛勇补充说：“美国加州大学洛杉矶分校的一项研究表明，在有效沟通中，文字语言能产生 8% 左右的沟通效果，声音声调能产生 37% 左右的沟通效果，肢体语言能产生 55% 左右的沟通效果。所以，在以后的沟通过程中，我们不仅要注意提升自己遣词造句的能力，还要注意声音声调和肢体语言的运用。”

“另外，”薛勇接着说，“沟通的基本问题是'心态'，基本原理是'关心'，基本要求是'主动'。处理好'心态''关心'和'主动'的问题，沟通的难题就迎刃而解了。”

李元芳好奇地问：“薛经理，您能否详细解释一下'心态''关心'和'主动'？”

薛勇说：“基本问题'心态'是指我们和别人沟通时一定要有良好的心态，因为在沟通过程中双方有分歧、有不同的利益诉求是非常正常的，不要一看到对方的观点与自己的观点不符就立刻反驳。基本原理'关心'是指我们与别人沟通，特别是与下属沟通时，一定要从关心他们、有利于他们、帮助他们成长的角度出发，不要把和他人——特别是和下属——的沟通当作一项任务去完成。基本要求'主动'是指不要等待别人来找自己沟通，而是应该主动'走出去'和对方沟通。"

李元芳说："薛经理，您对'心态''关心'和'主动'的解释很清楚，我明白了。"

薛勇接着说："我再给你讲讲有效沟通的几条注意事项：第一，永远不要认为沟通是多余的，要做到'无处不沟通'；第二，要在尊重对方的基础上沟通；第三，要使用对方的语言与对方沟通；第四，要采用合适的表达方式与对方沟通；第五，要善于站在对方的角度和立场上与对方沟通；第六，要善于倾听对方的观点。"

李元芳频频点头，认为薛勇讲得非常有道理。

李元芳说："谢谢薛经理，我以后就参照您说的内容和别人沟通。您看我还有什么需要注意的吗？"

040. 保持信息的一致性

薛勇接着说："元芳，为了让沟通顺利进行，我们可以根据实际情况，选择如下六个技巧开启沟通：第一，从对方感兴趣的话题入手；第二，从认同对方的观点入手；第三，从理解对方的立场入手；第四，从关心对方的角度入手；第五，从同情对方的处境入手；第六，从真诚赞美对方入手。另外，在对上和对下的沟通过程中，有一个非常重要的原则，那就是要注意保持信息的一致性。不过，我暂时没有发现你在这方面出过差错，不知是问题没有暴露出来，还是你已经注意到了。"

李元芳说："什么是'保持信息的一致性'？"

薛勇说："简单地说，就是不要进行'信息过滤'，即对上要如实报告，对下要如实传达。趁着这个机会我也给你讲一讲，避免以后出现类似的问题。"

李元芳说："谢谢薛经理。"

薛勇说："我刚担任部门经理的时候（当然，那时候你大学还没有毕业），有一天接到一位客户的投诉。客户投诉我们的一个项目存在比较严重的问题，进度滞后，质量不过关。客户很生气，问题很严重。而在这位客户投诉之前，负责该项目的项目经理给我反馈的信息却是这个项目一切顺利。后来，我找那位项目经理详细沟通，才发现那位项目经理一直在进行信息过滤——只把项目中好的情况报告给我，却隐瞒了项目中出现的一些问题。在我的追问下，那位项目经理才如实告诉我，客户前段时间就已经对项目表现出不满意了。"

讲完这个案例后，薛勇问道："元芳，你知道那位项目经理为什么要进行信息过滤吗？"

李元芳说："我想应该是他希望得到您的表扬，但害怕被您批评和惩罚吧！"

薛勇说："基本是这样的。下属向上司汇报时进行信息过滤，主要原因就是害怕上司批评和惩罚自己，从而'只报喜，不报忧'。其实，这种做法是非常有害的。如果下属只把正面信息报告给上司，上司就会认为一切正常，从而放松了对可能存在的问题的警惕，等问题真正暴露出来，就是严重的问题了，处理起来也会很麻烦。如果下属在平时的工作过程中能如实汇报，上司就可以充分、正确和完整地了解下属的工作情况，进而及时介入处理下属工作过程中出现的一些小问题，从而避免大问题的产生。"

李元芳说："薛经理，我明白了。'千里之堤，溃于蚁穴'，如果这些小问题没有及时暴露出来并得到有效处理，积累起来就会产生严重的后果。"

薛勇说："是的。因此，以后在工作中，我们一定要及时、如实地向我们的上司汇报情况。"

李元芳点点头。

薛勇接着说："还有一种情况，那就是管理者会向下属'过滤'一些信息，也就是不把公司或上级传达的信息如实地传达给下属，而是截留一部分，职场上这样的管理者也为数不少。元芳，你想想，这些管理者为什么喜欢截留一部分信息不传达给下属呢？"

李元芳想了想，说："这些管理者应该是想在下属面前体现自己的权威性和神秘感吧！"

薛勇说："没错。有些管理者担心自己的领导力和人格魅力有限，害怕在下属面前的权威和影响力不够，于是保留一部分原本就应该传达给下属的信息，人为地制造'我知道的信息就是比你多'这样一种现象，从而让下属'膜拜'和不断请示自己，以达到提升管理者权威的目的。"

李元芳说："薛经理，您分析得真是透彻啊！"

薛勇说："其实，管理者这种向下过滤信息的做法也是非常有害的。"

李元芳说："是啊，如果本该让下属了解和掌握的信息被管理者过滤和留存了，这样会因为信息不对称导致下属的工作无法顺利开展，导致下属不能正确地做事，甚至影响最终的结果。另外，由于下属掌握的信息不全，下属在工作过程中可能会不断请示上司，从而严重影响上司的正常工作。"

薛勇说："元芳，你说得很对。管理者向下过滤信息会严重影响团队工作的开展，同时从长远来看，这对管理者权威的提升也是没有好处的。因为下属一旦发现是管理者有意留存一些信息不传达给他们，他们就会怀疑管理者的职业品质。一个职业品质被下属怀疑的上司，他的权威当然会大打折扣！"

李元芳点点头。

薛勇说："不过，工作中也不是所有信息都需要传达给下属。"

李元芳说："薛经理，哪些信息不宜传达给下属呢？"

薛勇说："例如，上司明确告知不能往下传达，只能停留在管理者这个层面的信息；还有就是一些需要保密的信息。"

李元芳问："薛经理，有什么标准去衡量哪些需要保密的信息不能传达下去吗？"

薛勇说："哪些信息需要保密、不宜传达下去，这没有严格的衡量标准，需要管理者根据经验去判断。以后在工作中，如果你暂时判断不了，可以先和我沟通再决定怎么做。等你工作经验再丰富些，就容易判断准确了。"

李元芳说："好的，谢谢薛经理。"

薛勇说："元芳，你我都是管理者，希望我们不要犯这种信息被刻意或故意过滤的错误。"

李元芳点点头。

最后，薛勇说："元芳，今天咱们就聊到这里吧！我建议你先把我们前面谈到的沟通的基本功练好，再慢慢学习和练习沟通技巧。"

＊　　　　　　＊　　　　　　＊

接下来的一段时间，李元芳逐渐体会到了有效沟通的重要性。

041. 会讲的永远不如会听的

上半年工作总结后的第一个星期三下午，公司安排李元芳和其他几位新晋中层经理去参加《有效沟通管理》的课程培训。培训师激情洋溢的演讲和形式活泼的现场互动，让李元芳大开眼界。

课程临近收尾时，培训师对大家说："各位亲爱的朋友，今天下午的课程大家有收获吗？大家认可我的沟通能力吗？"

话音刚落，台下就响起了雷鸣般的掌声，全体学员用热烈的掌声告诉这位培训师，他们对培训师的沟通能力高度认可，他们获益匪浅。

掌声过后，培训师说："各位亲爱的朋友，会讲的永远不如会听的，其实在场的各位朋友才是真正的沟通高手。"

李元芳被培训师的这句话弄糊涂了："为什么说'会讲的永远不如会听的'呢？"

培训结束后，李元芳就这个问题请教了这位自己非常仰慕的培训师。

培训师意味深长地说："元芳，其实我并不是在'夸大其词'表扬大家，在沟通过程中，聆听非常重要，所以我说'会讲的永远不如会听的'。从技术走向管理的人往往有一个弱项，那就是喜欢把自己的观点、意见和建议强加给下属，只顾自己说，不太愿意聆听和接受下属的观点、意见和建议，也往往会不耐烦听下属'诉苦'，甚至认为下属'诉苦'是在给自己找借口。当我们发现别人讲的内容和我们所期望的不符时，我们往往喜欢打断别人的发言或者叫停别人的发言，但这样做是非常有害的。我们留意一下在公司里销售做得最棒的人或管理做得最棒的人，我们将会发现这些人的口才在公司里往往不是最好的。平时我们总会佩服那些滔滔不绝、口吐莲花的'沟通高手'，其实，沟通的最高境界是'积极聆听'，我们更应该学习的对象是那些侧耳倾听、频频点头、及时回应的'聆听高手'。"

李元芳问道："您的意思是，在沟通过程中一定要注意多聆听，对吗？"

培训师说："是的。"

李元芳问："您能否告诉我，如何做到'积极聆听'？"

培训师说："积极聆听需要注意四个方面：第一，让对方把话讲完，不要中途打断对方；第二，善于从对方的角度出发来思考和分析他们的观点；第三，专注，不做与聆听对方说话无关的事情；第三，在聆听的过程中，关注对方，给予一些积极的回应，如点头、发出一些表示认可或表示正在聆听的语气词等。"

李元芳问："老师，'积极聆听'有哪些好处呢？"

培训师说："'积极聆听'至少有两大好处：第一，体现对对方的尊重；第二，通过聆听对方把话讲完、讲透，更容易理解对方所要表达的真正含义。"

李元芳如梦初醒："以前我认为沟通就是要多说话、会说话，现在才彻底明白，积极聆听才是沟通中最为重要的。"

培训师接着说："所以，在人际沟通过程中，我们应该仔细倾听对方说话、认同对方的观点。将宽容和礼让作为沟通的基础，将换位和理解作为沟通的桥梁，这样我们就会成为真正的沟通高手，在沟通过程中才可能做到无往不利。"

李元芳不停地点头，聆听着培训师的真知灼见。

谢过培训师，李元芳告诫自己：以后一定要多注意聆听他人的心声！

042. 话说三遍淡如水

不知不觉，李元芳担任副经理已七个月了，8 月是广州一年中天气最炎热的时候。8 月 7 日，李元芳和李思思相约去广州火炉山森林公园游玩，一方面爬爬山、锻炼锻炼身体，呼吸呼吸森林公园的新鲜空气，另一方面消消暑、纳纳凉、吃吃美食。

一大早，两人就背着简单的行囊坐上公交车出发了，车上两人说说笑笑，谈工作，谈生活，谈人生。一小时后，他们来到了岑村火炉山山脚。

这是两人第一次一起爬火炉山，心情自然有些特别。他们沿着火炉山弯曲的小道拾级而上，清新的空气沁人心脾，让人恨不得敞开心肺尽情呼吸。

爬到半山腰时，李元芳说："思思，7 月份薛经理给我讲过一些有效沟通的知识，我也参加过一些培训。这一个多月来，我也在用心尝试有效沟通，自认为进步不小，但最近有一件事情让我不解。"

李思思回应道："什么事情，你说来听听。"

李元芳说："是这样的，我们部门的小 F，你也认识他。他是广州本地人，家庭条件比较殷实。他工作一直不卖力，我和他谈过好多次，要他努力工作，但几乎没有效果，他仍然我行我素，不思进取，我真拿他没办法。"

李思思说："前不久，熊总所管辖的另一个部门也出现过类似的情况，熊总就如何给此类员工进行沟通给那位部门经理提了一些建议。后来，那位部门经理按照熊总的建议，和当事人进行了沟通，效果比较明显。当时我也在场，我也认为熊总讲得非常有道理。"

李元芳喜出望外，急不可耐地对李思思说："思思，那太好了！你给我讲讲，我回去也试试。"

李思思说："熊总的大概意识是，管理者在教育员工时，不能总是唠唠叨叨。他说，'话说三遍淡如水'，说得越多，员工会越不在乎。我们所说的话应该切中员工的要害，点到为止。其实，'小 F 现象'现在在职场上比较突出，以独生子女居多，他们家庭条件好，从小被宠着、惯着，衣食无忧，因此没有生存压力。在这样的情况下，你要他努力工作，而且还讲 N 遍，自然对他没有触动。"

李元芳插话道："那熊总有没有讲具体如何沟通？"

李思思接着说："熊总说，不要总是和这类员工谈'不努力工作会赚不到钱'之类的话，他们对这样的话没有感觉，也不在乎。你要先了解他们真正在意的东西和内心深处的追求，诸如人格的独立、人生理想、价值和自我实现等，然后从这些层面去激发他们的工作热情。一旦发现他们开始改变，就不要再唠叨了，这时就要多表扬他们、鼓励他们。另外，熊总还说，如果发现同一件事情和对方说了三次仍然没有效果，就应该反思自己的沟通方式并进行调整了。"

李元芳似乎明白了，他反思："我和小 F 沟通至少犯了两个错误：第一，同样的话讲得太多；第二，没有触动小 F 心灵深处的追求。"

李思思嫣然一笑，说道："我感觉你总结得还是蛮到位的。"

李元芳充满信心地说："我回去马上试试。"

李思思补充道："'话说三遍淡如水'其实很有道理，我认为这句话几乎在所有场合都适用。"

不知不觉，一对恋人手牵手到了火炉山山顶。两人坐在山顶的大石头上休息，任凉风抚着滴汗的脸颊，享受着大自然的美好。

为了感谢李思思给予自己的温情陪伴，在下山途中，李元芳为她写了一首小诗。

> 晨曦微露即起床，携手思思同登山。
> 怡情悦气精神爽，展目山脚车人忙。
> 青山绿水空气好，拥抱自然享韶光。
> 流连不舍下山路，爱情伴我心飞翔。

虽然诗写得并不怎么专业，但毕竟是自己的男朋友为自己创作的，所以李思思还是挺开心的。

下山之后，他们来到山脚下有名的"肥仔烧排骨山庄"，伴着冰镇的珠江纯生啤酒，品尝着香喷喷的烧排骨，感受着美好的青春、甜蜜的爱情和惬意的生活，流连忘返。

后来，李元芳把李思思告诉他的熊总的建议用在了小 F 身上，果然取得了显著的效果。

*　　　　　*　　　　　*

李元芳最近有点茫然，他感觉自己在沟通方面虽然有些改善，但还是做得不尽如人意——有时沟通效果很好，有时差强人意，有时甚至会失败。他也试图总结一些通用的原则和要领来指导自己与上司、同事、下属和客户之间的沟通，但总是没有结果。

问题究竟出在哪里呢？

043. 因人而异的沟通原则和沟通要领

正在李元芳不知所措的时候，人力资源部经理郑现实打来电话，询问李元芳担任部门副经理一职近九个月的情况。

李元芳抓住这个机会，向郑现实"诉苦"道："郑经理，我现在最苦恼的问题就是人际沟通。我试图找出一些通用的原则和要领来指导自己与上司、同事、下属和客户之间的沟通，但一直没有结果。"

郑现实听后，对李元芳说："元芳，我现在刚好有些时间，要不你来我办公室一趟，我和你聊聊。"

李元芳把手头的主要工作安排妥当后，敲响了郑现实办公室的门。

郑现实招呼李元芳坐下，说："沟通是一个永远探讨不完的话题，因为要做到时时处处有效沟通实在是太难了。刚才你在电话里说，你想找出一些通用的原则和要领来指导自己与上司、同事、下属和客户之间的沟通，但这种通用的原则和要领是不可能找到的，因为沟通一定是因人而异的，也就是要对不同的人群采用不同的沟通原则和沟通要领。换句话说，你在与上司、同事、下属和客户进行沟通时，沟通原则和沟通要领其实是不一样的。"

李元芳一听，终于明白自己为什么找不到"放之四海而皆准"的沟通原则和沟通要领了。

说着，郑现实打开电脑，指着自己博客上的一篇文章对李元芳说："我这里有一篇文章，是我总结的如何与不同人群沟通的一些基本原则和要领，你不妨参考一下。"

李元芳目不转睛地盯着郑现实的电脑显示器，恨不得用自己的眼睛把这篇文章"照"下来，存储在自己的"脑盘"中。

郑现实这篇文章的标题是《因人而异的沟通原则和沟通要领》，主要内容如下。

与上司沟通的原则：

（1）以把事情做好为出发点和上级沟通。

（2）把注意力放在积极寻找问题的解决方案上。

与上司沟通的要领：

（1）站在上级的角度进行思考。

（2）不要抱怨。

（3）多提方案，少提困难。

（4）积极聆听。

与下属沟通的原则：

（1）从关心下属的角度出发。

（2）沟通的目的是协助下属解决遇到的问题和帮助他们成长。

（3）就事论事，不要翻旧账。

与下属沟通的要领：

（1）采用适合下属的语言。

（2）尊重下属的人格。

（3）换位思考。

（4）多聆听。

与平级沟通的原则：

（1）用宽大的胸怀和平级沟通。

（2）助人就是助己。

与平级沟通的要领：

（1）用感恩的心态对待平级给自己的帮助、建议或批评。

（2）体谅他人的难处。

（3）平时多建立"情感账户"。

与外部客户（或其他合作单位）沟通的原则：

（1）双赢思维，合作共赢。

（2）站在对方的角度看问题。

与外部客户（或其他合作单位）沟通的要领：

（1）避免将自己的观点强加于对方。

（2）用"我们"的心态来解决合作过程中遇到的问题。

（3）因势利导，尽量不要触碰底线（底线：可以有利于自己，但绝对不要伤害对方）。

李元芳眼前一亮，赶紧记下了郑现实的博客地址，准备以后随时学习。

待李元芳看完文章，郑现实接着说："元芳，人际沟通确实不容易，我总结的这些原则和要领也只是我的一些拙见，还需要在实际工作中灵活使用和改进，希望你能运用自如，也非常期待你来进一步完善这篇文章。总之，我们要根据不同的情况灵活运用沟通原则和沟通要领，并不断总结和归纳，提升自己的沟通技能。"

李元芳说："谢谢郑经理，我先按您总结的内容试试，有什么想法一定及时向您汇报。"

044. 管理者的首要角色是服务者

9 月，广州的天气依旧炎热。广州港前信息科技有限公司承接的广东云浮的一个项目，于 9 月 14 日上午在用户现场召开项目启动会，李元芳和项目经理小 G 要参加该会议。由于这个项目规模较大，公司和客户都非常重视，因此，公司常务副总经理熊浩也应客户要求参加这次启动会。

为了确保第二天项目启动会如期和成功召开，9 月 13 日下午，熊浩、李元芳和小 G 三人就乘坐公司安排的专车出发了。

小 G 最近一直在忙项目，加班加点，非常辛苦，身体也比较疲惫，加之室外天气炎热，车内空调较冷，半路上，小 G 在一热一冷之间中暑了，全身冒冷汗。当时，李元芳坐在副驾驶位，熊浩和小 G 坐在后排，因此小 G 中暑的情况是熊浩发现的。熊浩立即让司机开车到附近的医院，一到医院，熊浩马上扶着小 G 下车，准备送小 G 去看病。此时，李元芳也迅速下车。

李元芳见状对熊浩说："熊总，您是领导，我来扶着小 G 就行。"

熊浩没有作声，和李元芳一起把小 G 扶到门诊楼。由于送医及时，一个多小时后，小 G 的中暑情况得到了明显的缓解，于是，他们又继续驱车赶往用户现场。

晚上，熊浩亲自去看望小 G，确认小 G 身体恢复之后，他才放心地回自己的房间休息了。

第二天的项目启动会很成功，客户非常感谢广州港前信息科技有限公司对他们项目的重视，也非常满意小 G 的工作汇报。项目启动会结束后，熊浩和李元芳返回公司，小 G 留在客户现场和客户沟通接下来如何正式开展与项目相关的工作。

在返回公司的路上，李元芳对熊浩说："熊总，您是领导，昨天您没有必要照顾小 G，特别是晚上，您还亲自过去看他，就更没有必要了。"

熊浩说："元芳，你的这个观点不对，我们千万不要把自己当作领导。其实，作为管理者，我们首要的角色是服务者。我们应该服务于公司、服务于下属、服务于客户，在这一点上，你我都是一样的，都应该为别人提供服务，所以我也应该去照顾和看望小 G。我认为，你昨天的做法值得表扬，因为你能主动去照顾小 G。"

李元芳说："我和他是同事，这是应该做的。"

熊浩接着说："你和他可以说是同事，其实更准确的关系应该是上下级。你是他的同事，应该这样做；你是他的上司，就更应该这样做。"

停了停，熊浩接着说："上次有一个部门经理就做得不够好。他们部门一位同事中午外出就餐时不小心崴了脚，这位部门经理让另一位同事送这位崴了脚的同事去医院，自己先去吃饭了。其实，关心和关爱下属是管理者的一项职责，我们只有服务好员工，员工才能无后顾之忧地投身工作。另外，我们关心和关爱员工，员工是能感受到的，当他们感受到上司给予的温暖和关爱时，会更愿意真心付出和奉献，这样，团队业绩自然就提高了。再者，情感是会传递的，我们如何对待员工，员工就会如何对待客户；我们提高了员工满意度，员工就会提高客户满意度。有些管理者硬把自己当成'官'，甚至当成不可一世的'官'，高高在上，颐指气使，不是命令就是指挥，从来不知道去服务员工、关心员工，这样的管理者是无法得到员工的心的，最后团队业绩也会一塌糊涂，管理者的职业生涯早晚会被自己断送。因此，管理者一定不要把自己定位成别人的'领导''头儿'，而是应该把自己定位成服务人员——当下属需要帮助时，我们要及时出现并真诚地提供服务。"

李元芳说："熊总，您真是一位好领导啊！不仅平易近人，还关爱下属，我以后还要多向您学习。"

熊浩补充说："管理者事多、工作忙，这也是实际情况。因此，当遇到下属需要管理者帮助或者服务的时候，如果管理者当时确实很忙或有很重要的工作需要马上处理，不亲自动手，而是委托他人提供服务，当然也是可以的。"

李元芳说："熊总，我明白了，作为管理者，我不仅要履行人力资源部郑经理给我讲的计划、组织、指挥、协调和控制这五项基本管理职能，还要关心员工的生活和工作环境、思想、情感、成长、发展等方面，而后者就是管理者服务职能的真正体现。管理者履行好这些服务职能，有时甚至比履行好管理者的五项基本管理职能更为重要。"

熊浩说："是的，希望你能成为一个好的管理者，更希望你能成为一个好的服务提供者。"

045. 用人部门的管理者是首要人力资源培养者

为了能学到更多的管理知识，李元芳任职部门副经理三个月后，通过他人的介绍加入了一个名为"技术经理学习交流群"的 QQ 群。这个 QQ 群的成员基本都是从事技术管理工作的。入群以来，李元芳认识了一些朋友，也学到了不少有用的管理知识。

9 月 17 日（星期五）晚上，李元芳登录自己的 QQ 后，发现一位网名为"涛声依旧"的成员在"技术经理学习交流群"中大发牢骚，指责他们公司的人力资源部不作为，让每个用人部门承担培养员工的全部责任。随后，这位网名为"涛声依旧"的成员发起了这样一个讨论话题：在企业里，到底哪个部门应该承担培养员工的主要责任？

真是"一石激起千层浪"，一时间，群内成员你一言、我一语，好不热闹，基本观点就是两个：一个认为公司人力资源部应该承担培养员工的主要责任，否则就不能叫"人力资源部"，最多只能叫"人事部"；另一个认为公司用人部门应该承担培养员工的主要责任，毕竟员工由用人部门直接管理和使用，所以用人部门更清楚员工需要掌握何种技能。两种观点可谓针锋相对，各有支持者，大家各抒己见，都试图用自己的理由和依据说服对方，但似乎谁也说服不了谁，争论处于胶着状态。李元芳上半年在部门里培养了几名技术骨干，凭自己的工作经验，也认为用人部门应该承担培养员工的主要责任，但今天听大家这么一讨论，就没了主见。

担任部门副经理已九个月的李元芳，感觉自己还属于"菜鸟"级管理者，之前没有在哪本书上看过，也没有谁告诉过他，究竟哪个部门应该承担培养员工的主要责任，所以他不知道如何发言，只好一直看大家讨论。

这个问题在群里讨论了一个多小时，不分胜负，渐渐地，大家就不再发言讨论了。

李元芳认为这是一个很有价值的问题，如果能弄清楚，对自己更好地履行管理职能非常有帮助。星期一，李元芳就这个问题请教了薛勇。

薛勇笑着说："毫无疑问，用人部门应该承担培养员工的主要责任。"

李元芳问道："薛经理，能否麻烦您解释解释？"

薛勇说："其实道理非常简单。一是员工由用人部门直接管理和使用，用人部门更清楚员工应该掌握哪些技能；二是要想让员工具备岗位所需的技能，只有用人部门有这个能力去培养他们；三是员工在用人部门工作，用人部门可以灵活安排员工的工作时间和培训时间，这样做可操作性更强；四是用人部门自己培养自己要使用的人才，责任心会更强，效果会更好。特别是第三点和第四点决定了用人部门应该承担培养员工的主要责任。"

李元芳终于明白了其中的道理：因为是用人部门自己要使用的人才，所以由自己来培养，当然会更重视，效果也会更好。况且人力资源部也没有足够的能力去培养用人部门所需要的人才，这样，培养员工的主要责任自然应该由用人部门承担。

李元芳说："薛经理，这个问题我理解了。我还想问问您，人力资源部在培养员工方面应该负责哪些工作？"

薛勇说："一般来说，人力资源部在培养员工方面应该负责两类工作：一是负责牵头组织员工入职培训、员工基本素质培训、心态激励培训等，这些培训不具有明显的专业技能特征，人力资源部是能胜任的，而且是它们的强项；二是牵头组织一些外派培训或者联系一些外部讲师来公司授课。总体来说，人力资源部是用人部门培养员工的辅助者。"

李元芳说："您这么一解释我就明白了，用人部门的管理者，其实应该是首要人力资源培养者。"

薛勇笑着说："看样子，你又进步了。要记住，目前作为电子政务软件开发部管理者的你和我，是我们这个部门的首要人力资源培养者。"

046. 领导力的三大主要来源——职权、技能和人格魅力

"薛经理，趁着这个机会，我能不能再向您请教一个问题？"李元芳问道。

薛勇看了看表，说："我十点半要开会，现在还有四十分钟时间，你这个问题复杂吗？"

李元芳说："这个问题对我来说比较复杂，但对您来说应该是小菜一碟。"

薛勇在心里说："李元芳进步不一般啊，都会激励上司了。"

"那你说说吧！"薛勇说。

李元芳说："有个问题我一直没弄明白。您一走到部门员工当中，我就明显感觉到您的'磁场'很强，而我几乎不能从员工的眼神中感觉到我的'磁场'的存在。"

薛勇说："你太谦虚了，其实部门员工还是比较佩服你的。"

李元芳问："为什么会出现这种情况呢？"

薛勇说："我们抛开是我的'磁场'强还是你的'磁场'强这个问题。其实，你所说的'磁场'就是一个管理者所散发出来的人格魅力。"

李元芳说："是的，就是您讲的'人格魅力'，我一时没有想到这个词，就用了'磁场'。"

薛勇问："元芳，你知道什么叫'人格魅力'吗？"

李元芳说："薛经理，我只可意会，不会言传。"

薛勇说："作为管理者，你既需要'可意会'，更需要'会言传'。我今天给你解释一下，你下次就'会言传'了。"

薛勇喝了一口茶，说："'人格魅力'就是一个人在日常生活和工作中，在性格、气质、能力、道德品质等方面所表现出来的能吸引他人的一种力量，通俗地说，就是一个人影响他人和让他人主动追随自己的力量。"

薛勇继续说："作为一名管理者，他的领导力有三大主要来源——职权、技能和人格魅力。管理者的权力主要包括职位权、奖赏权、惩戒权、参照权、专家权和声誉权。职位权、奖赏权和惩戒权对应我们这里所说的'职权'。参照权是指借用比自己更有权力和影响力的人的权力来达到自己的管理目的。例如，同样是部门经理，姐夫是公司总经理的部门经理说的话就比其他人说的话管用。专家权对应我们这里所说的'技能'，声誉权对应我们这里所说的'个人魅力'。元芳，你猜猜，在领导力的三大主要来源中，一般来说，哪一个占比最大？"

李元芳说："从您的身上我看得出来，肯定是人格魅力。"

薛勇说："是的，一般来说，人格魅力所占比例最大。美国一家权威杂志曾经做过一个调查，发现领导力主要来源于职权、技能和人格魅力。统计数据显示，在一般的企事业单位中，职权占15%左右，技能占35%左右，人格魅力占50%左右。我个人认为，政府机关、军队等相对来说比较特殊，一般不适合这一比例。当然，在不同的行业，这个比例会有所变化。但我认为，在领导力的三大主要来源中，人格魅力所占的比例最大，技能第二，职权最小，这是肯定的。"

领导力的三大主要来源

李元芳问道："职权、技能和人格魅力三者之间的关系是什么？"

薛勇说："我认为职权、技能和人格魅力之间是相辅相成、相得益彰的关系，三者都很重要。虽然职权所占的比例不大，但没有职权，便会人微言轻。而一个人如果没有强大的人格魅力，当他（她）失去权力后，甚至会'树倒猢狲散'。技能和人格魅力是我们自身所拥有的，而职权是由外界授予的，因此，我们应该重点提升自己的技能和人格魅力。在这方面，史玉柱就是一个很好的例子，在他创建巨人集团失败的时候，仍然有十几位中高层管理者对他不离不弃，这主要取决于他超凡的人格魅力。"

李元芳说："薛经理，我明白了，以后还得向您多学习，努力提升自己的人格魅力和专业技能。"

薛勇说："元芳，关于这个话题，我还得给你补充补充。"

047. 影响力是逐步建立的

薛勇说："人格魅力主要包括感召力、吸引力和影响力。在人格魅力方面，管理者重点提升影响力。在影响力方面，我现在做得还不够，还需要继续努力。"

李元芳说："薛经理，您真是太谦虚了，我现在要是能有您一半的影响力，那该有多好啊！"

薛勇说："影响力确实很重要。在社会活动中，你不去影响他人，就会被他人影响。有些管理者总是抱怨'被客户牵着鼻子走''被下属要挟'，其实归根结底还是自身影响力不够。然而，影响力的打造是需要很长时间的。你说我的影响力比你大，这个我承认，因为我工作二十多年了，你工作才六年多。有些事情是急不得的，影响力的积累也是需要一定时间的。例如，我们对客户、对员工的影响，不要希望能立竿见影，而是需要持续，需要一点点的积累。有些管理者影响客户或员工一两次，发现效果不明显，就怀疑自己的做法是否有效，甚至直接放弃，这其实是错误的。我这里有一个故事，对我们如何去影响客户和员工非常有启发，你不妨看看。"

说着，薛勇打开自己的电脑，调出一篇文章给李元芳看。

某农民陈阿土赚了一些钱以后，报名参加旅行团，跟着旅行团到国外旅游。当天晚上，他们到达国外，住在一个四星级酒店里，住得很舒服。

陈阿土一觉睡到第二天早上七点半，他伸了个懒腰之后就跑到洗手间洗漱。正在刷牙的时候，门铃响了，陈阿土打开房门一看，原来是一个二十二三岁的年轻男服务生，正微笑着看着他。服务生一看陈阿土出来了，马上九十度鞠躬，说了一句 "Good morning, sir."。陈阿土眉头一皱：什么叫 "Good morning, sir." 啊？什么意思啊？我问问他？不能问，否则别人会说我没文化，连这个都不懂。那是什么意思啊？我猜一猜。嗯，我知道了，他一定是在问我叫什么名字。嗯，肯定是这么回事。陈阿土想到这里，充满自信地大声回答："我叫陈阿土。"听到这句话，轮到服务生皱眉头了，服务生挠着后脑勺，转身离开了。

第二天早上同一时间，又有人按门铃，陈阿土打开房门一看，仍然是那个服务生，正微笑着看着他。服务生一看陈阿土出来，还是那句话，"Good morning, sir."陈阿土觉得，这个服务生记性怎么这么差呀，昨天刚告诉他一遍，怎么今天又给忘了，于是说："我叫陈阿土。"听到陈阿土的回答，服务生又皱着眉头、挠着后脑勺，转身离开了。

第三天早上，同样的事情重演了一遍。

第三天下午，陈阿土跟旅行团的团长见面，第一件事就向团长抱怨说："团长，我发现这里的服务生记性太差了。"团长说："人家怎么记性差呀？"陈阿土说："我连着三天告诉他我叫什么名字，他还是记不住。"团长说："人家怎么问你的呀？"陈阿土说："他就问我'Good morning, sir.'嘛！"团长听完哈哈大笑，然后给他做了一番解释。陈阿土满脸羞愧，当天晚上，他回到酒店，做好了充分的准备。

第四天早上七点半，陈阿土醒了，刚伸了一个懒腰，还没来得及起床，门铃又响了。陈阿土条件反射般地从床上跳下来，一个箭步冲到门口，啪的一声打开房门，看到的仍然是那个服务生。陈阿土想：小伙子，今天我先来吧！于是，陈阿土率先冲着服务生说了一句："Good morning, sir."没想到，服务生听完之后，条件反射般地脱口而出："我叫陈阿土。"

李元芳觉得这个故事虽然有点滑稽，但其中蕴含的道理发人深省：如果不是陈阿土连续三次回答说"我叫陈阿土"，服务生就不会被他影响，也回答"我叫陈阿土"。看样子，要影响一个人，真的需要反复多次啊！

此时，薛勇的手机闹铃响起，提示他开会的时间快到了。李元芳一看表——十点二十五分。

薛勇说："元芳，这个问题你弄明白了吗？我要去开会了。"

李元芳说："薛经理，我已经明白了。今天耽误您时间了，谢谢您！"

048. 走过履职部门副经理第一年

岁月匆匆，年中总结还历历在目，转眼间就到了年底。

10 月、11 月和 12 月，李元芳主要是在不断强化上半年学习到的从技术走向管理的管理者所必须养成的思维习惯和行为习惯，以及提升自己的人际沟通能力和打造自己的团队领导力。当然，与此同时，还要和团队一起完成部门全年的计划任务。

由于电子政务软件开发部本年度各项工作都完成得非常出色，在公司年终总结会上，董事长兼总经理狄仁杰对电子政务软件开发部提出了表扬；常务副总经理熊浩重点表扬了李元芳从技术走向管理所取得的阶段性成果，并鼓励他再接再厉，争取更大进步。

听到狄仁杰和熊浩对部门和自己的表扬，李元芳喜出望外，喜悦之情溢于言表。此时，一年中所经历的点点滴滴，领导对自己的培养和指导，同事对自己的理解和支持，思思给予自己的爱情和鼓励，以及自己在工作中所克服的种种困难、所流下的辛勤汗水、所经历的挫折和失败、所取得的成绩与进步，通通汇聚脑海，涌上心头。

李元芳在自己的年终总结报告上写道：一年来，在公司常务副总经理熊浩的领导下，在部门经理薛勇的带领下，在部门全体同事的积极配合和共同努力下，我们以优异的成绩完成了部门全年的各项任务。另外，通过这一年的努力，我已经较好地养成了"计划先行""目标导向""全局思维""要事第一""聚焦优点""集思广益""建立信任"七个思维习惯和行为习惯，在人际沟通方面和管理者领导力方面，也取得了较大的进步。衷心感谢熊总、薛经理、郑经理，以及身边每一位关心和帮助我成长的领导、同事和朋友！

为了尽可能不张扬，李元芳在征求李思思的意见后没有把她写在总结报告里。李思思是李元芳在内心深处单独感谢的。

公司年度总结会议结束后，李元芳下班回到家，给自己写了一首激励诗作，鼓励自己在新一年度再次起航。

　　岁月的风铃摇醒了沉睡的记忆，
　　风吹平了今日激荡的心情；
　　我站在岁月火炬的交接点，
　　听时间老人用手中的魔杖敲击出来年清脆的钟声。

　　月亮在如绵的云朵上俯瞰着美丽的大地，
　　冬日的阳光慢慢唤醒了春的气息；

　　我们总习惯回首的，那已是过去，

　　唯有重新起航，人生的车轮才能再次飞旋出美丽的光环！

　　走过管理生涯的第一年，关于未来，李元芳为自己设计了更高、更远的梦想和追求。当然，在这些梦想和追求中，有一部分是关于爱情的。

第二篇：羽翼渐丰

049. "承上"与"启下"

根据公司安排，新的一年电子政务软件开发部继续由薛勇和李元芳共同管理。由于去年李元芳表现出色，公司把李元芳的工资待遇调整为月薪 18500 元。

这几天，李元芳一直在和薛勇完善新一年度部门的工作计划，利用休息时间，李元芳向薛勇请教了一个问题。

李元芳说："薛经理，您是公司的资深经理，您认为，中层管理者应该如何发挥自己的桥梁作用呢？去年我在这块没有做好，希望今年能有所改进。"

薛勇说："你的这个问题提得很好，这也是很多刚刚从技术走向管理的管理者不能很好把握的地方。中层管理者是连接公司和员工的桥梁和纽带，因此应该起到'承上'和'启下'的作用。"

李元芳说："薛经理，何谓'承上'和'启下'啊？"

薛勇说："简单地讲，'承上'就是正确理解公司领导的意图、执行公司的战略方针、对公司领导部署的任务负责、给上司提供合理化建议等；'启下'就是组织团队成员执行公司的战略部署、带领团队完成工作目标、对团队成员的利益和进步负责等。通过中层管理者的'承上'和'启下'，在保持上（公司）、中（中层管理者）、下（员工）一致性的同时，满足公司和下属的利益诉求。"

李元芳一边听薛勇的讲解，一边思考自己在新的一年里如何实现"承上"和"启下"。

薛勇问道："元芳，你认为是'承上'重要，还是'启下'重要？"

李元芳说："我认为同样重要。"

薛勇说："一般说来，'承上'比'启下'更重要。"

李元芳问："这是为什么呀？"

薛勇说："中层管理者如果不能正确地'承上'，就不可能准确地'启下'。试想一下，如果我们不能正确理解公司和上司的意图，是不是就很难采取合适的行动带领团队成员去贯彻落实啊？"

李元芳回答道："您说得很有道理。"

薛勇补充说："另外，公司利益高于部门利益，因此我们应该把公司的利益放在首位。当部门利益与公司利益发生冲突时，我们应该优先考虑公司利益，从这个层面来讲，'承上'也比'启下'重要。当然，我的意思并不是说，中层管理者不需要考虑部门和下属的利益，而是要去维持平衡、达到和谐。如果中层管理者处理得当，其实公司利益和部门、员工的利益是统一的。然而，不少中层管理者容易偏离这种平衡，不是唯上司是从、按上司的意图对下属发号施令，绝少考虑员工的利益和感受，就是只考虑自己和员工的利益得失，和下属串通一气'损公肥私'，例如伤害公司的整体利益，维护部门的局部利益，这都是错误的。因此，一个合格的中层管理者，应该是对公司、对员工'双向'负责——带领团队为公司创造绩效，在创造绩效的同时合理地为员工谋福利。这样的中层管理者才能既得到公司的认可又得到下属的拥护。"

李元芳说："薛经理，关于中层管理者需要'承上'和'启下'，我已经明白这个道理了。刚才在您讲解的过程中，我也一直在思考如何做到'承上'和'启下'。我有几点想法，您听听对不对？"

薛勇心里非常高兴，因为李元芳现在已经有相对独立的个人见解了，于是就用鼓励的口吻说："这很好啊，你说出来咱们共同探讨。"

李元芳说："我认为，中层管理者如果能做到如下几点，就可以比较好地发挥'承上'和'启下'的作用：第一，有一颗无私的心，上想到公司，下想到下属；第二，学会换位思考，当不能理解上司时，换位想想上司，当不能理解下属时，换位想想下属；第三，保持与上司的经常沟通，以便深刻理解公司的战略和上司的意图，保持与下属的顺畅沟通，以便彻底了解下属的想法和利益诉求；第四，把上司的想法传递给下属，把下属的意见反馈给上司，必要时为下属、上司安排沟通交流会；第五，作为公司和员工之间的润滑剂，调节可能出现的冲突和矛盾。"

李元芳接着说："薛经理，我现在只能想到这五点，您认为如何？"

薛勇表扬道："真是非常不错的见地，我再给你补充一点——多给上司出出主意，也就是'让上司优秀'，多给下属培训辅导，也就是'让下属优秀'。"

李元芳听到薛勇表扬自己的见解，心里自然高兴，说："薛经理，谢谢您，以后我会将上述六点用在工作中。"

050. 做企业的铺路人

最近一个星期，李元芳一直忙着制订部门的年度计划，没有登录 QQ。

1 月 16 日（星期日）晚上，李元芳登录自己的 QQ 不久，一位网名为"天天如此"的成员在"技术经理学习交流群"中抱怨他们公司这次给自己发的年终奖太少，与自己的贡献明显不对等，他还在群里说，自己是在为企业和老板打工，没有意思。

一位网名为"缘来如此"的成员说："建议你去和你老板沟通沟通，也许是个误会。"

另一位网名为"我有想法"的成员劝"天天如此"说："作为中层管理者，我们不能有'打工'心态。"

"天天如此"马上给"我有想法"发了一个敲脑袋的表情。

李元芳的网名是"追求进步"，他感到这个话题很有意思，就在群里发了一条信息："大家认为，一名中层管理者应该怎么做才对？"

李元芳这个开放式问题引来了很多成员的讨论，大家你一言、我一语，观点千奇百怪、五花八门。

第二天，趁着午餐的机会，李元芳在公司人力资源部经理郑现实身边坐下，寒暄几句之后，请教道："郑经理，我想问问您，一名中层管理者应该如何给自己一个正确的定位？"

郑现实没有明白李元芳到底想要表达什么意思，就问了这个问题的由来。于是，李元芳把昨天晚上 QQ 群里的言论前前后后、仔仔细细地复述了一遍。

郑现实哈哈一笑，说："中层管理者应该是企业的铺路人。你的那位网友说自己是在为企业和老板打工，更是错误的。中层管理者一定要把自己看成是企业的主人翁，绝对不能把自己看成是打工仔。基层员工认为自己是在为企业和老板打工尚且可以理解，但绝对不能有'打工'心态，而应该用'老板'心态去'打工'。抱着'打工'心态去工作的人，会一辈子跳不出'打工'的窠臼。其实，我们任何一个人，不是在为别人'打工'，都是在为自己'打工'！"

郑现实咽下一口饭菜，接着说："公司领导是企业的指路人，中层管理者是企业的铺路人。"

李元芳迷惑不解，问道："郑经理，您说的'指路人'是指明企业发展方向的人，这个好理解；可'铺路人'具体是什么意思呀？"

郑现实回答说："企业的'铺路人'，实际上就是企业的建设者，而中层管理者必须把自己定位为企业的建设者。中层管理者应该是企业不断发展壮大的中坚力量，在指路人，也就是公司领导的指引下，努力把企业的发展壮大之路越铺越宽、越铺越长、越铺越平。"

李元芳皱着的眉头舒展开了："郑经理，我明白中层管理者在企业中的正确定位了。那您认为应该如何定位员工呢？"

郑现实回答说："有些员工是'铺路人'，有些员工是'行路人'，有些员工是'毁路人'。"

李元芳问："此话何解？"

郑现实解释说："当个人贡献大于个人报酬时，这些员工就是'铺路人'；当个人贡献等于个人报酬时，这些员工就是'行路人'；当个人贡献小于个人报酬时，这些员工就是'毁路人'。"

李元芳啧啧赞叹道："郑经理，您的这个见解真是高明啊！"

051. 和下属保持适当的距离

3 月中旬的一个下午，李元芳参加了广东南方软件过程改进专业委员会举办的一个培训活动，本次培训的主题是"中层管理者如何处理好人际关系"，李元芳对这个主题非常感兴趣。

本次培训的主讲老师是一位企业高级管理人员，四十多岁，虽然不是专业培训师，但经验丰富、妙语连珠，培训开始不久，就让全体学员产生了强烈的共鸣和认同感。

主讲老师问道："大家认为，和下属之间应该保持怎样的关系比较合适？"

A 学员回答说："我认为，中层管理者应该和下属保持亲密无间的关系，和大家打成一片，这样下属才会更好地配合中层管理者开展工作。"

B学员回答说："上司应该有上司的样子，不要和下属'称兄道弟'。"

C学员回答说："若即若离。"

D学员回答说："工作中我们要让自己像个上司，生活中我们要做下属的知心朋友。"

…………

主讲老师的这个问题，得到了十几位学员的积极回答。

李元芳的观点和D学员的观点类似。

直至不再有人提出自己的观点，主讲老师说："谢谢大家提出自己的意见和看法。其实，中层管理者应该和下属保持怎样的关系，很多中层管理者一直没有真正处理好这个问题。有些中层管理者很容易把自己当成'领导'，做普通员工的时候，和同事之间的关系处理得很好，同事也很乐意和他交朋友，而一旦被提拔为中层管理者，马上就有了巨大变化，高高在上、盛气凌人、颐指气使，俨然自己是一个高不可攀的'官'；有些人走上管理岗位之后由于担心下属疏远自己，就想方设法和下属'称兄道弟'。这两种做法其实都是有害的。根据我近十五年的管理经验，我认为，中层管理者应该和下属保持适当的距离，这样更有利于中层管理者履行自己的岗位职责。"

主讲老师面对学员们渴望知识的眼神，接着说："中层管理者和下属之间的关系太亲密，会降低中层管理者的威信；中层管理者和下属之间的关系太疏远，中层管理者在工作过程中不容易得到下属积极主动的配合。"

说到这里，主讲老师自信地问道："大家一定有点欣赏我的管理水平，对吧？"

学员们异口同声地说："那是当然啊！"

主讲老师问："大家为什么欣赏我的管理水平呢？"

某学员大声地说："因为您的管理水平高啊！"

主讲老师接着问："大家凭什么判断我的管理水平高呢？另外，就算我的管理水平高，如果天天和大家相处，大家还会如此欣赏我的管理水平吗？"

主讲老师的这句话，让大家陷入了沉思。

主讲老师补充说："中层管理者被下属欣赏，一方面确实是因为他的人品和能力，另一方面取决于适当的距离。大家都知道'适当的距离可以产生美感'这句话吧！"

主讲老师继续说："中层管理者和下属之间要保持适当的距离，正如冬天里一群在一起互相取暖的刺猬——距离太近容易被对方的刺扎伤，距离太远又达不到取暖的效果。这个距离到底维持在一个什么样的水平比较合适，大家可以在今后的工作中慢慢体会和调整。正如 C 学员说的，'若即若离'，'即'和'离'没有严格的划分标准，需要中层管理者自己去体会和把控。"

052. 配合他人才能更好地成就自己

在学员们理解了中层管理者需要和下属保持适当的距离之后，主讲老师说："请大家谈谈，您现在和兄弟部门的管理者是怎样的工作关系？"

E 学员说："我们公司有几个部门的部门经理总喜欢把一些事情推给我们部门，真烦人。"

F 学员说："我们公司也有一些部门经理喜欢把他们部门在工作过程中出现的一些问题的责任推卸给我们部门，说是因为我们没有做好上游的工作才导致他们工作失误的。"

G 学员说："是我们部门应该承担的工作我才接受，不是我们的，我就不揽了，在我们公司，揽得越多越麻烦。"

H 学员说："在和其他部门的交往过程中，我吃的'亏'总是比较多，但当我需要其他部门经理配合时，他们还是挺支持我的。"

…………

这个问题一提出，比上一个问题发言的人还要多，其中大部分发言者对自己公司其他部门的经理抱怨得多、欣赏得少。

主讲老师说："根据我的观察，我发现很多中层管理者没有正确处理自己部门和兄弟部门之间的关系，自己不愿多给予兄弟部门协助，但又自觉或不自觉地把一些问题推给其他部门，这种现象非常普遍。"

主讲老师喝了一口水，接着说："一个公司是一个大家庭，一个部门是一个小家庭，任何一个部门都不是孤立存在的，都有自己的上游部门和下游部门。我们可以把上游部门看成我们的内部供应商，把下游部门看成我们的内部客户。要知道，我们只有配合我们的供应商和我们的客户，才能实现协同，把事情做好。同样的道理，我们只有配合我们的上游部门和下游部门，才能把公司的事情做好。另外，一个公司的部门和部门之间，其实很多时候不是单纯的'甲方'和'乙方'的关系，而是互为服务和被服务对象，也就是互为供应商和客户的关系。企业内部 A 部门甲业务的处理结果可能是为 B 部门服务的，此时，B 部门是 A 部门的内部客户；企业内部 B 部门乙业务的处理结果可能反过来服务于 A 部门，此时，A 部门是 B 部门的内部客户。例如，在企业中，销售部门为财务部门提供收款数据，财务部门为销售部门提供绩效考核数据，这就是典型的互为内部客户的例子。因此，部门与部门之间更多的是一种互为内部客户的关系，这就告诉我们，我们更应该去配合其他部门的工作。"

某学员举手问道："老师，要是我去配合其他部门，但其他部门不愿意配合我，我岂不是很'吃亏'？"

主讲老师说："认同别人才更容易肯定自己，配合他人才能更好地成就自己。首先，你要相信，如果你多去配合其他部门，其他部门就一定会配合你；其次，即使他人暂时没有在你需要时配合你，你至少也会因为自己给予他人的配合，而让被配合者的工作完成得更好。他们把好的工作成果移交给你们或最终提交给公司或客户，会让你们的工作完成得更出色，会让整个公司发展得很好。所以，无论怎样，作为中层管理者，我们配合其他部门，最终都有利于成就自己。请大家相信，没有内部客户满意度的企业就不可能有外部客户的满意！作为企业中层管理者，我们需要深刻认识部门之间互相配合的关系，'事不关己，高高挂起'的思想绝对是有害的！"

此时，台下响起了热烈的掌声。

053. 管理就是要贯彻执行

掌声过后，主讲老师接着问："那请大家再思考一下，我们和上司之间应该保持怎样的关系呢？"

某学员说："听从上司的指令，服从上司的安排。"

某学员说："上令下行。"

某学员说："如果上司的意见或建议不正确的话，我们一定要不卑不亢地提出来，不要只做'应声虫'。"

…………

主讲老师说："大家的观点都很好，谢谢大家。我个人认为，总体原则是'贯彻执行上司的工作部署，实现上司设定的绩效目标'。在工作过程中，我们既需要坚决完成上司布置的任务，又需要提出自己的意见和看法，特别是当我们认为上司在一些具体细节上考虑不周或存在明显不妥时，一定要负责任地大胆提出来，以便提醒上司及时发现和纠正。"

某学员问道："老师，您刚才说，作为中层管理者，我们需要提出自己的意见或主张，这一点我容易理解和接受，这是中层管理者对公司负责任的一种表现，也是中层管理者应该具备的职业素养。但我现在有一个问题：要是我们提出了自己的意见和看法，上司仍然要求我们按他的方案去执行，我们该怎么办呢？"

学员们开始议论起来，一时会场有点嘈杂，看样子不少学员都碰到过类似的问题。

主讲老师让大家议论了几分钟，然后示意大家安静下来，问道："请问哪位学员遇到过这种情况，您当时是如何处理的？"

不知道大家是不敢在其他学员面前说出自己的真实做法，还是对自己的做法没有信心，五十多人的会场竟然没有一个人举手回答。

李元芳说："老师，我暂时还没有碰到过这种情况，我可以谈谈自己的想法吗？"

主讲老师说："好啊，请大家给李元芳一些鼓励。"

掌声过后，李元芳说："我的观点是，如果我们提出的意见和建议最终没有被上司采纳，我们就一定要坚决执行上司部署的方案，同时在执行过程中发挥自己最大的能力，尽量减少上司的方案在执行过程中可能导致的问题。这一方面体现了我们对上司的拥戴和支持，另一方面也体现了我们中层管理者高度的责任感。"

主讲老师带头为李元芳鼓掌。

主讲老师说："刚才李元芳回答得很好。很多中层管理者在这种情况下会选择消极处理——既然我已经提出来了，上司不听，那出了问题就不关我的事了。这种观点和做法是不可取的。管理就是要贯彻执行，所谓贯彻执行，不仅上司说'一'我们就不折不扣地去做'一'，还应该积极主动地为上司多出谋划策，并在执行上司的方案的过程中，想方设法让上司的方案产生最佳的执行效果。"

能得到主讲老师的肯定，李元芳心里非常高兴。当然，他也非常清楚，自己之所以能提出这样的处理措施，得益于薛勇不久前给自己讲的"中层管理者应该承上和启下"这一课。

李元芳觉得，先学再用，这种感觉真好。

054. 中层管理者应有的角色认知

薛勇和郑现实对中层管理者角色定位的阐释及"中层管理者如何处理好人际关系"的课程内容，启发李元芳对中层管理者的角色认知进行了一番认真思考。

利用工作之余，李元芳总结了自己的感悟和体会。

李元芳认为，中层管理者应该从如下五个方面正确认识和对待自己的岗位职能。

（1）将自己定位为"服务人员"。

在"团队创造企业价值"越来越明显的今天，管理者与被管理者更应该是一种"互相依赖的工作关系"：被管理者"依赖"管理者科学的领导和管理创造个人绩效，管理者"依赖"被管理者竭诚协同工作创造团队绩效。企业认可管理者的标准不是"我们个人怎样"而是"我们带领的团队怎样"，要实现这个目标，管理者就应该多为下属着想，为他们创造更好的工作条件和更多的发展机会，即为下属多提供"服务"。因此，一名合格的管理者，应该把自己定位为一名为下属提供服务的"服务人员"，而不是所谓的"领导"。

（2）平衡公司和员工的期望。

管理者是连接公司与员工的桥梁，需要平衡公司和员工的期望。有些管理者俨然像老板派出的"监工"，成天发号施令，很少考虑员工的利益和感受；有些管理者则只考虑自己和员工的利益得失，却全然不顾公司的利益。这两种做法都是非常不可取的。一名合格的管理者，应该对公司和员工"双向"负责。通过带领团队为公司创造业绩，在创造业绩的同时合理地为员工谋福利，这样的管理者才能既得到公司的认可又得到下属的拥护。偏离任何一方的管理者都不是合格的管理者，也很难成为长期的管理者（不是被公司"炒鱿鱼"就是被下属"炒鱿鱼"），更难创造"一年好过一年"的业绩。

（3）多采用"和缓"的交流方式。

安排和检查下属的工作是管理者的职能之一，但我们需要注意方式和方法。人都有被尊重的需求，作为下属，他们更有这种需求。有些管理者，习惯于采用命令的方式安排下属的工作，习惯于采用斥责的方式批评下属的工作，这都是非常有害的。管理者在工作中需要有意识地尽量"淡化"上下级差别，采用"建议"或"商量"的口吻来安排工作会比"命令"更有效，采用"动之以情，晓之以理"的方式来指出下属的过失或不足会比"斥责"更管用。有些管理者担心自己的"威信"会不会因为自己这种"和缓"的交流方式而变得"荡然无存"，其实这种担心完全是多余的；恰恰相反，下属只会越来越尊重管理者。

（4）少考虑自己，多考虑别人。

管理者需要有高尚的"思想境界"，要多替公司、兄弟部门和下属着想，少为一己之私利着想。当部门利益与公司利益有冲突时（不是在原则上伤害了部门利益），我们需要优先考虑公司的利益；当兄弟部门有困难时，我们需要主动地给予支持，因为"助人实际上就是助己"；当个人利益与下属利益产生冲突时，我们需要优先考虑下属的利益。有些管理者，首先考虑的是自己的个人得失，这样的管理者不是称职的管理者，也不是明智的管理者。其实，作为管理者，我们除了"经济收入"，还有诸如综合能力的培养机会、人脉关系的建立机会等一般员工所没有的待遇，而这些往往是我们获得更高"经济收入"的基础和保障。因此，从这方面来讲，我们有很大的"额外"收益。诚然，我们管理者也需要生存和生活，也希望获得与自己能力和奉献相匹配的个人收益，但这些不是通过我们多为自己着想、多为自己争取就可以获得的，而是通过我们的努力和奉献，被我们的上司认可后获得的。要知道，我们也是我们上司的下属，我们的上司自然也会为我们考虑。

（5）正确对待上司、下属和自己。

作为企业管理者，上有上司下有员工，我们需要正确对待上司、下属和自己。我们需要"敬以向上""宽以对下""严以律己"。"敬以向上"需要我们尊重自己的上司，但不是阿谀奉承、溜须拍马；"宽以对下"需要我们对自己的下属宽容，但不是听之任之、放任自流；"严以律己"需要我们对自己严格要求，但不是只讲奉献、不要回报。

＊　　　　　　＊　　　　　　＊

李元芳的总结虽然略显稚嫩，但第一次在管理领域进行思考和总结，却是难能可贵的一件事情。

055. "忠"与"患"

春节过后，电子政务软件开发部一直很忙，转眼就到了5月初。

上个月，广州港前信息科技有限公司在福州一个大型电子政务系统建设项目中中标，"五一"假期刚过，李元芳就和该项目的项目经理一起去福州，与用户方沟通项目的技术架构事宜。

广州港前信息科技有限公司在福州开设了分公司。福州分公司只负责市场开拓，不负责项目的具体开发和实施，因此，签订合同后，项目需要由总部派团队去开发和实施。

5 月 8 日晚上九点，李元芳和项目经理乘坐的航班平稳降落在福州长乐国际机场，两人走出航站楼，坐上福州分公司接他们去酒店的车，他们入住的酒店也是福州分公司帮他们预订的。

李元芳第一次来福州，自然对这座城市充满好奇。一路上，他透过车窗，借着路灯发出的亮光，欣赏着福州的夜景。李元芳印象最深的是福州的隧道很多，车子一会儿钻进一个隧道，一会儿开出一个隧道。他没有去统计，但凭直觉，从机场到酒店经过了近十个隧道。

第二天，在福州分公司同事的协助下，李元芳、项目经理同用户方信息中心的领导就该系统项目的技术架构进行了充分的讨论和沟通，双方达成了一致意见，用户方信息中心的领导对广州港前信息科技有限公司的技术能力非常满意。

*　　　　　*　　　　　*

李元芳的表哥也在福州，李元芳在来福州之前，就和表哥联系好了。5 月 9 日晚上，表哥请李元芳吃饭。自去年李元芳收到表哥祝贺他升职的短信之后，这是表兄弟两人第一次见面。

吃饭的地点选在闽江公园内临近江边的一个叫"宜水居"的特色餐厅。这里环境优雅，阵阵江风吹来，让人倍感舒适。表哥特意点了一些福建本地特色菜和当地生产的啤酒，他们一边品尝着美食，一边欣赏着闽江公园的夜景，怡然自得。

表哥比李元芳大八岁，在福州一家高科技公司做人力资源总监。聊着聊着，两人自然就聊到了团队管理。

李元芳对表哥说："表哥，最近我们团队中出现了一个问题，根据您的经验，您帮我分析一下问题出在哪里，应该如何解决。"

李元芳喝了一口啤酒，继续说："问题是这样的，我们有一位刚入职不到一个月的新员工小 H，由于工作需要，小 H 被同时安排在两个项目组，接受两位项目经理的工作分派，结果出了问题。"

表哥问道："具体是什么问题？"

李元芳说："当 A 项目经理安排小 H 工作时，小 H 说他正在忙 B 项目经理分派的工作；当 B 项目经理安排小 H 工作时，小 H 说他正在忙 A 项目经理分派的工作。结果，A 项目经理和 B 项目经理都没有办法让小 H 承担工作。我来福州之前，这两位项目经理向我反馈了这个情况，我还没来得及处理，所以想借这个机会，从您这里得到些启发。"

表哥说："其实，这类问题比较典型，在很多公司都有不同程度的体现。从个人层面来看，这是员工责任意识问题；从团队层面来看，这是管理问题。"

说着，表哥从随身携带的工作包中拿出一张纸和一支笔，在纸上写了一个"忠"字，问李元芳："这是什么字？"

李元芳说："'忠'字。"

表哥说："没错，这个字是'忠'，'忠诚'的'忠'。"

说着，表哥又在纸上写了一个"患"字，问李元芳："这是什么字？"

李元芳说："'患'字。"

表哥说："对的，这个字是'患'，'忧患'的'患'。这两个字告诉我们一个道理，当以一个人为中心的时候，就是'忠'；当以两个人为中心的时候，就是'患'啦！"

李元芳茅塞顿开，对表哥说："您是说，小 H 同时被 A 项目经理和 B 项目经理安排工作，所以就出现了'谁都管不了'的情况，对吗？"

表哥说："是这样的，如果一个人同时被两个或两个以上的人管理或分派工作，就容易出现这种'谁都管不了'的情况，在责任意识不强又喜欢偷懒的员工身上就会出现'小 H 现象'。这也告诉我们，如果一个人有两个顶头上司，这两个顶头上司都对这个员工发号施令，当两个顶头上司之间缺乏沟通或指令不一致时，员工就会无所适从。所以，一个人只能有一个顶头上司，指令单一，员工自然就'忠'了。"

李元芳说："您说得没错，现在我和部门经理薛勇是有明确分工的，我们所负责的工作基本没有交叉，所以没有出现过员工无所适从的情况。但我们有很多项目，不可能完全做到将一个人固定在一个项目组中啊！"

表哥继续说："你说的确实是实际情况。我建议你可以让那些工作态度积极、责任意识强的员工跨项目组工作，那些责任意识不强的员工最好就只为一个项目组服务。另外，需要注意的是，在安排员工跨项目组工作时，一名员工最好不要跨两个以上项目组工作，员工跨项目组工作的数量超过了三个，工作效率会明显下降。"

李元芳说："像小 H，目前无法这样调整，又该如何处理呢？"

表哥说："办法还是有的，那就是在考核上多下点功夫，每月通过小 H 完成的实际工作量和工作质量来考核他。另外，A 项目经理和 B 项目经理要互相公开自己对小 H 安排的工作。这样，一方面有考核，小 H 不得不多做一些工作；另一方面工作透明，小 H 也就不好意思一直推脱了。"

李元芳认为表哥的这个办法天衣无缝，他敬了表哥一杯酒，说："谢谢表哥，我回去就试试。表哥，您刚才说，员工跨项目组工作的数量超过了三个，工作效率会明显下降，为什么这么说呢？"

表哥说："因为如果一个人同时跨几个项目组工作，这样在不同项目组的任务之间切换时，需要回顾和熟悉与他接下来要开展的工作任务相关的上游工作和资讯，这样就会消耗掉一部分原本可以用来工作的时间。因此，员工跨项目组工作的数量越多，花在工作上的有效时间反而会越少，工作效率自然就降低了。因此，我们需要通过对员工进行合理分工，降低跨多个项目工作的概率，从而提升整个团队的工作效能。"

李元芳对表哥的观点佩服不已。

表哥突然问道："元芳，你找女朋友了吗？"

李元芳自豪地说："找了。"

表哥继续问道："你有几个女朋友？"

李元芳惊诧地说："一个啊！"

表哥说："那就好，千万不要脚踏两只船啊，如果脚踏两只船，那就是'患'，'后患无穷'啊！"

李元芳没有想到，表哥竟然会把工作上的管理诀窍运用到生活中来。看来生活和工作，很多道理和办法都是相通的啊！

当然，工作和生活相通的道理，远远不止这些。

056. "天使"与"天使的行为"

吃着，聊着，李元芳突然对表哥感叹："表哥，要是每一位员工都积极向上、责任心强，那该多好啊！这样管理者就不需要想那么多办法了。"

表哥笑着说："是的，如果人人都是劳动模范，那管理者就是多余的了。正因为不是每位员工都是劳动模范，所以我们管理者才有存在的价值。当然，作为管理者，我们需要尽量去培养员工，让他们不但素质高而且能力强，这是我们管理者的努力方向。但人的进步需要一定的时间，况且即使现有的员工都被培养好了，也会有新员工不断加入，需要再培养。再者，并非每位员工都可以培养和改造成功，退一万步说，即使人人都可以改造成'天使'，可有些人的改造成本太高了，得不偿失。因此，好的管理，不是要把每个人都改造成'天使'，而是要让每个人都有'天使的行为'！"

李元芳认为表哥的这个"天使"理论很有意思，于是饶有兴致地问："那如何在不把员工变成'天使'的情况下，让他们都做出'天使的行为'呢？"

表哥没有马上回答李元芳提出的问题，而是反问道："元芳，你担任部门副经理已经快一年半了，凭你的工作经验，你认为应该怎么做？"

此时，服务员送上来一盘福建特色菜——荔枝肉。李元芳用筷子夹了一块放入口中，一边津津有味地吃着，一边思考；表哥则一边悠闲地吃着福建小吃，一边等待着李元芳的回答。

大约过了五分钟，李元芳说："我的见解不一定高明，要是不对，您不会笑话我吧？"

表哥说："咱们是兄弟，哥哥怎么会笑话弟弟呢，说来听听。"

李元芳说："我认为可以通过规章制度的约束让每个人都有'天使的行为'。"

表哥说："你的回答不错，只是不够全面。"

李元芳："我能想到的只有这一点，表哥您给我补充补充？"

表哥说："可以通过规章制度和考核激励办法来让每个人都做出'天使的行为'，因为光有制度但缺乏激励，有些员工还是会不在乎的。"

李元芳点点头，接着问："表哥，您不仅工作经验非常丰富，而且见多识广。有没有这样的员工，既不在乎规章制度又不在乎奖励和处罚呢？"

表哥说："绝大部分员工是非常在乎的，极个别员工可能不在乎。"

李元芳说："要是在团队中真出现了这样的极个别员工，该怎么办呢？"

表哥笑了笑，指着桌上的一道凉菜说："凉'办'。"

李元芳当然知道表哥是在开玩笑的。

表哥接着说："如果真遇到了这样的'极品'员工，在教育无效的情况下，就只能让他另谋高就了。"

李元芳说："您的意思是把他开除？"

表哥说："不要说得那么难听嘛，管理者要讲究沟通艺术啊！"

李元芳和表哥哈哈一笑，两人拿起桌上的啤酒，干了一杯。

057. "特殊"员工"特别"对待

表哥补充说道："工作中，确实可能会遇到一些比较特殊的员工……"

听到"特殊"二字，李元芳感到很新奇，迫不及待地插话道："'特殊'员工，怎么个特殊法？"

表哥说："'特殊'，是说他们和大多数员工有些不同，而不是说他们明显不好。从事人力资源工作这么多年，我遇到过七种类型的'特殊'员工：个性很强的员工、过于敏感的员工、业绩平平的员工、眼高手低的员工、消极悲观的员工、过于自信的员工和有靠山的员工。"

李元芳从事管理工作的时间不长，毕竟"见少识浅"，他身体向前倾，仔细聆听，生怕错过一些信息。

表哥继续说："元芳，你从事管理工作的时间不长，可能这七种类型的'特殊'员工还没有全部遇到。趁着今天兄弟相聚的机会，我和你分享一下我的管理经验，供你以后参考。"

李元芳用力点点头。

表哥说："一般而言，个性很强的员工能力也往往比较突出，针对这种类型的员工，比较有效的管理办法是在工作过程中尽量多体现这类员工的重要性，多给予他们一些尊重和重视，多征求和听取他们的意见或建议。针对过于敏感的员工，在工作过程中，宜采用委婉的方式和他们沟通，点到为止，让他们自己去领悟管理者言语的真正含义，避免采用强硬或直白的语气指出他们的错误或不足。针对业绩平平的员工，多拿考核数据和他们说话，让他们清楚自己在团队中的位置，适当的时候可以举一些他们身边的真实例子，让他们感受到外界的压力，从而激发他们的潜能。针对眼高手低的员工，可以有意安排他们干点'大事'，让他们从'无从下手'的尴尬局面中清醒并逐步意识到自己的真正'分量'。针对消极悲观的员工，多安排他们与积极乐观的同事共事，让他们受到潜移默化的影响；同时注意安排一些难度不大的事情给他们，让他们不断'成功'，从而增加他们的自信心。针对过于自信的员工，宜给他们布置一些'高难度'的工作任务，让他们遭遇一些'挫败'，打压他们过于自信的气焰。针对有靠山的员工，可以这样做：让他们清楚你知道他们的靠山是谁；明确告知他们，公司聘用他们关注的是其能力而不是其关系；在必要的时候请靠山给他们'施压'。"

李元芳非常珍惜这次难得的学习机会，他思忖着，"特殊"员工需要"特别"对待！以后万一遇到了，可以用表哥分享的经验试试。

表哥分享完这七类"特殊"员工的管理之道后，喝了口茶。

李元芳意犹未尽，继续追问道："表哥，您之前说要通过规章制度和考核激励办法来让每一位员工都做出'天使的行为'，足以看出制度建设对打造高效团队的重要性。之前，我们公司常务副总经理熊浩对我说过，关心和关怀下属也非常重要……"

李元芳的话，被服务员不小心打碎一只瓷碗的声音打断了。

058. 制度建设与人文关怀

表哥示意李元芳继续说。

李元芳说："表哥，我想问问您，制度建设和人文关怀在团队建设中哪个更重要？"

表哥反问道："你认为呢？"

李元芳说："我没有把握。"

表哥说："那你猜猜。"

李元芳突然想起上次薛经理问自己"'承上'与'启下'哪个更重要"时，自己回答得不准确，因此不敢随便猜，只好回答说："表哥，我真的不知道。"

表哥说："其实答案很简单，两者同样重要。不过，也要具体情况具体分析。有些时候，制度建设比人文关怀更重要；有些时候，人文关怀比制度建设更重要。"

李元芳最怕的就是这种没有定式的管理理念和管理方法——这让他头疼，不知道什么时候应该遵循哪种管理理念和实施哪种管理方法，一不小心就会犯错误。

表哥继续说："你看，刚才服务员打碎了一只瓷碗，就应该根据具体情况去分析和对待。"

李元芳在心里嘀咕："这件事情也和制度建设、人文关怀有关系？"

表哥看出了李元芳的疑惑，于是问道："你知道'X 理论'和'Y 理论'吗？"

李元芳说："我知道一点点。这个理论是 1960 年美国心理学家道格拉斯·麦格雷戈在其所著的《企业中人的方面》一书中提出来的。该理论是有关人性的两种截然不同的观点：一种是消极的'X 理论'，另一种是积极的'Y 理论'。"

表哥说："没错，其实'X 理论'倡导制度建设，'Y 理论'倡导人文关怀。在团队建设过程中，制度建设和人文关怀都很重要。制度建设和人文关怀相当于人的两条腿，只有两条腿同样健康，才能走得更好、更快、更稳。在团队建设过程中，制度建设和人文关怀可能不容易实现同步。如果团队中制度建设得比较完善了，就应该加强人文关怀，这时，人文关怀就比制度建设更重要。如果人文关怀实施得很多，就应该让制度建设同步赶上，这时，制度建设就比人文关怀更重要。作为团队管理者，我们既不能只去'关心'员工，也不能只去'考核'员工。像刚才服务员打碎了瓷碗——如果餐厅之前没有出台相关的赔偿制度，就应该尽快制定与服务员相关的工作制度；如果餐厅已经制定了与服务员相关的工作制度，那就可以按章执行。当然，如果这位服务员是新员工，上司应该适当给予情感上的安慰。"

李元芳说："表哥，我知道了，'制度建设'是让员工通过'有规矩'而'成方圆'，'人文关怀'是通过'打情感牌'来'笼络人心'。"

表哥表扬道："不错，如果把'笼络'二字换成'凝聚'就更好了。"

表哥继续说："我们可以把管理者分成两种类型：一种是倾向于通过人文关怀来实施管理的'关怀型'，另一种是倾向于通过制度建设来实施管理的'创制型'。大部分从技术走向管理的管理者倾向于'创制型'，你认为你是哪种类型呢？"

李元芳回答说："我也倾向于'创制型'。"

表哥说："那好，以后在团队管理中，你在进行制度建设的同时，要有意识地多加入一些人文关怀元素，这样你可以把管理工作做得更好。"

059. 管理者的"五心"领导术

说到这里，表哥又从他的工作包中取出一张纸，画了一张图递给李元芳，如图 8 所示。

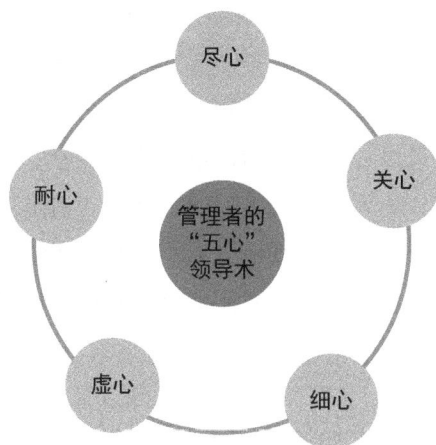

图 8　管理者的"五心"领导术

　　表哥指着这张图说："总结我这些年从事人力资源管理工作的经验和体会，我认为，中层管理者要想最大限度地履行好自己的岗位职责，首先需要做到'五心'：尽心、关心、细心、虚心和耐心。"

　　接着，表哥向李元芳进行了详细的阐释。

　　尽心：管理者是服务者，需要尽心尽力地履行好自己对下属和所任职部门的服务职责。

　　关心：人最关心的就是自己。管理者如果真诚地关心下属，下属肯定会更愿意敞开自己的心扉和上司沟通，也更愿意按上司的部署执行任务。

　　细心："细节决定成败"，关注细节，细致入微地发现下属的需求和难处，这样的管理者定能获得下属的拥戴。

　　虚心："三人行，必有我师"，管理者需要虚心，切忌在下属面前好为人师；成为下属的朋友，下属会更乐意向上司学习。

　　耐心：人不可能一教就会、一说就懂，管理者在培养下属时，需要拥有足够的耐心。

　　听到这里，李元芳迅速在头脑中把表哥给自己分享的"五心"与自己之前总结的中层管理者应有的角色认知联系起来，发现自己的总结与表哥的分享存在较大的"交集"，心里甚至有些得意。

说到这里，表哥看了看表，说："元芳，时间不早了，你明天还要乘坐上午的飞机回广州，今天就聊到这里吧，你也早点回酒店休息，咱们后会有期。我们互相加个微信吧，平时可以通过微信多聊聊。"

说着，表哥拿出手机，让李元芳扫描自己的微信号二维码。

微信号添加成功后，李元芳发现表哥的昵称是"追求卓越"。

李元芳自言自语地说："我的昵称是'追求进步'，表哥的昵称是'追求卓越'，看样子表哥对自己的要求比我对自己的要求更高啊！"

060. 用系统方法代替过往经验

忙、总是要加班，好像是 IT 企业非常典型的一个特征，广州港前信息科技有限公司员工们的工作状态从这一年 5 月份以来也是这样的。

从福州出差回来后的近四个月时间里，李元芳每个月都有两个周末要加班。李元芳非常希望像之前那样多些时间陪陪李思思，但是没有办法。李思思也善解人意，知道李元芳是在忙工作，所以从来没有抱怨过。

8 月底的一个周末，李元芳组织几位技术骨干到公司开会，探讨某一个技术问题的解决方案，部门经理薛勇也参加了会议。这次技术研讨会还算顺利，在预定的时间内完成了。

薛勇对大家说："这段时间大家确实辛苦了，经常加班加点工作。今天中午我请大家吃饭，怎么样？"

部门经理请吃饭，大家自然都很高兴，不约而同地鼓掌。

掌声过后，薛勇对大家说："离中午吃饭还有半个小时，我这里有一个问题，我们大家来讨论一下？"

在座的技术骨干异口同声地答应了。

薛勇说："是这样的，最近一段时间我们经常加班，大家有没有想过，这种经常加班的现象到底是正常的、不可避免的，还是可以改善的？"

大家都陷入了沉思，因为之前几乎没有人想过这个问题。在大家心目中，好像项目多了，加班就是正常现象，这也符合 IT 行业的情况。

薛勇说："认为加班是正常现象的人请举手。"

结果，七位技术骨干有六位举起了手，只有李元芳和另一位技术骨干没有举手。

薛勇说："元芳，你是部门副经理，你认为呢？"

李元芳回答说："我之前确实没有思考过产生这一司空见惯现象的原因，但您今天这么一问，我才恍然大悟。我认为，我们应该有办法改善，也应该去改善这种加班现象。"

薛勇说："是的。我们之前人少，项目也少，所以大家加班不多，我们可以凭着自己的经验做事。但现在人多了，项目也多了，我们就不能简单地凭经验行事，一定要注意寻求改进我们工作的途径和方法。"

李元芳说："薛经理，您的意思是说，我们需要用系统方法代替过往经验？"

薛勇说："是的。前几天，我去一个企业参观，发现这个企业办公室的墙上贴着这样一句标语：您今天的成绩是未来取得更大成绩的最大障碍。我当时为之一震，后来仔细想想，确实非常有道理。我们总认为自己之所以能取得现在这样好的成绩，是因为我们现在的做法或者经验不错，自然就会用现在的做法去指导以后的工作实践。但我们要知道，环境变了，条件变了，如果仍然用过往的经验去指导以后的工作，势必出现方法局部或全部失效的问题。"

薛勇停顿了一下，接着说："正如我刚才提到的这个加班问题，我们在用原来的经验指导我们现在的工作。这些经验是否继续有效？我们没有思考过。有没有更高效的方法可以指导我们的工作？我们更没有思考过。"

大家被薛勇的这一番话震惊了，几位技术骨干马上议论起来。

薛勇对大家说："当然，要找到好的方法不容易，但我们一定要先建立这样的理念，那就是用系统方法代替过往经验。之前，我们在工作方法上缺乏提炼、缺乏整理，基本在跟着经验走；之后，我们在工作中一定要寻求和建立系统的方法。我相信，如果坚持这样做，加班的现象一定会得到改善，我们的工作效率也一定会提高。"

说到这里，薛勇看了看表，说："我曾经听到某女孩在请她一位要减肥的朋友吃饭时说：'你要多吃点啊，吃饱了才有力气减肥啊！'那我今天也套用这句话——吃饭的时间到了，我们先去吃饭吧，吃饱了才有力气去想办法啊！"

薛勇的最后几句话逗得大家哈哈大笑。

*　　　　　*　　　　　*

外出就餐的途中，薛勇对李元芳说："作为管理人员，我们一定要提醒自己去改善，用系统方法代替过往经验，因为我们现在带领的是一个团队，而不仅仅是自己。"

李元芳认真地点点头，他意识到：方法比努力更重要！对个人如此，对团队更是如此。

061. 好的管理应该既简单又有效

广州港前信息科技有限公司的领导考虑到公司未来发展的需要，在这一年年初就决定当年9月和10月派电子政务软件开发部经理薛勇去美国硅谷考察学习。

薛勇出国之前对李元芳说："元芳，这两个月我去美国学习，部门管理就麻烦你全权负责了。工作中有什么问题或困难可以联系我，我在国外如果联系不方便，你就向熊总汇报。另外，上次我和你讲的，咱们应该多用系统方法代替过往经验，希望你能抓紧组织大家讨论、实施。"

李元芳没有独立管理过一个部门，心里自然有些紧张和不安。但一想到这也是个非常好的锻炼机会，李元芳心里还是挺高兴的。

*　　　　　*　　　　　*

薛勇出国后，李元芳立即行动起来，带领部门相关同事花了半个月的时间，集思广益，通过大家的工作经验和行业的一些最佳实践，在部门技术管理方面提炼出一些系统的工作方法（李元芳认为，部门基础管理方面在部门经理薛勇的带领下，已经比较成熟和完善了），使用后确实产生了一些与以往不同的良好效果。但令李元芳感到困惑的是，这些方法实施一个月以来，虽然产生了一些好的效果，但员工们也反映这些方法过于复杂，操作起来投入成本较高，要想全部学会并掌握，存在较大的困难。

李元芳本想请教薛勇，但考虑到薛勇在国外学习，不方便打扰，况且薛勇马上就要回国了，所以决定等薛勇回国后再向他当面汇报。

*　　　　*　　　　*

薛勇回国后第一天上班，李元芳就把部门两个月以来的工作情况向薛勇做了详细的汇报。

薛勇对部门这两个月的整体工作开展情况非常满意。

汇报完工作，李元芳挠着后脑勺对薛勇说："薛经理，您出国之前交代我的'用系统方法代替过往经验'一事，我虽然实施了一些，但也出现了一些问题，不知现在方不方便向您汇报？"

薛勇说："部门的问题就是我的问题啊，我们现在就聊聊吧！如果能早日解决，部门就能早日受益啊！"

于是，李元芳把方法的提炼过程、使用效果和大家的反馈意见向薛勇做了详细的说明。

薛勇说："这样吧，你把目前推行的这些方法给我看看。"

李元芳回到自己的办公室，把薛勇出国后自己带领团队提炼出来的管理办法和流程通过公司内部邮件系统发给了薛勇。

薛勇看后，对李元芳说："我认为，你们提炼的这些方法虽然不错，但有一个致命的弱点，那就是过于复杂。"

薛勇补充说："我说的'过于复杂'，实际上包含两层含义：一是可以简化的没有简化，二是现在做不到没有精简。好的管理应该'既简单又有效'，'简单但无效'和'有效但复杂'都不是好的管理。我们知道，优秀的东西往往是简单的，而管理就是把复杂的问题简单化，把简单的问题流程化，把流程的问题再优化。"

李元芳说："薛经理，我回去之后再组织大家一起分析分析，看如何做到'既简单又有效'。"

薛勇有点不放心，毕竟李元芳是第一次负责开发工作方法和工作流程，于是说："元芳，咱俩先一起分析一下这个'技术工作追踪流程'，看看如何把它精简。有了这个经验之后，其他几个办法的修改你就能做到位了。"

062. 工作追踪要这样做

李元芳对如何精简和优化这些方法和流程确实没有什么把握，现在薛勇主动提出拿"技术工作追踪流程"做示范，李元芳心里自然非常乐意。

薛勇看完"技术工作追踪流程"后，和李元芳详细讨论了哪些地方可以简化、哪些地方应该精简，并分析了其中的理由。

薛勇说："你们提出的这个'技术工作追踪流程'，我也感觉有些做法确实不错，但目前我们部门还没有达到这个管理水平，员工的能力也与这些要求存在差距，因此，我们必须'忍痛割爱'。"

李元芳组织开发的"技术工作追踪流程"共有八个步骤，而精简之后只剩下四个步骤，一些具体做法也简化了，如图 9 所示。李元芳将之前的"技术工作追踪流程"与薛勇精简之后的"技术工作追踪流程"进行对比，感觉薛勇提出的修改建议确实合情合理、恰到好处。同时，李元芳也通过薛勇修改"技术工作追踪流程"这一案例的示范，慢慢领悟了"好的管理应该既简单又有效"这个理念到底应该如何落地。

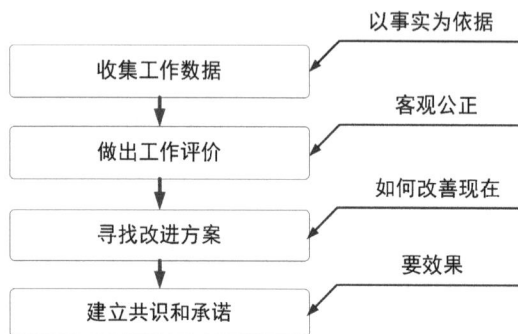

图 9　技术工作追踪流程[①]

精简之后的"技术工作追踪流程"包括如下四个步骤。

[①] 该流程不仅适合追踪技术工作，也适合追踪其他类型的工作。

第一步 收集工作数据：在收集工作数据和工作信息时，应该尽量做到全面和完整。

第二步 做出工作评价：对工作进行评价时，一定要以事实和原定标准为依据，客观公正，不要带有评价者的个人感情色彩。

第三步 寻找改进方案：如果工作存在偏差或问题，就需要寻找改进方案。在寻找改进方案时，重点放在如何改善现状上。

第四步 建立共识和承诺：评价者与被评价者之间要达成一致认识，双方要给出如何实现改进方案的承诺（如评价者给出资源承诺、被评价者给出结果承诺）。

*　　　　　*　　　　　*

之后，李元芳组织部门相关人员在"技术工作追踪流程"这一案例的启发下，按照薛勇提出的思路，精简了其他方法和流程。

这些精简的方法和流程重新实施后，不但效果更好，而且易学易用，这让大家寻找好方法的兴致更浓了。

薛勇看了李元芳提交的改进方案后，说："以后咱们的工作追踪就这样进行，方法和流程的精简也这样进行，需要的时候再去优化。"

*　　　　　*　　　　　*

时间总是过得很快，眨眼间，已到了11月底，又到公司筹划来年工作的时候了。

063. 两点之间并非线段最短

广州港前信息科技有限公司的业务一直在平稳扩展，员工人数已增至近千人。由于公司业务量和人员规模的不断扩大，为了更加有效地实施管理，公司董事会决定从下一年度起，将公司组织架构由原来的两级（公司、部门）扩展为三级（公司、中心、部门）。

11月30日下午，公司常务副总经理熊浩和李元芳进行了近两个小时的面谈。

熊浩说："元芳，我们公司自成立以来，已经走过了十二个年头。在这十二年里，在公司全体员工的共同努力下，公司一直稳步发展，员工人数现在已近千人，这样的情况就更加考验公司的管理能力和管理水平了。近两年，公司着力打造中层管理队伍，可喜的是，你们这批两年前提拔上来的中层经理，现在都已基本成为合格的中层管理者了，这就为公司下一步的发展创造了非常有利的条件。"

熊浩点燃一支烟，继续说："我提前和你沟通一件事情，你先有一些思想准备。但这件事还没有最终确定，所以你暂时要保密，先不要传出去。"

李元芳预感会有好事发生在自己身上，兴奋地点点头。

熊浩接着说："公司董事会全体成员本周一开了一个研讨会，由于公司几位领导的精力和时间有限，初步研究决定明年公司的组织架构由现在的两级扩展为三级，我们的软件业务现在是七个部门，明年要调整为九个部门，计划将这九个部门划分为三个中心，中心设总监和副总监职位。你们部门经理薛勇将担任电子政务软件开发中心总监一职，根据你七年多来的工作表现，特别是近两年担任部门副经理的工作表现，公司董事会初步研究决定，由你来接替薛勇的部门经理一职。"

听到这个好消息，李元芳激动不已。

熊浩吸了一口烟，补充道："根据我的了解，现在你已经基本具备了中层管理者的素质，但还需要进一步提升，特别是在管理艺术和管理方法的灵活应用方面，还需要长期锻炼。管理手段没有绝对的对与错，管理方法也没有绝对的优与劣。同样一个管理方法，在 A 情形下可能有效，在 B 情形下可能无效；同样一个管理技巧，在 A 员工身上可能有效，在 B 员工身上可能无效。因此，我们需要学会灵活调整、变通使用。有时候，我们认为某个方法是最合适的，但条件改变时就不一定了。我们学过'两点之间线段最短'，这是一个数学公理，但在管理领域，两点之间并非总是线段最短。"

熊浩接着说："我给你讲一个生活中我亲身经历的例子。上个星期五，我从家里开车来公司上班，原来我走的是从家里到公司最近的那条路，走这条路所花的时间一般来说也是最短的，但是那天，那条路上出了交通事故，现场被封堵了，我立即改变原来的行车路线，结果只比平时多花了五分钟。试想一下，如果我不改变路线，为了走原来那条路在那里等，估计要比平时多花几个小时。这就是变通。"

熊浩继续说："当然，管理工作没有我刚才讲的这个例子这么简单和明显，但道理是相通的。当我们惯用的方法和手段不能产生预期的效果时，一定要去想想是不是环境变了、人变了，从而及时进行调整，千万不要'一条道走到黑'。因此，有时我们宁可绕道、转个弯，看似多走了点路，多付出了点成本，但如果能尽快产生效果，其实是非常值得的。"

李元芳说："熊总，您说得没错，我就是在灵活性上做得不够好。您能否多给我指点指点？"

064. 管理是一门科学，更是一门艺术

熊浩接着说："你也不用太着急，这是从技术走向管理的管理者必经的蜕变过程，相信你再经过一段时间的历练和学习，一定会做到灵活自如的。有人说做管理比做技术难，其实不是难在对方法的学习和掌握上，而是难在对方法的应用和变通上。技术是对的，一般就错不了；是错的，一般也对不了。可管理就不一定了，谁也不敢说自己的管理方法是真理。所以，'别人的成功经验仅供我们参考'就是这个道理。"

李元芳不停地点头。

熊浩继续说："管理是一门科学，更是一门艺术。说管理是一门科学，那是因为管理工作确实是有规律可循的，否则谁都不可能成为管理高手；说管理是

一门艺术，那是因为管理工作在很多情况下不是一成不变的，否则谁都能成为管理高手。"

李元芳回忆起《项目管理知识体系指南》中有这样一段话。

该指南旨在识别项目管理知识体系中被普遍公认的良好做法的那一部分。"普遍公认"，是指这些知识和做法在大多数时候适用于大多数项目，并且其价值和有效性也已获得一致认可。"良好做法"，则指人们普遍认为，使用这些技能、工具和技术能提高各种项目成功的可能性。良好做法并不意味着这些知识必须一成不变地运用于所有项目；组织或项目管理团队负责为具体项目选择适用的知识。

李元芳意识到，这与熊总讲的"管理是一门科学，更是一门艺术"是一回事。

熊浩说："另外，在管理工作中，我们要注意原则性和灵活性相结合，该坚持的原则不能放松，可以变通的地方不能死板。"

说到这里，熊浩问道："元芳，你看过电影《井冈山》吗？"

李元芳摇摇头。

熊浩接着说："《井冈山》中有这样一个情节：秋收起义失败后，毛主席——当然，那时候叫'毛委员'——带领秋收起义余部赴井冈山开辟革命根据地。在井冈山开辟革命根据地时，毛主席发现有些战士的作风不正，如挖老百姓的红薯不给钱，将打土豪所缴获的财物据为己有等，就根据当时的革命需要提出了'三大纪律，六项注意'，后来完善为中国工农红军的'三大纪律，八项注意'。毛主席在宣布'三大纪律，六项注意'时说：'打土豪所缴获的财物要归公。'一位小战士回答说：'毛委员，我缴获的这条裤子也要归公吗？如果归公的话，我岂不是只能光着屁股去打仗了？'当时，所有的战士都笑了。毛主席说：'打土豪所缴获的财物要归公，由士兵委员会合理分配，这是纪律。不过，你穿的这条裤子嘛，等散了会之后，我帮你说说情，这条裤子就留给你穿吧！'这个情节告诉我们：'打土豪所缴获的财物要归公'这是原则性，'我帮你说说情，这条裤子就留给你穿吧'这就是灵活性。"

李元芳从这个生动的革命案例中深刻感受到了管理中的原则性和灵活性所蕴含的道理。李元芳心想：没想到看电影还能学到管理知识啊！

＊　　　＊　　　＊

后来，李元芳利用休息时间看了《井冈山》《三国演义》《水浒传》《西游记》《亮剑》等多部经典的电影和电视剧，学到了很多可以在管理工作和日常生活中使用的知识和技巧。

＊   ＊   ＊

熊浩接着说："这两年来，你在管理方面确实取得了长足的进步，应该说，你是公司这两年来新提拔的中层管理者中进步最大、最明显的一个。然而，'金无足赤，人无完人'，在这两年的管理生涯中，你也出现过一些失误甚至是错误。"

065．在哪里跌倒，就在哪里趴下

李元芳心中有数：这两年来，自己在工作的过程中，确实出现过一些差错。

熊浩说："出现点差错，犯点小错误不要紧，这可以看成是一个人成长途中所缴纳的'学费'，重要的是，我们有没有注意到自己犯过的错误以及如何去改进。人只要做事情，往往就会犯错误；人要想不犯错误，最好的办法就是什么事情都不做。正所谓'多做多错，少做少错，不做不错'，我们总不能因为怕犯错误就什么事情都不做，对吧？什么事情都不做，虽然不会犯错误，但这个人的价值就等于零。因此，我们最应该注意的是尽可能在工作之前多规划、多思考、多学习，从而减少失误或者降低错误发生的概率。如果失误或者错误发生了，我们就应该及时反思，总结自己为什么会出现失误或者错误并改进，从而确保以后类似问题不再出现。一个管理者想要成长得更快、更好，就一定要懂得'在哪里跌倒，就在哪里趴下'。"

李元芳以前只听说过"在哪里跌倒，就在哪里爬起来"，第一次听熊浩说"在哪里跌倒，就在哪里趴下"，一时没忍住，差点笑出声。他赶紧用手捂住自己的嘴巴，生怕熊浩看到自己在笑。

熊浩接着说："'在哪里跌倒，就在哪里趴下'，这就是说当工作中出现失误或者错误时，不要执迷不悟，在以后的工作中继续重复以往的错误，而应该总结和反思，找到失误或错误的真正原因并把它解决。我这里提到的总结和反思，不仅是指管理者对自己工作的总结和反思，还包括管理者对所管辖的整个团队工作的总结和反思。在这方面，我认为你虽然有所注意，但还是做得不够，以后如果你独立管理一个部门，在这方面就更应该注意了。"

李元芳说："熊总，我以前总是习惯往前冲，回头思考和剖析的时候不多，这确实是我需要改进的地方。"

熊浩说："人生旅途中，我们总习惯匆匆赶路，却忽视了要经常停下脚步进行必要的回望。其实，总结、反思和回顾是管理者不断超越自我的法宝。有人说'成长等于经验加反思'，我认为很有道理。因此，我刚才讲的'在哪里跌倒，就在哪里趴下'，应该补充完善为'在哪里跌倒，就在哪里趴下，然后勇敢地爬起来继续战斗'。"

李元芳万万没有想到，熊浩会花这么长时间和这么多精力给自己讲这么多东西。李元芳心想："能在这样的公司和这样的领导手下工作，真是三生有幸啊！"

"'在哪里跌倒，就在哪里趴下'，有道理。"李元芳自言自语道，"'以铜为镜，可以正衣冠；以史为镜，可以知兴替；以人为镜，可以明得失。'成长自我最好的方式就是反求诸己；经常反省自己，方能成就卓越。我以后一定要做到尽量避免'跌倒'，即使'跌倒'，我也要在'跌倒'之前'趴下'，这样才能避免摔得太惨。"

*　　　　　*　　　　　*

晚上，李元芳躺在床上，回忆着自己担任部门副经理第二年所经历的点点滴滴：首先，在协助部门经理薛勇有序开展部门工作的同时，自己在工作中不断践行着管理人员的七个习惯，已经将这七个习惯内化成了自己的自觉行动；其次，对自己作为中层管理者的角色定位有了比较清晰的认识和感悟，在人力资源管理方面也有了一定程度的提升；最后，关于中层管理者应有的工作方法和工作理念也在逐步形成中。

总体来说，李元芳对自己这一年的进步比较满意，在心里给自己点了一个"赞"。睡梦中，李元芳感觉自己这只"菜鸟"羽翼渐丰了。

第三篇：向管理高手进发

066. 元芳，你怎么看

令人兴奋的时刻终于到来了。12 月 30 日，广州港前信息科技有限公司总经理办公室发布了由公司董事长兼总经理狄仁杰签署的公司新一年度组织架构和管理人员任命名单的文件，文件上显示：

软件业务主管领导：公司常务副总经理熊浩；

电子政务软件开发中心总监：薛勇；

电子政务软件开发中心开发一部部门经理：李元芳；

电子政务软件开发中心开发一部部门副经理：张帆；

…………

该文件从 1 月 1 日起正式生效。

李元芳看到任命后自然非常高兴，但也明显感觉到自己肩上的担子和责任更重了——电子政务软件开发中心开发一部近五十名员工的管理工作落到了自己的肩上。

按照惯例，部门新晋正职在履职之前，公司董事长兼总经理狄仁杰要亲自进行履职前的面谈。李元芳的心里忐忑不安：自己进入公司快八年了，还没有被狄仁杰单独"召见"过，这次面谈到底会谈什么内容，他心里没底儿。

为了给自己树立信心，李元芳就此事请教了电子政务软件开发中心总监薛勇。薛勇回忆了自己晋升为部门经理时的面谈情景，给李元芳提供了一些可以参考的信息。

元旦假期时，李元芳就狄仁杰将要与自己面谈一事咨询了李思思（李思思由于表现出色，这一年公司组织架构调整时被调到总经理办公室，职位是行政主管，负责公司政府关系事务）。李思思给他打气，说："元芳，你是狄仁杰手下的得力干将，不用担心，面谈不会有问题的。"

担心归担心，紧张的时刻还是到了。元旦假期后上班的第一天，狄仁杰就"召见"了李元芳。

狄仁杰是广州港前信息科技有限公司的主要创始人，研究生学历，五十多岁，中等身材，有深厚的技术背景，管理能力超一流，具有大企业家所共有的旷达胸怀。狄仁杰戴着眼镜，看上去斯斯文文，被业界同行老板称为"儒商"。

狄仁杰招呼李元芳坐下，说："元芳，恭喜你任职电子政务软件开发中心开发一部部门经理。"

李元芳回答道："谢谢狄总的信任和公司的栽培，我一定不负众望。"

李元芳万万没有想到，狄仁杰和自己简单寒暄之后，第一个问题竟是："元芳，公司之前的组织架构是两级，今年调整为三级。这种调整的优缺点，你怎么看？"

已经晋升为公司中层管理者两年的李元芳，压根儿没有想过这个有关企业战略和企业管理方面的问题。

李元芳心想，既然狄仁杰提了这样一个问题，我如果说没思考过，不知道该怎么回答，那肯定不行；如果回答得不对，那也不好。但是，回答得不对肯定比不知道该怎么回答要好。

李元芳镇定下来（毕竟有两年的部门管理经验，也算经历过一些小"风雨"），想了想，说："公司组织架构由两级调整为三级，好处是管理分工更细，有利于公司专业化程度的提升和管理水平再上新台阶；坏处是沟通成本可能会增加，公司应对市场变化的灵敏度和速度可能会降低。"

尽管李元芳做了两年部门副经理，也做过很多次发言，但当他把这些话在狄仁杰面前讲完后，还是冒了一身冷汗。

狄仁杰笑了笑，说："你回答得不错，其实这些优缺点我们董事会成员都分析和考虑过了。你知道我为什么会问你我们已经分析过的这个问题吗？"

李元芳摇摇头，说："狄总，我不太清楚。"

狄仁杰说："我之所以问你这个问题，是因为作为一名中层管理者，你一定要学会站在公司领导的层面来思考问题，这样才有可能成为一名优秀的中层经理，才有可能向更高管理职位晋升。"

李元芳只知道"在其位，谋其政"，没有想到"不在其位，也要先谋其政"。

狄仁杰说："一般的管理者是'在其位，谋其政'，如果你想成为一名优秀的管理者并希望获得进一步晋升的机会，就一定要'不在其位，先谋其政'。试想一下，如果我们只有'在其位'时才'谋其政'，不'在其位'时则不'谋其政'，那我们会顺利得到'谋'更高'位'与'政'的机会吗？因此，我们'不在其位，也需要适当谋其政'。这样，一方面我们能快速和顺利地获得升至'其位'的机会；另一方面，当我们哪天真正升至'其位'时，能快速上手新工作，这样更有利于自己的职业发展。当然，'不在其位，先谋其政'的前提是要先'谋'好当前职位的'政'，如果当前职位的'政'都没有'谋'好就去'谋'更高职位的'政'，那就是不务正业和眼高手低了！"

李元芳觉得狄仁杰的话很深刻。原来李元芳对狄仁杰就特别崇拜，这次谈话之后，他对狄仁杰的敬仰之情就更加"犹如滔滔江水连绵不绝"了。

这个问题过后，狄仁杰又问了其他方面的几个问题，李元芳都胸有成竹、脱口而出，面谈在轻松的氛围中结束了。

面谈结束时，狄仁杰对李元芳说："元芳，根据公司的薪酬体系，你的工资调整为月薪 20000 元，从本月开始执行，公司人力资源部会发邮件通知你。希望你不断进取，争取更大进步！"在加薪的同时，公司也给李元芳安排了新的独立办公室。

从狄仁杰的办公室出来，李元芳迫不及待地和李思思分享了面谈的整个过程和自己加薪的事情。李思思听了，心里也非常高兴。李元芳对李思思说："这次狄总不仅和我进行了履职前的面谈，更是给我上了一堂难得的管理课啊！"

为了不影响工作，李思思朝李元芳眨眨眼，示意下班后再聊。

067．插播：用博客记录心情和积累心得

下班之后，李元芳和李思思一起离开公司。两人坐在公交车上，分享着彼此的快乐。

李思思住的地方比李元芳住的地方离公司近。李思思下车之后，李元芳开始

思考新的一年该如何规划自己和部门的工作。他认为，公司原人力资源部经理、现已升任人力资源总监的郑现实一直通过博客来记录自己的工作经验和心得，这个做法非常好，值得借鉴。

李元芳是一个行动力极强的人，认为是对的马上就会行动。他回到家，立即上网开通了博客。

晚饭后，李元芳坐在灯下，打开自己的博客，写下了第一篇记录自己新年心情的文章，标题是《新的一年，新的梦想》，内容如下。

> 岁月如梭，一晃一年又过去了，我的生命已走过三十个春夏秋冬。翻阅尘封的记忆，感受着历史车轮碾过的点点滴滴，心中感慨万千。

> 两年来的管理生涯，让我进步不小，也懂得了很多。虽然遇到了不少困难，甚至犯了一些错误、走了一些弯路，但多亏领导们的关心和帮助，让我的步伐一直在向前、向上。

> 新的一年开始了，我又将起航。我将把我的业绩归零，然后在现有的基础上不断积累和攀爬，实现新的飞跃。

> 今年我将担任部门经理一职，我深知，今后我肩上的担子更重了、责任更大了。这是一个机会，也是一个挑战。我将做好一切准备，释放充足的正能量，带领部门全体员工迎风破浪，创造新的辉煌！

> 祝愿我和我的团队，也祝愿所有看到这篇文章的领导、老师和朋友，在新的一年里梦想和行动一起飞，在明年今天的回忆里，充满会心的微笑和收获的幸福！

写完后，李元芳第一时间把文章链接通过微信发给了李思思。第二天一到公司，李元芳打开自己的博客，发现一个晚上的时间，这篇文章竟然被访问了55次！

068. 管理者的成功建立在团队和下属成功的基础之上

1月5日，电子政务软件开发中心总监薛勇召集他所管辖的三个部门的正副部门经理召开新年第一次会议，会议的主要议题有三个：一是部署这一年各部门的工作任务，二是就新的一年中心管理工作如何开展听取大家的意见和建议，三是探讨如何实现管理者的成功之路。

前两个议题结束之后，薛勇对大家说："接下来我们进入第三个议题。在座的六位都是中层管理者，其中三人有两年以上的管理经验，一人有一年的管理经验，两人是这一年公司新晋的管理人员。我请大家一起来思考一个问题：作为管理者，我们应该如何实现自己的成功之路？我个人认为，把这个问题弄清楚，对我们今后如何正确开展工作将会有重大的指导意义。"

薛勇让大家思考了五分钟之后，对张帆说："张帆，你是新晋的部门管理者，请谈谈你的观点。"

张帆做了三年项目经理，特别是最近一年半，进步非常明显，表现出了较强的管理能力，这一年刚被公司提拔为电子政务软件开发中心开发一部副经理，和李元芳是管理搭档。

张帆回答道："薛总监，我认为实现管理者的成功之路应该是先让自己优秀，然后让团队成员优秀。"

薛勇点点头，没有说话，接着他又请其他人一一进行回答。

最后，薛勇转向李元芳，说道："元芳，请谈谈你的观点。"

薛勇让其他人回答这个问题的时候，李元芳在认真听取大家发言的同时，也在认真思考这个问题。联想到之前郑现实给自己讲过的"管理者要让'我能'引发蝴蝶效应"，李元芳组织了一下语言，说道："考核技术人员的业绩主要看该技术人员个人的价值贡献，而考核管理者的业绩应该主要看团队的价值和贡献。衡量一名管理者是否优秀，不是看他个人做了什么事、做了多少事、把事做得有多好，而是看他所带领的团队做了什么事、做了多少事、把事做得有多好。因此，我认为，管理者的成功之路应该首先实现团队的成功，团队不成功，管理者就不可能成功，也就是说，管理者的成功是建立在团队和下属成功的基础之上的。换句话说，如果团队和下属不成功，管理者说自己多优秀、多成功，都是没有任何意义的；如果团队和下属成功了，管理者自然就优秀了、成功了。"

李元芳好像有点激动，他稍做停顿，接着说："作为管理者，我们应该先聚焦于团队和下属，而不是管理者本人。"

大家听到李元芳的回答，不约而同地鼓掌。

薛勇说："刚才大家都谈了自己的观点，相对来说，李元芳经理的观点要全面一点、深刻一点。的确，管理者的成功是建立在团队和下属成功的基础之上的，团队和下属是否成功是衡量管理者是否成功的唯一标准。管理者的价值不在于个人拥有什么能力，而在于团队创造了什么业绩。作为管理者，大家一定要改变之前自己做技术工作时的观点和认识，只有努力让团队和下属成功，自己才能顺理成章地成功，否则就是缘木求鱼。"

薛勇接着说："基于以上观点，大家认为以后向我报告业绩时，应该怎么做？"

所有正副部门经理异口同声地回答道："大家以后向您汇报业绩时，不要讲'我'做得怎样，而应该讲'我们团队'做得怎样。"

"那大家认为如何衡量我薛勇是否成功了呢？"薛勇故意问道。

大家回答说："首先看我们几个是否成功了。"

薛勇说："非常好。大家有没有其他问题？如果没有，我们今天的会议就开到这里。"

＊　　　　　　＊　　　　　　＊

那天下班之后，李元芳回到家，把会议上大家的观点和自己的观点整理总结，在博客上写成了一篇文章，标题是《管理者如何实现自己的成功之路》，核心的一句话如下。

团队成就管理者，管理者的成功建立在团队和下属成功的基础之上，管理者想让自己成功，唯一的途径就是先让团队和下属成功！

069. "诊断"与"处方"

李元芳意识到，虽然部门经理和部门副经理只有一字之差，但责任和难度大不相同。之前是熊浩、薛勇、郑现实帮带自己，现在自己不但要独当一面、管理一个部门，还需要帮带这一年新晋的管理者——自己的管理搭档张帆。

幸运的是，在薛勇的悉心指导下，在张帆和部门全体同事的积极配合下，李元芳在磕磕碰碰中，总算有惊无险地度过了担任部门经理以来最艰难的三个月，现在部门工作已基本进入正常状态。

根据分工，张帆这一年的主要工作是负责电子政务软件开发中心开发一部所有项目的全面管理。

4月10日，张帆找李元芳诉苦："李经理，今年部门新任命的项目经理小 J 在带项目的过程中总是来征求我的意见，这样耗费了我不少时间。我现在左右为难：如果还像现在这样随时响应他，势必会严重影响其他工作的开展；如果让他不要来找我，又怕他认为我不支持他的工作。我想了很久，也想不出什么好办法。您说，在这样的情况下，我应该怎么办呢？"

李元芳说："张帆，咱俩年龄差不多，你以后就叫我元芳吧！"

张帆说："好的。"

已有两年多管理经验的李元芳觉得，自己能够帮助张帆解决这个问题。

李元芳说："我先问你一个问题，如果你看到两个小孩在争抢一个橘子，你会如何处理？"

这个问题把张帆给问傻了——倒不是因为这个问题多难回答，而是这个问题好像和自己请教李元芳的这个问题没有关系啊！

张帆有点怀疑李元芳能否给自己提供可行的解决方案，但想到自己是来请教李元芳的，只好耐着性子说："这个问题的答案比较简单，把橘子一掰两半，每人分一半就行了。"

李元芳说："你说的这个办法，有时候正确，有时候不正确。"

张帆说："那就再拿一个橘子，一人分一个，这样就不用为一个橘子而争抢了。"

李元芳说："要是只有一个橘子呢？"

张帆说："那就拿一个苹果或其他水果，一个小孩吃橘子，另一个小孩吃新拿来的水果。"

李元芳摇摇头。

张帆说："那就让一个小孩来分橘子，另一个小孩先选。"

李元芳还是摇头。

张帆说："那就设计一个竞赛项目，谁赢了谁就能得到这个橘子。"

李元芳说："你的这些做法都未必正确。"

张帆被弄糊涂了，这么简单的问题，自己提供了这么多解决方案，居然没有一个是合适的。

正当张帆不知道到底该如何回答这个问题时，李元芳又问道："张帆，假如你生病了去看医生，你来到医院，医生什么都不问就给你开药，要你回去吃，说吃了就能药到病除，你敢吃这些药吗？"

张帆回答说："我当然不敢吃啊！"

李元芳问道："你为什么不敢吃呢？"

张帆说："因为医生根本就没有给我诊断，他不知道我得的是什么病。我怕吃了这些药，不但不能给我治病，反而会要了我的命。"

李元芳说："那你现在能想到，在'小孩争抢橘子'这个事件中，你的解决方案为什么可能不正确了吧？"

张帆恍然大悟道："我没有给'小孩争抢橘子'这个事件做诊断，没有弄清楚他们争抢橘子的真正原因是什么。"

李元芳说："没错，问题就在这里。你没有弄清楚小孩争抢橘子的原因就给方案，给出的方案当然不一定能解决这个问题。如果你先弄清楚他们争抢橘子的原因，再给出解决方案，这样的解决方案才可能真正解决他们的问题。好了，我现在问问你，你认为小孩争抢橘子的原因有没有可能是一个小孩想吃橘子瓤，另一个小孩想要橘子皮做一个橘灯？"

张帆说："有可能。"

李元芳说："没错，如果他们刚好是因为这种原因而争抢橘子的话，你刚才给出的所有解决方案都是不合适的。"

张帆说："有道理，如果是这种原因，最合适的解决方案就是把橘子小心翼翼地剥开，把橘子瓤分给要吃橘子的小孩，把橘子皮分给要做橘灯的小孩。"

李元芳说："这就告诉我们，当我们遇到问题时，一定要'先诊断，再开方'。"

张帆点点头，暗自佩服："没想到只当了两年中层经理的李元芳，居然有这么深邃的管理智慧。"

李元芳问："张帆，现在知道你刚才问的那个问题该怎么处理了吗？"

张帆信心满满地说："知道了，先诊断小 J 为什么总是来征求我的意见，再决定怎么做。"

李元芳说："是的，那你现在能分析分析，小 J 总是征求你的意见，有哪几种可能的原因吗？"

张帆想了想，说："我想主要有两种原因：一种是小 J 能力有限，希望从我这里得到解决问题的方案；另一种是小 J 怕承担责任，如果是我同意他那么做的，出了问题就会由我负责。"

李元芳说："很好，其实还有一种原因。"

张帆问："还有什么原因啊？"

李元芳说："第三种原因就是小 J 误以为你喜欢他向你'早请示，晚汇报'！"

张帆心里一怔："我可从来没有想过要别人向我'早请示，晚汇报'啊！"

李元芳接着说："你能否谈谈，针对上述三种不同的原因，你将分别如何处理？"

张帆说："原因搞清楚了，处理起来自然就容易了。如果原因是小 J 能力有限，我就会为他制订一个能力提升计划，然后按计划给予培养和辅导；如果原因是小 J 怕承担责任，我就会提醒他，一个不愿意承担责任的人是不会有多大前途的，同时我也会让他放心，我是他的主管，是他坚强的后盾，我不会让他'一个人战斗'；如果原因是小 J 误以为我喜欢他向我'早请示，晚汇报'，我就会明确告诉他，NO。"

李元芳认为，张帆提出的处理方案很有针对性，于是笑着说："张帆，非常好。你回去先'诊断'一下，看看真实的原因到底是什么，然后按照你刚才提出的方案解决就行。"

* * *

三天后，张帆高兴地找到李元芳说："元芳，问题已经解决了。"

李元芳笑着问道："原因究竟是什么？"

张帆不好意思地回答说："元芳，是你补充的那个原因。小 J 告诉我，我是新晋的部门副经理，他认为刚刚当'官'的人会喜欢显摆自己，如果他不停地向我请示和汇报，就能满足我喜欢显摆自己的虚荣心。"

李元芳哈哈一笑，说："原来如此啊！"

自那以后，张帆就开始佩服只比自己大一岁的部门经理李元芳了。

* * *

李元芳认为这件事情值得总结、记录，就在自己的博客里把这事写成了一篇文章，标题是《"先诊断，再开方"是成功解决问题的必由之路》，文章中最有价值的一段话如下。

作为管理者，我们往往习惯于根据自己的经验和偏好主观臆断，然后根据自己所判断的原因去解决问题，其实这样做是大错特错的。因为没有弄清楚问题出现的原因，就不可能找到解决问题的方案。要想真正解决问题，最好的办法就是先"诊断"问题出现的原因，再根据具体的原因给出有针对性的解决方案。管理者请切记：先诊断，再开方！

*　　　　*　　　　*

最近，张帆在管理工作中好像不太顺利，刚处理好"小J事件"，又有一件事情让他发愁。

070. 从事实出发来实施管理

4月17日一上班，有点不知如何是好的张帆，又敲响了部门经理李元芳办公室的门。

李元芳招呼张帆坐下。还没等张帆开口，李元芳就主动问道："张帆，你刚上班就急急忙忙来找我，是不是有什么急事？"

张帆说："元芳，这事不急。"

李元芳说："事不急，那你为什么这么着急来找我？"

张帆说："事虽不急，但有点棘手。"

李元芳说："比上星期遇到的'小J事件'还棘手吗？"

张帆说："我认为是。"

李元芳说："那你赶快说来听听，我们一起想想解决方案。"

张帆说："事情是这样的，我们部门的小M，你也认识他，工作表现一般。你原来当部门副经理时，也知道他有时候会在上班时出去办点私事吧？"

李元芳："我知道小M，他对自己的要求不太严格。"

张帆继续说："昨天上午十点，我从公司出发去拜访客户，电梯门一打开，就看见小M从外面急匆匆地回来，额头上还冒着汗。我走出电梯时，他搭乘另一部电梯上楼了。我觉得，小M肯定又去办私事了。下午我回到公司，本想找小M当面说说此事，但听他的项目经理说，他已经去客户现场了。于是，我给他发了一封邮件，说我上午看到他外出了，要他以后注意严格按公司规章制度要求自己，上班时间不要外出办私事，同时我把这封邮件抄送给了他的项目经理。邮件发出去不久，小M的项目经理就来找我，说我这次误会小M了。其实，今天上午小

145

M 不是出去办私事，而是项目组成员小 N 得了急性肠胃炎，项目经理让小 M 送小 N 去医院了。由于小 M 下午还要去客户现场，因此他在医院安排好小 N 打点滴后，就赶回来做下午去客户现场的准备工作。事情就是这样的。"

李元芳听后，问张帆："那你准备接下来怎么处理？"

张帆说："我没有把握，所以想听听你的意见。"

李元芳说："这事简单，你去向小 M 道歉，就说自己昨天误会他了。"

张帆说："我是部门副经理，是小 M 的上司，小 M 是我的下属，上司给下属道歉，不太好吧？"

李元芳说："这有什么不好的啊？很多管理者有这样的顾虑：自己是上司，如果向下属道歉，是不是有失上司的威信？其实这种想法是错误的。如果真是上司自己错了，能主动向下属道歉，说声'对不起'，下属不但会谅解上司，而且能让上司在下属心目中的形象更加高大和伟岸。"

张帆说："那好吧，我知道该怎么做了。"

张帆正要出门，李元芳说："张帆，请留步。你从这件事中得到什么经验教训了吗？"

张帆说："知错就改。"

李元芳说："这很好，不过还有更深层的。"

张帆不解："还有什么？"

李元芳说："做管理，一定要从事实出发。像这件事，如果能从事实出发，你不但不会批评小 M，甚至还会表扬小 M，对吧？"

张帆说："如果我知道小 M 是送小 N 去医院，我肯定会表扬他的。"

李元芳接着说："我们很多时候认为'眼见为实'，其实并非如此。我们见到的事实，有时候是经过自己的思维判断'加工'后的'伪事实'！什么是事实？事实就是不依赖人的主观意志而改变的东西，是本质的东西，不是表象，不是臆断，更不是猜测！"

张帆在心里想："李元芳到底是部门经理，能想得这么远。部门副经理和部门经理虽然只有一字之差，但我的水平明显不如他啊！"

李元芳接着说："我上星期看过一个小故事，给你讲讲，有助于你更好地理解什么才是真正的事实。"

孔子的一位学生在煮粥时，发现有脏东西掉进锅里了，他连忙用汤匙把它捞起来，正要倒掉时，忽然想起"一粥一饭来之不易"，于是便把它吃了。这时孔子刚好走进厨房，以为这位学生在偷吃，便批评了这位负责煮粥的学生。后来经过这位学生解释，孔子才明白了事情的真相。

张帆听完这个故事之后，若有所思地点点头，说："元芳，我知道了，以后做事，我一定不能再凭自己的判断行事了，而应该先弄清楚事实的真相。"

李元芳说："没错，不光是工作上，生活中也是一样，先弄清事实，再去找处理方案。还记得上星期我们探讨过的'先诊断，再开方'吗？其实，今天小 M 的这件事，与上次的'小 J 事件'存在共性！"

张帆细细一想，确实是这么回事。如果先"诊断"，了解清楚其实小 M 是送小 N 去医院了，那我肯定不会开"批评和责备小 M"这一错误的"处方"了。

张帆说："元芳，还是你高明啊，你能把很多管理事件联系起来思考，在这方面，我还要多向你学习。"

李元芳说："张帆，过奖了，咱们互相学习、互相提醒。以后我们在做决策时、在批评或表扬员工时，一定要先弄清事实，要以事实为依据。"

张帆非常认同地点着头。

＊　　　　　＊　　　　　＊

李元芳认为"小 M 事件"无论是在现实生活中还是在工作中都很普遍，非常值得管理者注意。于是，他在博客中把这件事写成了一篇文章，标题是《从事实出发来实施管理》，其中有这样一段话。

> 从事实出发来实施管理是对管理者的基本要求。很多时候我们出现了管理失误，其实问题往往不是出在管理手段或管理方法上，而是出在我们对事情的判断上。有时候我们认为管理很难，其实在相当多的时候，不是难在找解决方案上，而是难在对事情和原因的本质判断上，难在如何正确把握事实真相上。管理者切记：要从事实出发来实施管理。在没有弄清楚事实真相之前，不要轻易挥动管理的"大棒"，当然也不要随便使用管理的"胡萝卜"。

071. Think、Talk 和 Do

由于业务量的扩大和员工人数的增加，广州港前信息科技有限公司的季度工作总结会议由原来的以业务模块为单位举行改为以中心为单位举行。4 月 18 日，电子政务软件开发中心召开了第一季度工作总结会。

电子政务软件开发中心第一季度工作总结会由中心总监薛勇主持，主管软件业务的公司常务副总经理熊浩也参加了这次会议。电子政务软件开发中心管辖的三个部门分别做了第一季度工作总结，在公司首次采用三层组织架构进行企业经营管理的情况下，从总体上看，电子政务软件开发中心的业绩还是令人比较满意的。

各部门做完工作总结汇报后，薛勇说："各位同事，咱们电子政务软件开发中心今年刚成立，虽然我们是在'摸着石头过河'，但在大家的共同努力下，可以说是首战告捷，非常感谢大家的辛勤付出！后面三个季度的任务非常艰巨，希望我们做好心理准备来迎接后续工作过程中可能出现的种种挑战！同时，请大家多学习、多改进，不断提高团队的战斗力和凝聚力！"

薛勇做完电子政务软件开发中心的总结发言后，常务副总经理熊浩代表公司对电子政务软件开发中心第一季度的工作给出了肯定性的评价。由于熊浩还有一个会议要开，他讲完话后就提前离场了。

薛勇接着说："前段时间，我看了一篇阐述'中层经理日常工作三件事'的文章，很受启发，我想趁着今天这个机会和大家一起讨论讨论。这三件事就是'Do'（执行）、'Think'（思考）和'Talk'（传播）。大家都是中层管理者，请大家认真思考一下，在通常情况下，我们应该如何根据这三件事的重要性来安排它们的顺序呢？我个人认为，弄清楚它们的顺序，并以正确的顺序来指导我们的行动，对我们在企业中使自己价值最大化而言非常重要。"

薛勇担心大家不十分清楚"Do"、"Think"和"Talk"所代表的具体内容，便补充说："所谓'Do'，就是做具体的事情；所谓'Think'，就是思考做什么事情，以及如何做事情；所谓'Talk'，就是宣传公司价值观、愿景、先进思想和理念等。"

大家思考和讨论了近十分钟，薛勇连问了三位在场人员，他们都回答说，对于中层管理者来说，在通常情况下，三者的重要性排序应该是"Do"第一位、"Talk"第二位、"Think"第三位。

薛勇又问李元芳，李元芳回答说："我不确定'Think'和'Talk'哪个更重要，但我认为'Do'应该排在最后。"

薛勇说："其实，对于一名职场人士来说，'Do'、'Think'和'Talk'都很重要，但这三者会因为一个人所处的位置不同，其重要程度也不同。"

六位正副部门经理都聚精会神地听着薛勇的解释。

薛勇接着说："刚才李元芳说得没错，对于中层管理者来说，'Do'的重要性应该排在最后。大家想想，要是一位中层管理者天天在埋头苦干的话，那他是不是只能算是一位优秀、虽有管理者之名但无管理者之实的员工？"

六位正副部门经理被薛勇幽默的话语逗乐了。

薛勇接着说："对于中层管理者来说，'Think'和'Talk'到底哪个更重要，确实有很多人分不清楚。有些人认为'Think'更重要，有些人认为'Talk'更重要。其实，我们应该清楚，作为中层管理者，其主要职责就是带领下属去实现公司确定的战略目标和工作指标，因此，我们通过什么途径去实现，也就是做什么事及用什么方法去实现，即如何做事，就成为重点。因此，对于中层管理者来说，在通常情况下，三者的重要性排序应该是'Think'第一位、'Talk'第二位、'Do'第三位。"

六位正副部门经理豁然开朗：中层管理者首先应该多"Think"，其次是多

"Talk"，以后不能再把自己当成团队中最会 "Do" 的 "兵" 了。

此时，李元芳在思考一个问题：对于公司高层领导和基层一线员工来说，这三者的重要性又该如何排序呢？

不知道是薛勇猜到李元芳正在思考这个问题，还是有意想考考李元芳，他突然问道："元芳，你认为对于公司高层领导和基层一线员工来说，在通常情况下，这三者的重要性又该如何排序呢？"

李元芳庆幸自己已经思考过这个问题，于是充满信心地回答道："我认为，对于公司高层领导来说，在通常情况下，三者的重要性排序应该是 'Talk' 第一位、'Think' 第二位、'Do' 第三位；对于基层一线员工来说，在通常情况下，三者的重要性排序应该是 'Do' 第一位、'Think' 第二位、'Talk' 第三位。"

薛勇说："请你解释一下。"

李元芳说："对于公司高层领导来说，主要工作是让公司全体员工清楚公司的愿景、战略目标，建立统一的价值观，所以 'Talk' 的职能更重要。对于基层一线员工来说，把具体的事情做好是他们的首要职责，所以 'Do' 排第一位；其次就是思考有没有更好的办法把事情做好，所以 'Think' 排第二位。"

薛勇说："大家认为元芳的观点和解释如何？"

其他五位正副部门经理用掌声给出了答案。

薛勇说："我的观点和元芳的一样。希望我们能分清楚 'Do'、'Think' 和 'Talk' 的重要程度，从而去做正确的事、正确地做事，并把事做正确。"

*　　　　　　*　　　　　　*

李元芳认为今天薛勇组织大家进行的有关 "Do"、"Think" 和 "Talk" 的重要程度排序的大讨论很有现实意义，下班之后，他在博客上写了一篇标题为《Do、Think 和 Talk，你懂的》的文章，其中有这样几段重要的论述。

今天总监组织我们进行了"中层经理日常工作三件事——Do（执行）、Think（思考）和 Talk（传播）重要程度排序"的大讨论。经过讨论和分析，大家终于清楚了：对于中层管理者来说，通常情况下，首先是"Think"，其次是"Talk"，最后是"Do"；对于高层领导来说，通常情况下，首先是"Talk"，其次是"Think"，最后是"Do"；对于基层一线员工来说，通常情况下，首先是"Do"，其次是"Think"，最后是"Talk"。

我现在是一名中层经理，因此需要按照"Think"、"Talk"和"Do"这一重要性程度的排序来履行自己的岗位职责。不过，我一定要通过我的努力，在不久的将来，走上以"Talk"、"Think"和"Do"为重要性排序的岗位。

其实，我认为，"Think"对应的是思考力，"Talk"对应的是表达力，"Do"对应的是执行力。这"三力"对我来说都非常重要，我需要继续在这"三力"的打造上下功夫。

*　　　　　*　　　　　*

有四年技术开发经验和三年项目管理经验的张帆，自担任部门副经理以来，遇到了一些之前没有遇到过的问题。现在，他又在为项目团队工作效率不高而烦恼。

带着这个疑问，张帆走进了李元芳的办公室，想和李元芳探讨一下自己究竟是哪方面没做好。

072. "推"与"拉"的哲理

李元芳听完张帆的描述之后，说："张帆，这个问题我应该承担主要责任。"

张帆疑惑不解地问："元芳，部门项目管理工作是我负责的，现在项目团队的工作效率不高，理应是我承担主要责任啊！"

李元芳说："我初步判断，项目团队工作效率不高的原因应该是我们团队没有就部门今年的工作目标和工作思路达成共识，而形成团队共识是作为部门经理的我的职责。还记得之前薛总监担任我们部门经理时，每年年初都会反复和大家沟通部门的愿景和目标，直至大家理解并达成共识吗？今年年初，我把这块给疏忽了。我只是把部门的年度工作目标和工作思路通过邮件的形式发给大家阅读并征求大家的意见，关于大家反馈的意见，我只组织召开了一次沟通会。因此，我估计项目团队工作效率不高的原因是我们团队没有就部门今年的工作目标和工作思路达成真正的共识。"

张帆问："团队没有就工作目标和工作思路达成真正的共识就会导致工作效率不高？"

李元芳没有马上回答张帆的问题，而是从自己办公桌的抽屉里拿出前几天买书时用过的一根捆书的绳子放在办公桌上，说："张帆，如果我想让这根绳子移动得更快，你认为是从后面推它效果好，还是从前面拉它效果好？"

张帆说："当然是拉呀！"

李元芳说："没错。"

李元芳做了推绳子和拉绳子的动作，很明显，拉绳子时，绳子能快速前进，而且还可以很好地把控绳子前进的方向。

李元芳接着说："其实团队也是如此，'拉'团队前进比'推'团队前进效果要好很多。由于我们没有在团队中形成共识，因此现在我们是在'推'团队前进，'推'一下只能动一下。当然，如果员工够积极，'推'一下也许会动好几下。如果我们在团队中达成了共识，大家有一致的愿景、价值观、目标和工作思路，那么在这股共识'拉'力的作用下，团队就会自动自发，工作效率自然就提高了。"

李元芳继续说："张帆，我要谢谢你能及时和我沟通这个问题，要是我们再迟一些意识到这个问题，估计会严重影响我们部门今年的工作进度。"

张帆自知自己在这个问题上也负有不可推卸的责任，听李元芳这么一说，便觉得有点不好意思。

第二天，李元芳和张帆一起找几位项目经理谈话，项目团队工作效率不高的原因果然是部门的工作目标和工作思路在团队成员中没有形成共识。

知道问题所在后，李元芳随即召开了几次研讨会，向大家详细阐释部门年度工作目标的确立依据和工作思路的设计理由，并根据大家对工作思路的反馈意见进行了修正，直至在团队中达成了高度的共识。

效果真的很明显：大家工作干劲更足了、效率更高了，6 月上旬，部门就提前完成了上半年的工作任务。

*　　　　　　*　　　　　　*

后来，李元芳在博客上写了一篇文章，标题是《"推"与"拉"的哲理》，其中有这样一段话发人深省。

> 在工作的过程中，有些管理者习惯于通过行政命令的"推力"来让下属去完成工作任务，结果员工的工作热情低下、工作效率不高。其实，与其辛苦地"推"，不如轻松地"拉"，通过建立团队的共同价值观、共同愿景、共同利益诉求、共同目标和共同工作思路，让共识"拉"着大家一起前行，这样既轻松，效果又好。我今年在这方面犯了错误，一定下不为例！

073. 管理者的胸怀是靠委屈撑大的

最近张帆的心里很憋屈：上星期四和部门一位项目经理去客户现场汇报项目进度时，由于项目中遇到的一个技术问题比之前估计的难度要大很多，导致项目进度比原计划延期了三天，结果被客户方的女领导劈头盖脸一顿批评，说张帆领导不力；这个星期二和项目经理小 K 商量下一步如何开展项目工作时，又被项目经理小 K 说了一顿，说张帆不了解项目的实际情况，瞎指挥。

张帆心里非常委屈，感到做中层经理真像"风箱中的耗子——两头受气"。他很想找李元芳说说，又没有勇气开口，一直憋在心里。

星期五下班后，李元芳吃完晚饭，登录QQ，发现"技术经理学习交流群"中一位网名为"我是一阵风"（QQ上的个性签名是"我心有点凉"）的网友在群里"吐苦水"，说自己担任企业中层管理者六个多月来受了不少委屈，不想做经理了。

李元芳很同情"我是一阵风"，因为自己担任中层经理两年多了，对"我是一阵风"受到的委屈感同身受。于是，李元芳主动发了一条邀请信息，和"我是一阵风"进行了单独交流。

"我是一阵风"好像遇到了多年未见的知己，竟像"竹筒倒豆子"一样，把自己心中的憋屈毫无保留地倒了出来。

李元芳俨然一位知心大哥，他先对"我是一阵风"说了几句安慰的话。没想到，这几句话还真有效果，没多久，李元芳明显感觉到"我是一阵风"的情绪稳定了许多。

李元芳在QQ上继续说："我当中层经理两年半了，其实也受过一些委屈，最开始也像你这样，不太能理解和接受，心里觉得憋屈。现在回忆起来，这些委屈和自己所取得的成绩比起来，根本算不了什么。"

"我是一阵风"看到"追求进步"和自己有共鸣，立即回了一个"握手"的表情符号。

李元芳接着说："若想当好管理者，承受委屈是必须的。有人说过，男人的胸怀是靠委屈撑大的，我想借用这句话，其实'管理者的胸怀也是靠委屈撑大的'。我们公司有一个老总，他的胸怀很宽广，我估计这是他受过无数委屈的结果。还有人说过，我们不但要理解别人，还要理解别人对我们的不理解，这就是在告诉我们，作为一名管理者要有度量去容、去忍。你我还年轻，事业刚刚起步，这点小委屈算不了什么，以后在工作中还可能出现更大、更难接受的委屈，让我们看长远一点，为了团队和自己的未来，去容、去忍吧！你的网名起得很好啊，我相信你一定能用一阵风把心中所受的这些委屈吹得一干二净！"

实际上，李元芳说的"老总"，就是广州港前信息科技有限公司董事长兼总经理，被李元芳敬仰得"犹如滔滔江水连绵不绝"的狄仁杰。

"我是一阵风"把"追求进步"发来的这段文字足足看了三遍，然后回了一个"笑脸"的表情符号。

"我是一阵风"说："你的这些话让我有茅塞顿开之感，我知道该怎么做了，谢谢你。"

＊　　　　　　＊　　　　　　＊

李元芳认为今天和网友"我是一阵风"这半小时的 QQ 聊天很有意义，帮"我是一阵风"解决了一个思想问题。于是，李元芳打开博客，写了一篇标题为《管理者的胸怀是靠委屈撑大的》的文章，最后一段内容如下。

> 一个人成功的大小跟胸怀呈正比。一个想成功的管理者，就应该做好承受可以理解的和不可理解的委屈的准备。一个人承受得越多，心胸就会越宽广；心胸越宽广，就越能承受，自然就越成功。"境因容起，界由忍造"，以此自勉。

三天后，李元芳登录 QQ 时，发现"我是一阵风"请求加自己为好友，李元芳选择了"同意"。这时，"我是一阵风"刚好在线，李元芳注意到，他的个性签名已经修改为"让委屈来得更猛烈些吧"。

过了一会儿，"我是一阵风"发来一条信息："你好，谢谢你上次对我的耐心开导。我感觉你很有管理经验，以后还希望多向你请教。QQ 资料上显示你比我大一岁，你就做我大哥，好吗？"

李元芳调侃道："我不做'大哥'好多年了！"

"我是一阵风"说："我叫张帆，能否告诉我你的姓名，咱们见面时，我一定请你吃饭，当面表示感谢。"

看了"我是一阵风"发过来的信息，李元芳心里一惊，原来这位网名是"我是一阵风"的网友竟然是自己的管理搭档张帆！

李元芳回应说："你是张帆？我是李元芳啊！"

张帆也万万没有想到，上次给自己解决心中委屈、开导自己的网友"追求进步"居然是自己的部门经理李元芳！

两人几乎在同一时间通过 QQ 互发了这样一条信息：原来世界不仅很小，还很奇妙啊！

＊　　　　　＊　　　　　＊

第二天下班后，张帆来到李元芳的办公室请李元芳出去吃饭。

李元芳说："不用了，同事之间不用这么客气的。"

张帆说："一定要请你吃饭。"

李元芳说："那你给我一个不能推辞的理由。"

张帆说："作为管理者，我应该做到'言必信，行必果'。"

这个理由让李元芳无法推辞，于是两人出去吃饭。

结账的时候，李元芳抢着要付钱，张帆说："是我请你吃饭，怎么能让你付钱呢？"

李元芳说："我是一定要付钱的。"

张帆说："那你给我一个要你付钱的理由。"

李元芳说："做'大哥'的，理应先请'小弟'！"

两人哈哈一笑，最后是李元芳付钱，这就是"我请客，你买单"的一个真实版本。

074. 管理者要"授人以渔"

电子政务软件开发中心开发一部项目经理小 Y 是这一年新晋的项目经理，李元芳平时听张帆反馈说，小 Y 的工作能力还不错。小 Y 担任项目经理半年了，李元芳决定和小 Y 进行一次正式的面谈，一方面详细了解小 Y 的岗位适应情况，另一方面看看小 Y 是否有什么困难需要自己帮忙解决。

在沟通的过程中，李元芳问了小 Y 一个刚刚从技术走向管理的管理者比较容易出现的问题。

李元芳说："小 Y，当项目组成员遇到技术问题无法解决时，你是习惯教他们解决问题，还是习惯替他们解决问题呢？"

小 Y 回答说："我比较习惯替他们解决问题。"

李元芳说："那你能说说替他们解决问题的好处吗？"

小 Y 理直气壮地说："替他们解决问题省事、快速、高效。"

李元芳说："你认为项目组成员是喜欢你教他们解决技术问题，还是喜欢你替他们解决技术问题？"

小 Y 回答说："这我没有做过调查，但据我观察，大家还是很欢迎我帮他们解决技术问题的。"

李元芳说："那你知道他们为什么欢迎你帮他们解决技术问题吗？"

小 Y 说："曾经有一个项目组成员说，我帮他们解决了技术问题，他们就不用自己努力了。"

李元芳说："那你能说说教他们解决技术问题的好处吗？"

小 Y 思考了一会，说："我还真没有想过这个问题。"

李元芳接着问道："你认为作为一名管理人员，应该教下属解决问题，还是应该替下属解决问题？"

小 Y 说："既然你问这样一个问题，我想管理者应该是教下属解决问题。"

李元芳说："刚刚从技术走向管理的管理者，都容易犯这样一个毛病，那就是习惯替下属解决问题，不习惯教下属解决问题。因为替下属解决问题，省事、快速、高效；教下属解决问题，烦琐、耗时、低效。我刚刚从技术走向管理的时候，也常常犯这个毛病，所以你现在的这种做法我是可以理解的。"

小 Y 原以为李元芳会责备自己，听到李元芳说的话之后，他紧张的情绪缓解了一些。

李元芳接着说："但我们一定要尽快改变这种做法。作为管理者，我们应该'授人以渔'，也就是教会下属做事情的方法和技能，而不应该'授人以鱼'，代替下属完成一些本应该由他们去完成的工作。只有'授人以渔'，下属的能力才能得到锻炼和提升，团队的工作效率才会不断提高。松下幸之助说的'我们是生产人才的，顺便生产点电器'，从人才培养层面说的就是'授人以渔'的重要性。当然，我们在'授渔'时，自己会比较辛苦，下属在我们的指导下完成的工作可能也没有我们亲自完成时那么出色，但这是一种长效机制——通过我们'授渔'，下属的能力增强了，我们'授渔'，甚至是'授鱼'的机会就会自然而然地减少。"

小 Y 听完李元芳的阐述后说："李经理，我明白了，我从明天开始就这样做。"
李元芳说："不对，应该从现在开始就这样做。"
李元芳和小 Y 相视一笑。

*　　　　　*　　　　　*

结束和小 Y 的面谈后，李元芳认为"授人以鱼"是大多数刚刚从技术走向管理的管理者比较容易犯的一个毛病。为了让更多人受益，他把和小 Y 沟通的内容在博客上整理成了一篇文章，标题是《管理者要"授人以渔"》，最后两段内容如下。

> 很多新晋管理者，习惯"授人以鱼"，不习惯"授人以渔"，理由是"授人以鱼"省事、快速、高效，"授人以渔"烦琐、耗时、低效。其实，这种观点和做法是错误的。因为从长远来看，"授人以鱼"不利于提高团队成员的能力，不利于提升团队的绩效。诚然，管理者急于解决某些特殊问题而临时"授人以鱼"是必要的，但管理者一定要眼光长远，尽可能多地去"授人以渔"。

> 职场中，也有为数不少的人喜欢自己的上司"授己以鱼"（因为自己不用努力，问题就解决了），其实这是非常短视的做法。下属应该明白：

善于"授人以渔"的上司才是好上司（他们远比"授人以鱼"的上司要强），虽然自己会辛苦一点，但自己的能力通过上司的"授渔"提升了，这将让自己长期受益。

075. 人才甄选的"真经"

年中总结刚结束不久，电子政务软件开发中心开发一部就根据年初确定的工作目标和对下半年的市场预测，启动了新员工招聘计划。

这次招聘工作由李元芳负责。前两年，李元芳担任部门副经理时，招聘工作是由薛勇负责的。虽然李元芳也参与过人才的选拔，但那时他主要负责技术人员的技术能力测试，而且当时部门采用的是比较成熟的测试题库来测试应聘人员的技术水平，因此，李元芳对如何综合评价一个人的人品、工作能力、发展潜力等接触得比较少，还不具备全面甄选人才的技能。

李元芳在人力资源部招聘主管常靓（常靓由于工作上的进步，年初被公司人力资源总监郑现实提拔为人力资源部招聘主管）的协助下，连续面试了一个星期，共面试了七位应聘者，感觉自己在人才甄选方面还是没有进入状态，对哪些应聘者是真正符合岗位要求的人才没有多少把握。李元芳知道，选对人比培养人更重要，要是人才选错了，会对公司、部门及随后要开展的工作都带来不利影响，也会影响被聘用者日后的发展。为了确保找到合格的人才，李元芳决定去请教自己的顶头上司薛勇，向他请教人才甄选的"真经"。

一见面，李元芳就单刀直入地说："薛总监，我们部门原来的人才选拔都是由您负责的，经您面试后录用的人才都很优秀。现在我们部门的人员招聘工作由我负责，而我在这方面确实缺乏经验，您能否指点一二？"

薛勇笑了笑，说："我认为你招聘人才应该很厉害啊！"

李元芳说："薛总监，此话怎讲？"

薛勇说："你不是成功'招聘'我们公司数一数二的美女李思思为自己的女朋友了吗？"

李元芳早就清楚薛勇知道自己找李思思做女朋友的事，但他没有想到薛勇会拿这件事来调侃自己。

李元芳说："薛总监，您就别调侃我啦，找女朋友讲求的是缘分，与人才招聘是两回事啊！"

薛勇说："好了，刚才我是和你开玩笑的。从技术走向管理的管理者，一般都比较缺乏人力资源招聘的相关知识和经验，也比较缺乏'识人'的功底，所以在人才的识别上容易出现'误操作'，有时候以为自己发现了一个'相聘恨晚'的人才，结果在工作过程中才发现原来自己犯了一个'美丽的错误'。"

薛勇继续说："根据我的招聘经验，我认为甄选人才需要把握六个基本标准：一是'以德为先'，二是'务实为本'，三是'良好的团队精神'，四是'较扎实的基础知识'，五是'认同企业文化'，六是'较强的发展潜力'。"

李元芳说："薛总监，您能否对这六个基本标准做些解释？"

薛勇说："这是我前段时间写的一篇文章，你先看一下。"

李元芳定睛一看，这篇文章的标题是《甄选人才的六个基本标准》，内容如下。

"以德为先"是选用人才的第一个标准。没有良好的职业道德、人生观和价值观的人才，往往缺乏奉献精神，很难将做好本职工作作为对自己的第一要求，严重时，其不良倾向会波及和影响整个团队，进而给团队带来较大的管理难度和管理风险。我们知道，能力越强的员工，如果职业道德不佳，对团队的危害就越大。另外，需要引起我们注意的是，岗位技能可以培养，但人的品质一旦形成就很难改善。因此，在选用人才时，我们首先需要把好应聘者的"职业道德"关。

"务实为本"是选用人才的第二个标准。现在大学毕业生越来越多、好工作越来越难找，虽然多少打击了这些天之骄子的"嚣张"气焰，但自认为怀才不遇、眼高手低、好高骛远者还大有人在。这样的人才，往往"头重脚轻根底浅"，他们浮躁、不务实，投机取巧，热衷于做表面文章，很难对团队有较大贡献。其实，任何成功都是从点滴开始积累的，务实型人才"深谙此道"，他们往往乐于从基础工作做起，一步一个脚印，这样的人才方能成为团队的栋梁。

"良好的团队精神"是选用人才的第三个标准。现代企业中几乎不存在个人英雄主义逞能的土壤，成功离不开团队全体成员竭诚协同工作。一个缺乏团队精神的人，表现为自私、利己，很难与别人合作，很难认可别人的贡献。这样的人才，会与团队格格不入。如果一个人无法融入团队，即使有一技之长，也很难有机会施展，最终无法为团队创造应有的业绩。现在的大学生，有很多是独生子女，家长的过分溺爱导致其自私倾向的滋生，招聘时需要特别关注这一点。

"较扎实的基础知识"是选用人才的第四个标准。较扎实的基础知识是判断一个人能否进行有效培养继而使其成为"能人"的前提条件。如果应聘者的基础知识很差，则会大大增加人才培养的难度和风险（因为基础知识是一个人通过多年的学习和积累固化在自己头脑中的，很难通过短时间的培养产生效果，甚至根本无法产生效果）。在这些基础知识中，专业知识固然重要，但我认为，最重要的是语文知识和数学知识。因为一个人如果具备了良好的语文基础知识，则理解和表达能力通常不错，这有利于与人的沟通，要知道，现代社会人与人的沟通是相当重要的；如果具备了良好的数学基础知识，则逻辑思维能力和分析能力会比较强，处理事情时一般会比较严谨和细致。另外，良好的语文知识和数学知识对一个人以后掌握新知识、新技能也非常有利。

"认同企业文化"是选用人才的第五个标准。认同企业文化与被聘用人才的稳定程度有关。人才不稳定，不但不利于团队工作的开展，而且会增加人才招聘成本，从而给企业带来不必要的负担。

"较强的发展潜力"是选用人才的第六个标准。较强的发展潜力是一个人能否快速成长的先决条件。企业需要的是这种具有较强发展潜力的人才，因为企业为这样的人才付出的成本可能不会很高，但他们创造的价值会不断增长。

《甄选人才的六个基本标准》这篇文章让李元芳佩服不已。李元芳万万没有想到，薛勇居然有这么系统的人才识别观。

看完这篇文章后，李元芳问薛勇："薛总监，我们可以通过什么方式或途径来识别我们面试的人才是否符合这六个基本标准呢？"

薛勇说："我就知道你会问这个问题。"

说着，薛勇拿出了另一篇文章。这篇文章的标题是《识别人才六项基本素质的实用方法》，内容如下。

应聘者是否具有良好的道德情操，可以通过了解他以前的工作和学习情况来发现，也可以通过他的言谈举止来观察，因为一个人内心的想法多数时候会"溢于言表"。

应聘者是否具有良好的务实精神，可以通过查看他们以前的工作履历来了解。如果由于个人原因频繁跳槽，这样的应聘者十有八九不属于务实型，聘用时需慎重考虑。

应聘者是否具有良好的团队精神，可以通过他在一些竞技小游戏中的表现欲和占有欲的强烈程度来判断。

应聘者是否具有良好的语文基础知识和数学基础知识，可以请他就某一个问题进行书面（或口头）阐述，通过他的表达清晰程度和分析理性程度来判断。

应聘者对企业文化是否认同，可以通过向其介绍企业的规章制度、用人政策、薪酬政策等，来观察他所表现出来的认同程度。

应聘者是否具有较强的发展潜力，可以通过他对事物的个人见解去了解。有些时候，通过观察应聘者的精神面貌也可以做出基本的判断，精神面貌积极、阳光的人，一般来说发展潜力都不错。

李元芳看完这篇文章后，薛勇接着说："我这里说的是甄选人才的六个基本标准，实际上，选拔人才时还需要结合岗位对人才的能力素质的特别要求，综合权衡、合理取舍。我想，当我们能准确把握应聘者的六项基本素质后，我们很可能就是'伯乐'，被我们招聘到的人才很可能就是'千里马'。另外，我这里还有一篇文章，建议你一起看看。"

说着，薛勇拿出了第三篇文章。这篇文章的标题是《管理者需要慎重聘用的六类人才》，内容如下。

第一类人才：个人简历与实际情况不符者（这类人才缺乏基本诚信，危害很大）。

管理者在招聘人才时，一般是先看应聘者的个人简历，然后决定是否面试。在面试的过程中，如果我们发现应聘者自我介绍的内容或者回答的问题与其个人简历上所描述的情况（如学历、职称、工作经验、技能等）存在较大的差异，那么这种类型的人才我们要慎重聘用，因为这种类型的人才的明显特征是弄虚作假、不可信。一个弄虚作假的人，我们不要指望他能在以后的工作中干出多少名堂，也不能判断他以后的工作绩效有多少是自己的、又有多少是真实的。

第二类人才：频繁跳槽者（这类人才缺少工作定力，会"这山望着那山高"）。

在把自己负责的工作做好的前提下，根据自己的职业生涯规划，理性地调整自己的工作岗位或选择更有利于自我发展和成长的工作环境，应该是一种值得肯定的行为。但有些人才，特别是高科技行业的人才，往往把跳槽作为"快速"提升自我价值的有效手段。如果我们通过个人简历或其他途径发现应聘者频繁跳槽（如一年换一家公司，甚至半年或更短时间换一家公司），那么这种类型的人才要慎重聘用。因为这种类型的人才，不是将把工作做好作为前提和目的，而是将如何实现私欲作为前提和目的。这种类型的人才往往会急功近利，他们工作时往往缺乏正确的指导思想，当他自己感觉公司给予的和他自认为应得的存在差距时，无疑又会选择跳槽。另外，需要特别指出的是，大多数频繁跳槽者的工作经验和技能不如同工龄的工作比较稳定者，因为他们在频繁的跳槽过程中，空耗或贻误了一些非常难得的沉淀经验和技能的时机和机会。

第三类人才：眼高手低者（这类人才大事干不了、小事不想干，结果干不成什么事）。

在招聘过程中，我们发现有些应聘者高估了自己的工作能力，只想做"大"事，不愿做"小"事，这种类型的人才要慎重聘用。因为这种类型的人才，实际上眼高手低，他们往往"小"事不想做、"大"事做不了，不愿从基础工作做起。如果录用这样的人才，他们在工作中很可能会找各种各样的借口推脱他们自认为"小"的事，而最终变得游手好闲，无法对团队做出应有的贡献。

第四类人才：夸夸其谈者（这类人才不务实，很难深入到具体的工作中）。

在招聘的过程中，我们也会遇到口若悬河、夸夸其谈者，乍一看好像很不错，自我介绍时滔滔不绝、说得天花乱坠，甚至根本不着边际，这种类型的人才要慎重聘用。因为这种类型的人才往往不太务实，工作起来比较浮躁，通常只图将事情做完，而不关心事情是否做好。这种类型的人才工作时比较容易出错，很难委以重任，对团队的贡献也有限。

第五类人才：过分看重个人利益者（这类人才私欲无穷，欲壑难填）。

有些人才过分看重自己的个人利益（如薪酬、福利等），将企业能否满足他的"自我期望"作为是否"加盟"的首要甚至是唯一条件，这种类型的人才要慎重聘用。因为这种类型的人才有不断膨胀的个人私欲，他们的"自我期望"是无止境的。即使招聘时满足了他们的"要求"，工作中他们也会时不时提出新的"要求"，甚至将是否满足他们提出的"要求"作为是否继续工作的条件。这种类型的人才虽然可能会有贡献，但管理者管理起来会非常辛苦。

第六类人才：过分追求自我表现者（这类人才比较缺乏团队精神）。

有些人才一味追求自我表现，他们往往过分自信，一心追求彰显自己聪明才智的机会，这种类型的人才要慎重聘用。因为这种类型的人才只看重自我表现，不善于考虑别人的利益和感受，不愿意与别人合作。在"团队协作"越来越重要的现代企业中，这种人才的能力发挥将非常有限，虽然他们自己的能力比较突出，但很难融入团队。

李元芳拿着薛勇写的这三篇文章的复印件，如获珍宝，高兴地离开了薛勇的办公室，准备仔细研读之后就去尝试。

后来，李元芳通过实践证明，薛勇的这套人才识别观的确非常实用、有效。

＊　　　　＊　　　　＊

招聘工作告一段落，李元芳对如何面试人才有了比较丰富的实践经验和体会，他在博客上写了一篇标题为《人才甄选的"真经"》的文章，其中有几段内容如下。

什么样的员工加入企业后对团队的贡献最大？当然是德才兼备的员工。然而，当德才兼备的员工"可遇而不可求"，而我们又急需人才时，该怎么办？多数的管理者一定认同招聘一些能力强的员工。

的确，能力强的员工很可能在短时间内给团队创造效益，但如果仅仅将能力强作为人才招聘的首要甚至是唯一标准，则很可能给团队的长远效益带来可怕的影响。

我的上司给我分享了他的招聘经验——人才招聘和面试时需要把握的六个基本标准，分别是以德为先、务实为本、良好的团队精神、较扎实的基础知识、认同企业文化和较强的发展潜力。经过我的实践证明，这六个标准真实用、很有效。

"见一叶落，而知岁之将暮；睹瓶中之冰，而知天下之寒。"我的招聘和面试经验还告诉我，仔细观察应聘者的一些细微表现，有利于我们发现和判断坐在我们面前的应聘者是不是我们所需要的真正人才。

我们知道，企业人才招聘虽然一般由人力资源部负责，但最终还是由用人单位的直接管理者决定被面试者的"去留"。因此，用人部门的部门经理必须具有扎实的人才面试和甄选能力。

*　　　　　　*　　　　　　*

后来，李元芳还在博客上写了一篇有关人才观方面的文章，标题是《人才的四象限区隔和本事的六大内涵》，主要内容如下。

我们可以从能力和态度两个维度，把职场人士分成四类，如图 10 所示。

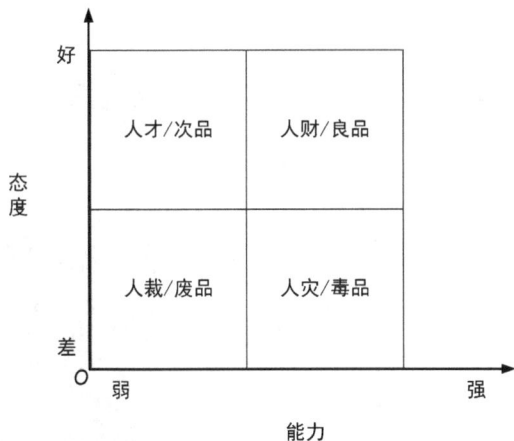

图 10　人才的四象限区隔

人财/良品：态度好能力强的人，是"人财/良品"，这种人能给企业和团队带来源源不断的财富，是企业和团队中的中流砥柱，管理者应该设法留住这类员工。

人才/次品：态度好能力弱的人，是"人才/次品"，这种人是企业和团队中的可塑人才，是企业和团队中的可培养对象，可以通过培训和辅导让"次品"变为"良品"。

人裁/废品：态度差能力弱的人，是"人裁/废品"，这种人对企业和团队来说，往往不具有价值，管理者可以把这种人当"废品"从企业和团队中清理出去。

人灾/毒品：态度差能力强的人，是"人灾/毒品"，这种人往往很容易给企业和团队带来灾难，甚至会毒害企业和团队中的"废品""次品""良品"，管理者应该禁止这种人在企业和团队中存在。

因此，一个真正有本事的人，应该是：第一，合理的态度，一切顾全大局；第二，自我的觉醒，凡事都能自动自发；第三，人际的技巧，既会做事又能兼顾做人；第四，专业的能力，保证既做好人又做好事；第五，自我的定位，把握自己应有的立场；第六，合作的心态，在专业分工中有着共同的目标。

076. 管理者眼中的需求观

7 月 19 日下午，李元芳受广东南方软件过程改进专业委员会的邀请，为会员做演讲，主题是"我们应该如何更好地服务于客户"（广州港前信息科技有限公司是广东南方软件过程改进专业委员会的一个副会长单位，广东南方软件过程改进专业委员会除了邀请行业中的一些知名专家给会员讲座，也会邀请会员单位中一些知名企业的管理人才和技术骨干来分享他们的经验和心得）。

李元芳是第一次被广东南方软件过程改进专业委员会邀请给会员演讲，心情自然有点紧张。但通过两个小时的演讲，会员对他的评价还是非常不错的。

李元芳的演讲结束之后，到了会员互动的环节。

这时，某会员说："李经理，谢谢您今天带给我们的精彩演讲。我这里有一个问题，想向您咨询一下。"

李元芳说："请讲。"

这位会员说："我是公司里的项目经理，我们在做项目的时候，感觉客户总是不配合我们，这让我们很难受，请您给提些建议。"

李元芳说："您的这个问题提得非常好，我想很多管理者也经常碰到类似的问题，例如客户不配合我们的工作、同事不配合我们的工作、下属不配合我们的工作等。"

很多会员都点头表示他们也有类似的困惑。

李元芳接着说："请问这位会员，当您的客户要求您配合他们的时候，您配合得好吗？"

这位会员激动地说："客户有时提出的一些需求简直就是'无理取闹'，所以我们一般不会去积极响应。"

李元芳说："这就是您认为您的客户不配合您的原因所在。"

这位会员说："我们的需求都是合情合理的啊！"

李元芳："我们先抛开您的需求是不是'合理'，客户的需求是不是'无理取闹'。我想问问您，您如何定义需求？"

这位会员说："简单来说，需求就是人的理想与现实之间的差距。按照《项目管理知识体系指南》中给出的专业定义，需求是指发起人、客户和其他干系人的已量化且记录下来的需要与期望。"

李元芳说："您说得很对。那我再问问您，当然也包括在座的其他会员朋友，作为管理者，我们应该如何理解'需求'二字的真正内涵？"

会员们议论起来，过了差不多五分钟，没有一位会员主动举手回答李元芳提出的这个问题。

李元芳示意刚才提问的会员回答，这位会员说自己不知道。

这时，一位会员回答说："我认为，需求就是别人想要什么我们就给他什么。"

另一位会员回答说："需求就是甲乙双方达成共识的东西。"

看到没有人再举手回答这个问题，李元芳说："谢谢大家的回答。我认为，在管理者的眼中，'需求'虽然是一个词，但更是两个字：一个是'需'，一个是'求'。其实在管理者的眼中，'需求'二字的真正内涵，应该是'我们只有满足他人所求，他人才会成就我们所求'啊！"

李元芳此言一出，在座的会员们马上报以热烈的掌声。掌声过后，大家纷纷议论，很多人表示，自己从来没有这样理解过"需求"。

李元芳接着说："刚才我们这位会员说，客户不配合我们的工作，其实问题应该就出在我们没有先去满足他们'所需'上，这时，他们自然很难满足我们'所求'。刚才我说，我们很多管理者认为客户不配合我们的工作、同事不配合我们的工作、下属不配合我们的工作，其实是因为我们没有先去配合他们的工作，也就是我们没有先去成就他们的'所需'导致的。"

说到这里，李元芳把目光移到刚才提问题的那位会员身上，问道："您现在清楚我们要怎样做才能让客户配合我们的工作了吗？"

这位会员说："李经理，我知道了，我应该先去配合客户的工作。回去之后，我会认真分析，也许之前我认为是客户'无理取闹'的需求，其实就是他们真正的需求。"

这时在座的其他会员都给了这位会员鼓励和赞赏的掌声。

＊　　　　　　＊　　　　　　＊

演讲结束之后，李元芳把这位会员提出的问题、大家的讨论和自己的分析进行了整理，在博客上写了一篇文章，标题是《管理者眼中的需求观》，最后一段内容如下。

> 很多管理者经常抱怨客户不配合我们、同事不配合我们、下属不配合我们，却没有问问自己：我们先去配合他们了吗？不去成就他人"所需"，而寄希望于他人成就我们"所求"，天下怎会有这等好事啊！其实，先助人方可能人助己，爱出者爱才返，福往者福才来。作为管理者，我们要把握正确的需求观，那就是我们只有先去满足他人"所需"，他人才可能成就我们"所求"！

077. 拉杆箱中的智慧

为了更好地培养管理人才，李元芳和张帆等四位中层管理者被广州港前信息科技有限公司派往北京，参加7月26日、27日和28日在远望楼宾馆组织的"打造优秀中层管理者"实战特训营。

7月25日下午，李元芳一行四人从广州白云国际机场乘坐飞往北京的航班，经过三小时十五分钟的飞行，航班徐徐降落在北京首都国际机场。他们走出航站楼，坐上了前往市区的机场大巴。

机场大巴徐徐驶离北京首都国际机场，这时，张帆的拉杆箱被一位刚上车还没站稳的旅客碰倒了。由于拉杆有些松动，箱子倒下后，拉杆弹了出来。那位旅客弯腰扶起张帆的拉杆箱，说一句"对不起"。

张帆把弹出来的拉杆按回去，对身边的李元芳说："元芳，要是这拉杆不松动就好了，它自己弹出来好多次了，每次都需要我把它重新按回去，真是麻烦！"

李元芳笑了笑，说："是啊，要是你这拉杆只在你需要时弹出来，在你不需要时安静地待在箱体里，不会无缘无故弹出来，那就方便多了。"

说着，李元芳指着自己的拉杆箱，自豪地说："我的拉杆箱就没这毛病，你回去之后还是赶紧修理一下或者换一个新的吧！"

张帆点点头。

李元芳接着说："张帆，我想问你一个问题，作为管理者，你从拉杆箱中悟到什么管理智慧了吗？"

张帆回答说："我从来没有把拉杆箱与管理智慧联系起来。"

李元芳说："要不你现在想想，拉杆箱中蕴含了怎样的管理智慧？"

张帆想了想，说："我想不出来。"

李元芳提示道："你试着想想这拉杆箱的拉杆。"

张帆灵感突现，激动地说："我知道了，拉杆箱的拉杆能伸出来，也能缩回去，它'能屈能伸'啊！管理者也应该'能屈能伸'啊！"

李元芳说："你能不能进一步解释解释？"

张帆说："你上次和我说过，管理者要能够承受委屈，这就是'能屈'。但我认为，管理者光'能屈'是不够的，还需要积极创造条件去施展自己的管理能力，带领团队不断提高业绩，这就是'能伸'。"

李元芳说："张帆，你真行啊！你还悟到什么管理智慧吗？"

张帆绞尽脑汁足足想了五分钟，没有再想出什么"智慧"，于是对李元芳说："元芳，我实在想不出来了，请你明示。"

张帆甚至做了一个拱手的动作。

李元芳说："张帆，我们看看你这只刚才倒地的拉杆箱的拉杆，在你不希望它弹出来的时候，它却弹出来了，对吧？"

张帆说："对啊，这里面还有智慧？"

李元芳说："是的。这就告诉我们一个道理，作为一名管理者，我们应该做一根正常状态下的拉杆。当公司、团队和下属需要我们这根拉杆时，我们能正常地为他们提供服务，被他们使用；当公司、团队和下属暂时不需要我们这根拉杆时，我们就不要像你的拉杆箱的这根拉杆那样自作聪明地出来'碍事'。"

张帆说："元芳，我还是不太懂，你能否举个例子？"

李元芳说："比方说，当下属需要我们帮助他、给他鼓励、给他表扬时，我们就应该是一根被拉出来的拉杆，出现在他们的面前；当下属希望并且他们可以独立处理一些问题时，我们就应该缩在箱体内，不要站出来指手画脚或横加干涉，否则就是那根不请自出的拉杆，会令人讨厌的！"

不知道张帆是被拉杆箱中的智慧给震惊了，还是被李元芳的智慧给震惊了，他情不自禁地发出了"啧啧"的赞叹声。

这时，机场大巴已停靠在三元桥站，他们下车后转坐地铁 10 号线。很快，地铁 10 号线到了牡丹园站，他们下了地铁，拖着各自饱含智慧的拉杆箱，步行前往地铁站附近的远望楼宾馆。

进了房间，李元芳打开自己随身携带的笔记本电脑，在博客上写了一篇标题为《拉杆箱中的大智慧》的文章，其中重要内容如下。

> 我们作为管理者，其实就是团队这只拉杆箱中的那根拉杆，我们一定要注意做一根正常状态下的拉杆。
>
> 一根正常状态下的拉杆，至少有两个特征。
>
> 一是"能屈"且"能伸"，"能屈"是指能承受各种各样的委屈和误解，"能伸"是指能积极开拓，勇于、敢于和善于创新。
>
> 二是在需要时能及时出现，给公司、客户、团队和下属提供他们所需要的服务；在不需要出现时，能忍受那份"寂寞"，甘做幕后英雄。

078. "低头拉车"与"抬头看路"

"打造优秀中层管理者"实战特训营的课程于 7 月 26 日上午九点正式开始，本次实战课程采用分组的方式进行，每组五人，共分六组。分组是随机的，李元芳和张帆碰巧分到了同一组，他们组的另外三位学员分别来自不同的公司。

本次课程的主讲老师是国内一位有多年 IT 上市公司高管经历的著名管理培训师。他风趣、幽默、善于激发学员的思考力和行动力，诙谐的语言中透着智慧的光芒，让人如痴如醉。

第一天的培训课程，令李元芳印象最深的是，培训师对技术部门经理角色定位的论述和对企业中层管理者如何正确履职的一些建议。

培训师说："在座的学员大部分是技术部门的经理。技术经理在领导面前应该是专家，在专家面前应该是领导，这是技术经理对自己所承担的角色的明确定位。如此说来，技术经理应该为领导提供专业的决策依据，为下属提供正确的工作指引。"

李元芳在心里想："我是技术部门的经理，在领导面前，应该用自己的专业知识为领导的决策提供依据，成为领导的左膀右臂；在下属面前，应该多给他们支持和辅导，用自己的经验和能力引领团队去实现目标。"

接着，培训师问道："在中层管理者履行自己的工作职责方面，大家认为是'低头拉车'更重要，还是'抬头看路'更重要？"

培训师怕大家不能理解"低头拉车"和"抬头看路"所代表的含义，就补充说："所谓'低头拉车'是指和团队成员一起做具体的工作；所谓'抬头看路'是指给团队做分析和规划。"

李元芳回答说："老师，对于中层管理者来说，我认为'抬头看路'比'低头拉车'更重要，虽然说中层管理者要身先士卒，和团队成员一起'战斗'，但中层管理者还是应该把自己的主要精力用在给团队指明行动方向上、用在规划团队的工作蓝图上；如果'路'都没看清楚，中层管理者就一味地去'拉车'，那团队这辆车很可能会被中层管理者拉到万丈悬崖边，甚至坠入谷底。"

培训师说："谢谢李元芳同学的回答，此处有掌声。"

掌声过后，培训师接着说："李元芳同学回答得非常好。作为中层管理者，我们需要'先抬头看清路，再低头拉好车；边抬头看清路，边低头拉好车'。我辅导过不少企业，发现其中相当一部分中层管理者，只顾'低头拉车'，很少'抬头看路'，中层管理者和团队成员都疲于奔命，身上被撞得千疮百孔，但业绩平平，整个团队甚至被带到了万劫不复的境地，这就是我们熟知的'没功劳，也有苦劳'。也有一些中层管理者，表面上看好像是在努力'抬头看路'，其实是在那里夸夸其谈、信马由缰，因为他们的'抬头看路'根本不是针对即将要进行的'低头拉车'，他们自顾自地、高调地唱着规划之歌，但歌声始终在空中飘荡，根本无法落地，这就是我们熟知的'世事我曾努力，成败不能找我'。因此，作为中层管理者，我们虽然既需要'抬头看路'，也需要'低头拉车'，但一定要先抬头把路看清楚，再低头奋力去拉车，千万不要路都没看清楚，就急不可耐地去拉车！"

培训师话音一落，台下掌声雷动。

＊　　　　　　＊　　　　　　＊

第一天的培训课，李元芳感到大有收获。晚上回到酒店，李元芳把当天的心得在博客上写成了一篇文章，标题是《我要低头拉车，更要抬头看路》，其中有这样两段内容。

今天听了一天的"打造优秀中层管理者"实战特训营的课程，真是"名师一出手，就知有没有"啊！培训师对中层管理者"既要低头拉车，更要抬头看路"的论述令我茅塞顿开。"方向比速度更重要"，这句话太对了——很多企业不是死在速度上，而是死在方向上，这是多么令人难忘的教训啊！

"先抬头看清路，再低头拉好车；边抬头看清路，边低头拉好车"，"方向比速度更重要"，管理者们，切记！

写完文章，李元芳期盼着：明天的培训，不知道会不会更加精彩？

079. 决策不能"拍脑袋"

第二天的培训课程在大家热烈的掌声中开始了。

培训师风度翩翩地走上讲台，对大家说："各位亲爱的朋友，我们知道，任何一个管理者都有双重身份——管理者身份和领导者身份。因此，任何一个管理者，既需要为领导提供决策依据，也需要自己做决策。下面，我想请一般通过'拍脑袋'做决策的朋友举手。"

李元芳一看，大部分学员都举起了手，看样子，"拍脑袋"是大家做决策时的常用手段啊！李元芳感到很自豪，因为自己在做决策之前，总是会做一些准备和分析工作。

培训师笑了笑，对大家说："谢谢大家的诚实。我再问大家一个问题，认为自己决策水平很高的请举手。"

这时李元芳注意到，几乎没有一个人举手。根据李元芳的判断，这不是中华民族谦虚好学的优良传统在发挥作用，而是一个事实！

培训师说："这样看来，大家对'拍脑袋做决策基本不能得出优秀的决策结果'应该是认同的，否则刚才就会有很多人举手，对吧？"

大家都点头表示同意培训师的说法。

培训师说："我们知道，在项目管理领域，有著名的'六拍现象'——领导在做项目决策时'拍脑袋'；领导对项目经理'拍肩膀'进行授权；领导对项目经理说了一些不能兑现的溢美之词，项目经理激动地'拍胸脯'做保证；随着项目令人失望的进展出现，领导经常'拍桌子'训斥项目经理；项目经理因此'拍屁股'甩手不干或消极怠工；其结果是大家都'拍大腿'后悔不已。"

听到这里，大家哄堂大笑。

培训师接着说："看样子，大家对'六拍现象'深有感触啊！"

大家又发出一阵笑声。

培训师继续说："因此，我们在做决策时，不能总依赖'拍脑袋'这个工具，而是应该依据科学的决策方法。今天，我们首先利用半小时，以组为单位，讨论并制定出一个管理者的决策流程，然后进行讲解和点评。"

各组组员都积极参与，热火朝天地为团队贡献着自己的"智慧"（弄不好有些人出的是馊主意，所以这里在智慧二字上加了引号），半小时过后，各组都提交了自己的劳动成果。

培训师请六个小组的代表分别讲述了自己小组开发出来的决策流程，然后对六个小组提交的决策流程一一进行详细的点评。在点评的过程中，大家针对一些不同的观点进行了激烈的辩论。最后，大家认为李元芳所在小组开发的决策流程相对最可取。培训师和大家一起把其他五个小组所开发的流程的优点统一整合到李元芳这个小组所开发的决策流程中，得出了三十人集体智慧的结晶，如图 11 所示。

第一步 确定目标：首先确定我们所需要达成或实现的目标。

第二步 分析现状：对目前的情况和存在的问题进行详细的分析。

第三步 开发可供选择的方案：集思广益，开发出可供选择的方案。

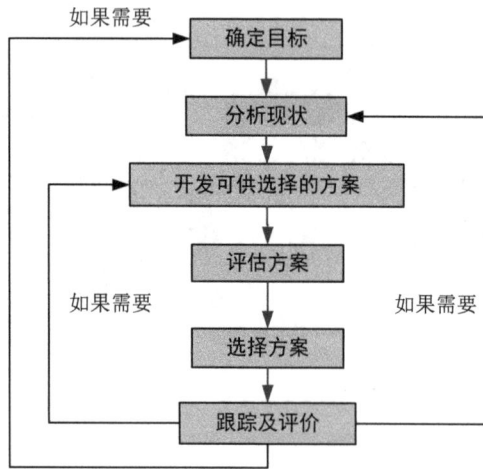

图11　决策的基本流程

第四步　评估方案：通过适当的形式（如会议评审、网上评审等）评估这些可供选择的方案。

第五步　选择方案：确定首选方案和备选方案。

第六步　跟踪及评价：跟踪及评价首选方案的执行效果，并根据实际效果采取继续执行原方案、修改方案、换用备选方案或重新进行方案决策的行动。

接着，培训师让各小组分别采用这一决策流程完成了一个案例，大家深感依据决策流程进行决策比单纯"拍脑袋"强多了。

一天的培训下来，李元芳虽然感到有些累，但学到了不少东西，特别是"决策的基本流程"填补了自己工作流程中的一项空白。他打算回去之后，先在部门里试用一段时间，如果效果不错的话，就推荐给全公司使用。

＊　　　　　　＊　　　　　　＊

为了加深学习效果，当晚，李元芳把一天所学的重点内容在博客上写成了一篇文章，标题是《决策不能"拍脑袋"》，其中有这样一段内容。

　　培训师今天讲到项目管理领域有"六拍现象"，从"拍脑袋"到"拍大腿"可以看作六个"步骤"。我们今天在培训师的指导下开发出来的"决策的基本流程"也是六个步骤，步骤个数相同，但效果迥异——一个进入了"地狱"，一个很可能进入"天堂"（采用"决策的基本流程"进行决策，也不能保证百分之百成功，所以我在这里用了"很可能"，但采用科学的流程进行决策，无疑能大大提高决策的成功概率）。衷心希望广大管理者，以后在做决策时，科学多一点，"脑袋"少"拍"一点，这样成功必然会多一点！

第一天和第二天的培训，让李元芳大有收获。李元芳知道，明天的培训一定会更加精彩。

080. 工作分派就该这样做

第三天的培训在学员们的热情期待中开始了。这一天的培训，让李元芳印象最深的是如何有效地给下属分派工作的部分。

培训师问大家："请问在座的各位管理者，你们在给下属分派工作方面遇到过什么困难或困惑吗？"

某学员回答说："有一些下属对我分派给他们的工作不感兴趣、缺乏热情。"

某学员回答说："把工作分派给他们时，他们都说'听清楚了'，但工作结果不如人意。"

某学员回答说："我分派给下属们的工作他们很多时候不能按时完成。"

某学员回答说："我感觉下属们的独立性比较差、依赖性比较强。"

…………

也许是大家在这方面的感受太多了，李元芳注意到，有十几位学员向培训师"倾诉"了自己在有效分派下属工作任务方面遇到的困难。

李元芳在这方面感觉还好，因此没有举手发言。

培训师接着说："大家有没有分析过，在给下属分派工作时遇到的困难，其原因究竟是什么？"

大家纷纷发言，原因集中在如下几点。

（1）下属主动意识差。

（2）下属技能较低。

（3）下属懒散。

（4）公司氛围不好。

培训师笑了笑，说："你们提出的这些原因，居然没有一个是属于你们自己的，你们太'优秀'了！"

在座的学员一阵大笑。

培训师接着说："大家的笑声告诉我，在有效分派下属工作时遇到的问题，其实也有我们自己的原因，对吧？"

学员们都点点头。

培训师继续说："为什么大家没有发现和提出来呢？因为这是人性的弱点——很容易发现自己的优点，不容易发现自己的缺点；很容易发现别人的缺点，不容易发现别人的优点。"

培训师说："既然问题出现了，就一定有它的原因；既然有它的原因，就一定可以找到消除这些原因的方法和途径。只要我们把导致问题产生的这些原因消除了，情况自然就会得到改善。那么，接下来我们用半小时的时间，以小组为单位，大家先认真剖析导致工作分派结果不理想的原因，然后开发出有效分派工作的流程。注意，这个流程要能消除我们所发现的这些原因。"

半小时之后，各小组都"高效"（这里说"高效"是指工作效率不错，能在规定的时间提交成果，但质量嘛——难说！）提交了自己的工作成果。

培训师鼓励大家说："各小组提交的工作成果都不错，接下来我们一起讨论讨论吧！"

李元芳发现，多数培训师很会激励人，一般不会说学员差。

李元芳虽然在如何有效分派下属工作任务上有一些经验，但毕竟不全面，这次他们小组开发出来的工作分派流程也没有得到大家的一致推举。在培训师和大家的共同努力下，最终开发出一个不错的"工作任务分派流程"，如图 12 所示。李元芳把自己小组开发的工作任务分派流程和最后成型的工作任务分派流程进行对比，发现差距确实有点大。这让他再一次真切地体会到在团队中"集思广益"的重要作用和现实意义。

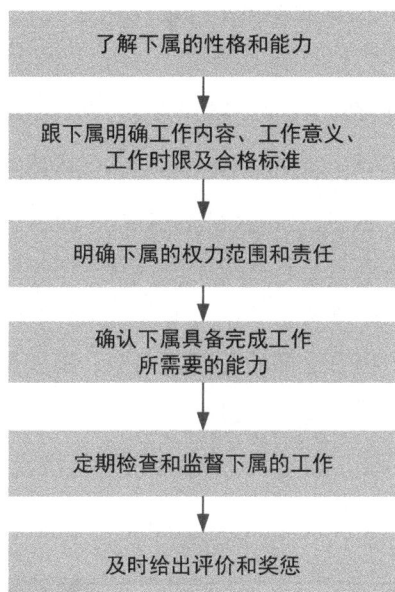

图12　工作任务分派流程

第一步　了解下属的性格和能力：了解每一位下属的性格特点和所具备的能力，根据他们的性格特点和能力"因人派事"。

第二步　跟下属明确工作内容、工作意义、工作时限及合格标准：和下属详细沟通被分派的工作为什么要做、做什么、需要多长时间完成及做到什么程度才算完成。判断下属是否清楚这些信息的标准是让他们复述，看他们所复述的意思与我们所表达的意思是否一致。

第三步　明确下属的权力范围和责任：明确告诉下属，要他们完成这些工作，他们可以动用的资源、拥有的权力及必须承担的责任是什么。

第四步　确认下属具备完成工作所需要的能力：确认下属有能力完成被分派的工作，如果能力不足，一定要及时给予培训和辅导。

第五步　定期检查和监督下属的工作：通过检查、监督，了解下属的工作进展和工作质量及存在的问题，以便及时改进。

第六步　及时给出评价和奖惩：按事先确定的时间和标准及时给予评价、奖励或惩罚。

李元芳心想："如果我们真能不折不扣地按照这六个步骤的要求去做，就一定可以有效分派工作。"

培训师接着说："我再补充几点。第一点，'因人派事'是让每个人尽量去做最适合他的工作，'因人派事'不是'因人设岗'，'因人设岗'是根据人来设置工作岗位，如果这样做，企业中可能会增加一些并不需要的岗位，这样企业成本势必会大幅增加，这种做法也与'企业是以市场为导向'的理念相悖。第二点，在跟下属沟通工作内容、工作意义、工作时限及合格标准时，一定要让下属复述，不要简单地提'你清楚了吗'这样的封闭式问题。第三点，一定要让下属明确自己的权力范围和责任，避免反授权或过多请示。第四点，不要只给任务，却不给必需的培养。第五点，不要'放羊'（网络用语，指散漫、无管制的自由状态）。第六点，无论是该奖励还是该处罚，都一定要'信守承诺'。"

*   *   *

三天培训即将结束时，培训师的话语对李元芳的触动也很大。

培训师说："各位亲爱的朋友，为期三天的'打造优秀中层管理者'实战特训营就要结束了。在以往培训中，我发现这样一个现象：有很多学员没有把学到的东西付诸行动，曾经甚至有一位学员对我说过，'天生我材必有用，就是有点不想动'，这是非常不可取的。只有有行动，才会有结果。因此，我希望我们在座的各位朋友，回到工作岗位之后，一定要立即行动。有人说过，'不是学习没有用（没有作用），而是因为我没有用（没有去使用），正因为我没有用（没有去使用），所以我没用（没有价值）'。最后，衷心祝愿大家做一个'有用'（去使用和有价值）之人。"

李元芳感觉，三天的培训收获确实很大，解决了不少自己已经遇到的问题，他下定决心要把这次培训所学到的知识和技能用在以后的工作中。

＊　　　　　＊　　　　　＊

培训结束后，李元芳把第三天学到的对自己最有价值的内容在博客上写成了一篇文章，标题是《工作分派就该这样做》，其中有这样一段内容。

> 在开展工作的过程中，我们总习惯于抱怨下属素质不够高、执行力不够到位、公司大环境不够好等，其实仔细想想，很多时候是作为管理者的我们在工作任务分派的一个或几个方面做得不够好。今天培训师和大家一起总结的"工作任务分派流程"让我醍醐灌顶，特别是培训师后来补充的"工作任务分派的六个注意事项"，更让我耳目一新。回到工作岗位之后，我一定要立即学以致用，用行动去创造结果！

081. 插播：读书才能赢

在"打造优秀中层管理者"实战特训营培训课程结束返回广州的途中，张帆问李元芳："元芳，我想问问你，你的管理能力提升得这么快，是如何做到的？"

李元芳说："我主要得益于三个方面：一是领导、朋友和同事的帮助，二是自己的实践、总结和反思，三是经常学习和读书。"

张帆说："我也有领导、朋友和同事的帮助，自己也在实践和总结，但我的进步没有你明显，估计是读书少了。元芳，你一年读多少本书啊？"

李元芳说："我当部门副经理的时候，平均一个月读一本；现在，平均一个月读两本。"

张帆问道："你认为读书的收获真的很大吗？"

李元芳说："有人说：'不读书，不看报，永远老一套；多读书，多看报，从此换新貌。'我认为读书对我的帮助真的很大。"

张帆说："你认为我应该读哪些方面的书？"

李元芳说："我们现在从技术走向管理了，应该提升自己的综合能力，这样就更应该多读书，通过读书来不断提升自己的思想和技能。我认为，之前我们做技术时，重点读的是技术方面的书籍，现在做管理了，就应该侧重读管理方面的书，除了读管理理论的书籍，由管理实践者创作的书籍更应该多读。因为管理实践者创作的书籍是对管理理论的应用和升华，对解决我们工作中遇到的一些实际问题有直接的指导和参考价值。另外，与我们从事的业务相关的技术书籍也要经常读，从而跟上技术进步的步伐。再有就是一些人文社科类的书。总之，凡是对我们有益的书，我们都可以读。你知道吗，我非常尊敬的一位名人——新东方教育集团创始人俞敏洪，他每年要读一百本书啊！"

张帆频频点头，在心里说："读书才能赢啊！"

082. 激励比监督更重要

最近，有两位项目经理向李元芳抱怨，部门副经理张帆自任职以来对他们的项目组成员"盯"得太紧，甚至经常站在他们的背后看着他们干活，项目组成员工作起来感到很压抑。他们原本以为是张帆刚刚上任，才会对他们"看管"得这么严，属于"新官上任三把火"的正常动作，忍一忍应该就好了，没想到忍了快九个月了，情况没有丝毫改变。项目组成员向项目经理反映说实在有点受不了这种"看管"，所以项目经理才把这个问题报告给了部门经理李元芳。

李元芳找到张帆说："张帆，咱们俩今年作为管理搭档合作近九个月来，在工作方面配合得很好，部门业绩和去年相比有了一定的提升，这非常不容易。特别是你今年全面负责项目管理，'盯'得很细，因此在项目上基本没有出过大问题。"

张帆自豪地说："元芳，这九个月来，我一直紧盯各个项目，确保员工都在我的视线范围内工作，特别是有几位员工属于'牙膏型'，不挤就不出活儿，我盯得更紧。实践证明，只有'紧盯'，才能出成绩。"

李元芳说："没错，今年的成绩大家是有目共睹的。不过，我想问问你，你这样'事无巨细'地紧盯，不觉得辛苦吗？"

张帆说："特别辛苦，我今年的体重都比去年轻了将近七斤！"

李元芳说："那你认为有没有更好的办法，能让我们既不那么辛苦，又能有同样甚至更好的管理效果呢？"

张帆有些不解，心想："看样子李元芳对我这种高度的'敬业精神'并不十分认可呀！"

张帆说："元芳，我这样做有什么不妥吗？"

于是，李元芳把项目经理的抱怨描述了一遍。

张帆万万没有想到，自己辛辛苦苦地帮助项目经理一起盯项目，居然会得到他们的负面反馈。

李元芳说："今年以来，我们项目的业绩比往年好，与你的'紧盯'确实是分不开的；但如果我们持续过度'紧盯'，员工的反感会凸显并加剧，这样会产生相反的效果，工作效率会慢慢下降。"

张帆说："你的意思是说，我的这种做法只能维持短期的业绩？"

李元芳说："是这样的。记得我担任部门副经理时，当时的人力资源部经理郑现实和我说，'不要像膏药一样贴在员工的后背上'。其实，对于管理者而言，重要的不是我们在场时员工做了什么，而是我们不在场时员工做了什么。"

张帆反问道："您是说我们不需要去监督员工吗？"

李元芳说："当然不是，监督是必要的。你也读过《项目管理知识体系指南》，其中项目管理知识体系五大过程组就有一个'监控过程组'，所以监督是必要的。但我们应该把握一个合理的'度'，因为每个人都不想被别人死盯着干活。对我们管理者来说，就是不能把自己当作'监工'。"

张帆说："如果不'死盯'，有没有更好的办法？"

李元芳说："当然有，那就是激励！"

张帆有点疑惑地说："激励？"

李元芳说："是的，人性决定了人们其实更喜欢被鼓励和表扬，而不喜欢被别人监管和批评。我们听说过'人的潜力是无穷的，关键在于我们怎么去激励'，但没有听说过'人的潜力是无穷的，关键在于我们怎么去监督'啊！"

张帆说："你的意思是说'激励比监督更重要'，对吗？"

李元芳说："就是这个意思，我们知道，对于员工的工作进展和工作结果，适当的监督肯定是有必要的，我相信监督的好处你比我体会得更深。但如果我们只有监督，而很少去激励员工，员工就不可能维持长期的积极工作状态，久而久之，工作效率必然下降。因此，我们在监督员工工作的同时，多去发现他们在工作过程中值得称赞的地方，然后去激励、表扬他们，这样他们会感到更轻松、更愉悦，工作起来更加卖力，效果自然更明显。同时，由于我们不需要时时'紧盯'，自己也就轻松了。"

张帆说："那些业绩不好的员工呢？也表扬吗？"

李元芳说："是的，他们更需要表扬和激励，因为这有助于增强他们的自信心。"

张帆说："如果他们没有好业绩，拿什么表扬他们呀？"

李元芳说："在工作中，我们多去发现他们有改善、有进步的地方，从这些方面去表扬和激励，他们就会做得更好。这样，他们值得表扬的地方也会越来越多。"

张帆说："元芳，我明白了，您的意思是说一手'监督'，一手'激励'；一手'大棒'，一手'胡萝卜'；让员工能轻松地接受我们的'监督'，更多地感受到我们的'激励'。"

李元芳点点头，心想："张帆也和自己一样有悟性啊！"

李元芳说："在管理过程中，我们实施了适当的'监督'，以后要多实施一些激励和表扬。"

张帆突然问："那批评和惩罚又该如何正确使用呢？"

李元芳说："没有批评和惩罚的管理是不完整的管理。不过，我们需要慎用批评和惩罚，当员工出现工作偏差，而且在我们提醒后仍然我行我素，或者重复犯同样或类似错误时，我们可以实施必要的批评和惩罚。"

李元芳继续说："张帆，关于如何做到恰到好处的监督、恰到好处的激励和表扬、恰到好处的批评和惩罚，需要我们多多实践和体会。我对这方面的理解也还远远不够，让我们一起去琢磨、一起去提升，加油！"

张帆觉得李元芳真的是在激励自己，心中充满了正能量。

＊ ＊ ＊

张帆离开李元芳办公室时，已到了下班的时间。李元芳做完自己的工作，打开博客，把今天自己和张帆沟通的内容写成了一篇文章，标题是《激励比监督更重要》，其中有一段总结如下。

> 在管理活动中，有没有既轻松又高效的管理方法？根据我目前的管理经验，我认为这种管理方法就是适当监督，重点激励和表扬，辅以必要的批评和惩罚。当然，要能做到监督、激励/表扬和批评/惩罚和谐统一、恰如其分，是需要功底和长时间去实践、历练和总结的，我现在做得还很不够，但我有信心一定能做好。

从那以后，张帆开始慢慢改变自己的一些工作方式。

后来，李元芳询问了那两位"投诉"张帆的项目经理，他们说张帆比以前"好"多了。再后来，张帆也对李元芳说，自己的工作比以前轻松一些了。

＊ ＊ ＊

张帆是一个积极主动的人，担任部门副经理九个月来，在自己的工作岗位上一直干得很"痴狂"，他不但要完成部门副经理的工作，还会"争着"去完成一些本该由项目经理完成的工作。为了这件事，薛勇和李元芳都和他沟通过，虽然情况有所好转，但张帆的工作量和工作强度还是比较大，经常是别人下班了，他一个人还在公司"乐此不疲"地加班。

长期超负荷地工作，加之最近一个大项目上线，张帆和该项目的项目经理及几个项目组成员连续加班几个晚上，身体终于向张帆提出抗议——他病倒了。

083. 授权也是一种激励手段

张帆住院的第三天，李元芳和薛勇一起去医院看望他。经过两天的休养，张帆的身体有所恢复，饮食基本恢复正常，精神状态也不错。

张帆看到李元芳和薛勇来看望自己，非常感激。他焦急地询问大项目上线的情况和部门其他工作的进展。

这时，主治医生来查房，张帆急切地问主治医生自己什么时候可以出院。医生告诉他，还需要住院休养四天，四天之后再做检查，如果各项指标都正常，就可以出院了。

张帆一听自己至少还需要住院四天，非常着急。他希望自己能马上出院，以便尽快投入工作。

李元芳对张帆说："张帆，你不用着急，先把身体养好再说。"

张帆说："这样会把工作给耽误了啊！只有八天就到国庆长假了，现在正是事情最多的时候啊！"

李元芳说："你生病住院，工作会耽误一些，这是肯定的。但你想想，要是你身体真的垮了，那耽误的工作就会更多啊！所以，你现在一定要多休息几天，等身体恢复好了再出院上班。这九个月来，薛总监和我都跟你沟通过，要你注意用'时间管理四象限法'来合理安排自己的工作，虽然有一些改善，但并不明显。要你自己少做点，把一些工作分派下去，你的理由是'我不放心''我身体好，顶得住'，结果怎样？没顶住吧？"

张帆笑了笑。

李元芳继续说："前段时间，我和你讲过要你多激励员工，你这样做了，结果自己比以前轻松了一些，对吧？"

张帆说："是啊，我发现激励员工对提高工作绩效确实非常有用。"

李元芳说："你用过哪些激励手段啊？"

张帆说："我用过的激励手段有'口头表扬''发小奖品''赢取绩效加分'等。"

李元芳问道："你有没有想过把一些有挑战性的工作分派给员工，并把这个作为一种激励手段？"

张帆疑惑不解地问："把一些有挑战性的工作分派给员工也可以激励他们吗？"

李元芳说："没错。把一些有挑战性的工作分派给员工，其实就是一种授权。"

张帆反问道："你的意思是说，授权也是一种激励手段？"

李元芳说："你说得非常对。"

张帆说："那你解释解释，为什么授权可以激励员工？"

李元芳没有马上回答张帆的这个问题，而是说："我想问问你，你刚才说的你用过的激励手段是怎么产生激励效果的？"

张帆说："主要是通过激发员工的工作热情达到激励的效果。"

李元芳说："如果授权能激发员工工作热情的话，那它也能产生激励效果，对吗？"

张帆说："没错。"

李元芳说："如果授权能产生激励效果，那它就是一种激励手段，你认同吗？"

张帆说："认同。"

李元芳接着说："把一些有挑战性的工作通过授权的方式分配给员工，一方面会让他们感受到自己的上司非常信任他们，这样就能够激发他们证明自己工作能力的热情；另一方面，员工有机会通过做一些有挑战性的工作而快速提升自己的能力，从而更加积极主动地工作。"

张帆仔细一想，确实是这么回事，于是心悦诚服地点点头。

李元芳说："现在你已经认可和理解'授权是一种激励手段'，而你又尝到激励的甜头，以后应该会很自然地想到去授权吧？"

张帆不好意思地说："我以前只知道授权可以让自己轻松一些，根本就没想到授权还有这样一层功能，如果早点知道，我就会和其他激励手段一起使用了。"

李元芳说："希望以后你多注意把一些事情授权给下属去做。"

张帆说："元芳，你放心。授权既对授权者本人有好处，又对被授权者有好处，以后我一定会多去使用的。"

＊　　　　　　＊　　　　　　＊

看望张帆后，李元芳回到公司。利用中午休息的时间，李元芳打开自己的博客，把上午到医院看望张帆时两人所聊的内容写成了一篇文章，标题是《授权也是一种激励手段》，其中有这样几段内容。

很多人害怕授权，有两个主要原因：一是不放心下属，怕下属事情做不好；二是担心把"权"授给下属了，自己反而没"权"了。其实，这两种担心都是多余的。因为谁都不能确定自己一定比下属做得好，即使现在下属没有我们做得好，如果不授权让下属去做，下属就永远不可能做得比我们好（这样的恶性循环会让自己"累死"）。另外，通过合理授权培养了下属、培养了我们的"接班人"，公司就会给我们提供升至更高职位的机会，这样我们反而会拥有更大的"权力"。

授权有两大主要好处：一是授权可以让管理者自己不被一些琐事羁绊，进而把自己的精力放到更有价值的工作上去，从而提高自己的工作效率；二是授权能激励员工，进而提高员工的工作效率。

然而，很多管理者只看到了授权可能带来的问题，往往忽视了授权的重大好处。其实，只要我们能正确和合理地授权，是不会产生令我们担心的那些问题的，反而可以充分发挥授权的好处。

＊　　　　　＊　　　　　＊

李元芳没有想到，张帆一不留神，在合理授权上出现了问题。

084. 合理授权很重要

张帆身体康复出院之后，就马不停蹄地投入到自己的工作中。现在已是 9 月底，马上就是国庆长假了，所以事情比平时更多。

张帆根据在医院时李元芳和自己沟通的内容，每天都按"时间管理四象限法"把自己的工作进行分类，然后尽量把那些"紧急但不太重要"的工作授权给下属去做，一个月下来，他觉得"授权"在激励员工方面确实发挥了不小的作用。

广州港前信息科技有限公司是每月 5 号发放上个月的工资。公司为了激励技术人员，每月都会对技术人员进行绩效考核，然后根据绩效考核的情况发放浮动工资（广州港前信息科技有限公司技术人员的工资由两部分组成，分别是基本工资和浮动工资，基本工资占工资的 60%，浮动工资占工资的 40%。技术人员每月基本工资固定，浮动工资根据考核的结果动态发放。如果员工月绩效考核结果好，浮动工资会超过工资的 40%；如果员工月绩效考核结果不好，浮动工资会低于工资的 40%）。电子政务软件开发中心属于技术部门，该中心的员工自然需要进行绩效考核。

电子政务软件开发中心开发一部员工的《浮动工资考核表》由张帆负责制定，经李元芳审核、薛勇审批之后，提交给人力资源部。人力资源部依据审核和审批的结果发放浮动工资。今天是 10 月 31 日——10 月份的最后一天，也是将《浮动工资考核表》提交给人力资源部的时间。张帆把《浮动工资考核表》打印出来后，通过"授权"的方式交给了部门秘书小 P（公司常务副总经理熊浩的秘书李思思年初调到公司总经理办公室任行政主管后，原电子政务软件开发部秘书蔡琴接替了李思思原来的工作，小 P 是年初电子政务软件开发中心开发一部新聘用的部门秘书），让她把《浮动工资考核表》送交部门经理李元芳签字（之前，一直是张帆

189

把《浮动工资考核表》交给李元芳和薛勇签字的）。

李元芳看到这次是小 P 送过来的《浮动工资考核表》，便让她把文件放下，说："小 P，请你一定不要把今天看到的浮动工资的考核结果告诉任何人。"

小 P 点点头，离开了李元芳的办公室。

之后，李元芳赶紧打电话给张帆，让他来自己的办公室一趟。

张帆进来后，李元芳用略带责备的口吻对张帆说："张帆，你怎么让部门秘书小 P 把《浮动工资考核表》拿过来给我审核啊？"

张帆说："因为我今天还有很多重要的事情需要处理，所以我把这件'紧急但不太重要'的事情'授权'给部门秘书小 P 做了。"

李元芳说："你这次的授权不合理。"

张帆非常疑惑："我是按'时间管理四象限法'进行分类，然后把送交《浮动工资考核表》这件'紧急但不太重要'的事情授权给下属去做的啊！"

李元芳说："送交《浮动工资考核表》这种类型的事情比较特殊，是不能授权的。"

张帆挠挠后脑勺，有些不解。

李元芳接着说："你按照'时间管理四象限法'把日常事务进行分类，然后按照分类的结果去决定'自己亲自做''安排时间有计划地做''授权给下属去做''干脆不做'，这种思路本身并没有错。但有一类事务，不管你认为它的重要程度和紧急程度如何，如果必须是由管理者本人亲自执行的，就一定不能授权给别人。"

张帆好像明白了一点。

李元芳继续说："你知道，我们公司员工的工资是保密的，只有上司才有权知道他所管理的下属的工资情况，员工之间是不能互相透露工资情况的。你现在让部门秘书小 P 把《浮动工资考核表》交给我签字，不是让她知道咱们部门你和我之外所有员工的工资情况了吗？"

张帆猛然惊醒，后悔地说："元芳，这次麻烦了，我'授'错'权'了。"

李元芳说："这也有我的责任。上次我和你讲'授权是一种激励手段'时，没有重点强调这种必须由管理者亲自处理的事务是不能授权的。其实，必须由管理者亲自处理的事务中的大部分应该属于重要事务。像送交《浮动工资考核表》一事，我认为正确的归类应该是'紧急且重要'，你在归类上也不太妥当。当然，对事务的分类是每个人依据自己的判断进行的，没有严格的标准，因此你把送交《浮动工资考核表》一事归到'紧急而不太重要'一类也是可以理解的。以后注意，不管我们把事务进行归类后的结果如何，我们在授权之前一定要仔细考虑这件事是否必须由管理者本人去完成，如果是，不管我们把这件事情归到哪一类，都不能授权给别人去做，而只能由我们自己去完成。"

张帆听完李元芳的剖析，终于彻底明白了。他对李元芳保证说："元芳，'吃一堑，长一智'，在正确和合理授权方面，我以后一定会注意的。我也要通过这事件，提醒自己以后不'吃一堑'也能多'长一智'。"

李元芳说："好，以后多注意。"

张帆问道："那要不要告诉小 P，让她不要把看到的信息传播出去？"

李元芳说："她刚才送《浮动工资考核表》过来时，我就第一时间告诉她了，请她不要把今天看到的浮动工资的考核结果告诉任何人。"

张帆拿着李元芳签字后的《浮动工资考核表》，自己找薛勇审批去了。

*　　　　　*　　　　　*

李元芳觉得这件事在有效授权方面是一个典型的案例，就把这件事在博客上写成了一篇文章，标题是《合理授权很重要》，最后一段内容如下。

很多管理者要么不授权、要么乱授权。殊不知，那些必须由管理者亲自去完成的工作，不管我们认为它们的紧急和重要程度如何，都是不能授权给下属去做的。否则，就会授权错误。因此，在以后的工作中，我们一定要注意合理和正确地授权。

＊ ＊ ＊

处理完这件事的第二天上午，李元芳接到一位客户的投诉电话。客户投诉由项目经理小 Z 管理的一个项目提交的一份文档有明显错误，还说之前也出现过类似问题。

李元芳听完客户的投诉之后，便去找项目经理小 Z 了解情况。

085. 管理者授"权"不授"责"

小 Z 听完李元芳对问题的描述后，把坐在办公室后排负责编写该文档的工程师小 X 叫过来，当着李元芳的面说："李经理，文档是工程师小 X 编写的，我在把这项工作授权给他时，已经非常清楚地交代了应该怎么做，所以文档出现了客户投诉的问题，应该让小 X 承担全部责任。"

李元芳觉得项目经理小 Z 处理这个问题的方法不当，但又不好当着项目组成员小 X 及部门其他员工的面指出小 Z 处理该问题的欠妥之处。于是，李元芳对小 Z 说："好了，这件事就先这样吧！小 Z，你处理完手头工作后来我办公室一趟，我找你有其他事情。"

小 Z 处理完自己手头的工作，敲响了部门经理李元芳办公室的门。

李元芳招呼小 Z 坐下，小 Z 问道："李经理，您找我有什么事呀？"

李元芳说："没有其他事情，就是刚才客户投诉的事情。"

小 Z 说："客户投诉的事情，您不是已经清楚了应该由小 X 负责吗？"

李元芳说："小 Z，你刚才在处理客户投诉这件事情上做得欠妥，你不能当着我的面把责任推卸给小 X。刚才当着部门其他员工的面，我不方便说你，所以才单独把你叫到我的办公室和你沟通。"

小 Z 不解地说："李经理，我这不是把责任推卸给他啊，是他自己做的工作啊！况且，我把这项工作分配给他时，已经和他交代清楚了，如果没有做好，他是要承担责任的。"

李元芳说："你这样分派工作并没有错，在分派工作时，提醒下属要对工作的质量负责也没有错。"

小 Z 问道："您认为我到底错在哪里呀？"

李元芳说："你要知道，授'权'是不授'责'的。"

小 Z 说："您的意思是说，下属做的所有工作，都需要由管理者承担责任？"

李元芳说："你说得对，管理者需要对下属所完成的工作承担责任。"

小 Z 说："这样说来，下属在工作上就没有责任了吗？"

李元芳说："当然不是。"

小 Z 说："我是去年下半年才担任项目经理的，这是第一次遇到客户投诉，在这种问题上，我还没有处理经验，您看我应该如何处理比较合适？"

李元芳说："作为管理者，当下属完成的工作出现问题时，我们需要勇敢地先把责任承担下来，特别是当我们的上司或客户在场时，更不能直接把责任推卸给下属。事后，我们可以根据之前和下属达成的共识，适当追究他们的责任，甚至给予必要的惩罚。"

小 Z 说："李经理，我明白了。因为我是下属的管理者，所以应该承担管理责任。另外，在自己的领导和客户面前把责任承担下来，会让下属认为这样的上司值得信赖，他们以后也会更愿意认真工作。"

李元芳说："你理解得很对。其实，作为下属，他也知道是因为自己没有把工作做好才出现问题的。如果自己的上司能在领导和客户面前替自己承担责任，下属会很感激上司，他们以后的工作干劲儿也会更足，他们甚至会想方设法弥补以前自己工作的不足。"

小 Z 说："原来'授权不授责'还有这么多好处啊！"

李元芳笑了笑，说："小 Z，这也是管理的智慧啊，以后知道该怎么做了吧？"

小 Z 说："李经理，我知道了，谢谢您的指点。"

*　　　　　*　　　　　*

小 Z 离开李元芳的办公室时，已经是上午下班的时间了。李元芳觉得授"权"不授"责"是很多新晋管理者不太能理解和正确执行的一条原则，于是他利用午饭前的一点时间，把刚才和小 Z 沟通的内容进行整理，在博客上写成了一篇文章，标题是《管理者授"权"不授"责"》，最后一段内容如下。

> 有些管理者，特别是一些新晋管理者，认为授权之后就万事大吉了，出了问题应该由被授权者承担责任，这种观点和做法是错误的。作为管理者，我们应该授"权"不授"责"（事情可以授权下属去做，但责任仍然在管理者身上）。这就告诉我们，管理者把事情授予下属去做后，一定要监督和检查，千万不要当"甩手掌柜"，撒手不管。当然，作为执行工作的被授权者，他们也是需要承担一定的责任的。因此，管理者在授权时，需要明确告诉下属，事情没做好，他也要承担责任。如果授权给下属的事情，下属真的没做好，事后管理者可以"依法"追求下属的责任，但当着自己上司和客户的面，管理者一定要勇敢地承担责任。这样的管理者，才算是管理者中的"智者"。

086. 不怕没有待遇，就怕没有希望

11 月 2 日晚八点多，李元芳登录 QQ 不久，一位网名为"前夜星辰"的成员在"技术经理学习交流群"中非常苦恼地说，他们部门一位非常得力的技术骨干离职了。

李元芳从 QQ 资料中了解到，"前夜星辰"是一个女孩。

这时，"前夜星辰"又发了一条信息，感叹现在管理工作真难做，员工真难满足。

李元芳在"前夜星辰"的信息后面发了一个表示同情的"难过"表情。

没想到，"前夜星辰"单独给李元芳发了一条信息："您好，我现在遇到了人力资源管理方面的问题，您能帮帮我吗？"

李元芳是一个"热心肠"，他马上给"前夜星辰"发了一条信息说："我的能力有限，不知道能否帮到您，不过我很乐意和您交流。"

"前夜星辰"说："我们部门一位非常出色的技术骨干昨天离职了，我感到非常遗憾。"

李元芳问道："我方便问您现在的职位吗？"

"前夜星辰"说："我现在是技术部门的经理。"

李元芳问道："您的这位技术骨干在公司工作几年了？"

"前夜星辰"说："我的这位同事在部门工作了五年多，已经成长为部门里非常优秀的技术骨干了。"

李元芳说："那你们公司的愿景、价值观、发展规划，员工们清楚吗？"

"前夜星辰"说："我们公司在企业规划和企业管理方面不怎么突出，公司领导也没有花费太多时间和精力去向员工宣传企业的愿景、价值观和发展规划之类的东西。"

接着，"前夜星辰"问道："您提到的公司愿景、价值观和发展规划，与这位员工离职有什么关系吗？我想员工最看重的应该是自己的收入吧？"

李元芳没有直接回答"前夜星辰"的问题，而是反问道："您了解这位员工离职的原因吗？"

"前夜星辰"说："他离职的时候告诉我，他继续在公司干下去，看不到什么希望。不过，我认为他离职的真正原因是觉得自己的工资不够高。"

李元芳说："您的这位员工说'继续在公司干下去，看不到什么希望'，也就是说，他看不到公司和自己的未来。一位员工看不到公司的未来和自己在公司里的未来基本上有两种原因：一种是公司或他所在的部门没有愿景、价值观和发展规划，或者他不清楚公司或他所在的部门的愿景、价值观和发展规划；另一种是他清楚公司或他所在的部门的愿景、价值观和发展规划，但这样的愿景、价值观和发展规划对他没有多少吸引力。"

李元芳继续说："我认为您的这位员工离职的真正原因，不是您公司目前给他的待遇低，而是看不到公司和自己发展的希望。很多员工离职，不是因为待遇低，而是因为看不到希望。对于大多数员工来说，不怕没有待遇，就怕没有希望。因为只要有希望，更好的待遇是早晚的事！"

"前夜星辰"说："我还一直误以为这位员工离职的原因是，他觉得公司给他的待遇不够高，但不好意思直说，所以找了'继续在公司干下去，看不到什么希望'的借口。"

李元芳补充说："如果这位员工觉得您公司给他的工资低，我想他不会在公司待五年多。他之所以能在公司工作五年多并且能成为您部门的技术骨干，证明他非常积极上进，而且对于目前的待遇并不十分在乎。他在这五年多的工作时间里，一直在了解公司的未来和希望。通过五年多的了解，他已经清楚公司很难给他带来希望，所以他才决定离职的。"

"前夜星辰"说："原来如此啊！我之前一直纳闷，这位员工的工资是我们部门工龄相同的员工中最高的一个，月薪 17000 元。这么高的工资，他还要走，也未免太不知足了吧！现在我才明白，他要走的真正原因，不是因为'待遇'而是因为'希望'。我认为您分析得很有道理，原因挖掘得很深刻啊，请问您担任管理者多少年了？"

李元芳说："我担任公司中层经理快三年了。"

"前夜星辰"发了一个"强"的表情符号后说："您只当了三年的中层经理，就在人力资源管理方面认识得这么深刻，请问您是如何做到的呢？"

李元芳发了一个"得意"的表情符号后说："在这方面，我主要有四位老师——我们公司常务副总经理、我的顶头上司、我们公司人力资源总监和我一个当人力资源总监的表哥。"

"前夜星辰"说："真羡慕您啊！我想问问您，您刚才说'员工是因为看不到希望而离职的'。您认为，作为一名中层管理者，我该怎么做才能让这种类型的员工继续留在部门工作？"

李元芳说："企业能否给员工带来希望，我们很难直接承诺，毕竟我们只是中层经理。但是，我们可以通过和公司领导沟通去影响他们，让公司领导逐步重视并宣传公司富有吸引力的企业愿景、价值观和发展规划。同时，作为中层管理者，我们也可以通过宣传部门的愿景、价值观和发展规划，让员工看到部门的希望，从而留住这类员工或延长这类员工在公司的任职时间。"

"前夜星辰"问道："宣传部门的愿景、价值观和发展规划，也能留住这类员工或延长这类员工在公司的任职时间？"

李元芳说："是的。虽然员工非常在乎公司能给他们带来的未来和希望，但也在乎自己所在的部门能给他们带来的未来和希望，因为员工毕竟是在部门工作嘛！"

"前夜星辰"深深感谢李元芳分享给自己的管理智慧，两人对话快结束时，"前夜星辰"发了一个"握手"和"胜利"的表情符号表示对"追求进步"（李元芳）的感谢，说："谢谢您分享得这么有价值的管理智慧，以后在管理工作中如果遇到其他问题，还希望您不吝赐教。"

李元芳回复说："赐教不敢当，咱们都是做管理的，希望以后互相切磋、共同进步。"

李元芳和"前夜星辰"互发了一个"握手"的表情符号后结束了对话。

＊　　　　　＊　　　　　＊

李元芳认为刚才和"前夜星辰"聊到的这个人力资源管理方面的案例非常有

价值，于是他把这个案例进行整理在博客上写成了一篇文章，标题是《不怕没有待遇，就怕没有希望》，最后一段内容如下。

> 对于大多数员工来说，他们所看重的往往不是眼前的待遇，而是长远的待遇，即公司能给自己带来的希望和未来。大多数优秀员工选择离开自己服务的公司，往往不是因为目前的工资待遇问题，而是因为他所服务的企业或部门不能给他带来希望。因此，我个人认为，企业高层和中层管理者一定要重视企业和部门的愿景、价值观、文化体系和发展规划。

"前夜星辰"向李元芳咨询"技术骨干为什么会离职"这一问题之后的一个星期，她又通过"技术经理学习交流群"向李元芳请教了另一个问题出现的原因和解决方案。

087. 让基层员工得实惠，让高层员工有理想

"前夜星辰"说："您好，请问您现在有时间吗？"

李元芳说："有的，我现在不忙。"

"前夜星辰"说："我昨天面试了一位新员工。我认为这位员工挺符合我们的岗位要求，但他最终放弃了我们公司的聘用。"

李元芳问道："您面试的这位员工工作几年了？"

"前夜星辰"说："去年刚毕业。"

李元芳说："您给他开的月薪方便透露一下吗？"

"前夜星辰"说："我给他的月薪是试用期5500元、转正后6000元。您上次和我说，员工们更在乎的是公司和部门的愿景、价值观、发展规划等，所以我这次和他面谈时，在公司和部门的愿景、价值观、发展规划等方面和他沟通得比较多，试图通过给他构筑'希望'和'未来'，吸引他来公司工作。"

李元芳说："我认为您的这种做法没有错。"

"前夜星辰"问道："那他为什么没有选择我们公司呢？"

李元芳反问道："您后来有没有问过他放弃来您公司任职的原因？"

"前夜星辰"说："他说工资偏低。我和他说，'钱不是问题，工作做好了，工

资自然会涨上去的。'他却对我说，'经理，钱确实不是问题，没钱才是问题。'现在的年轻人，真有点看不懂。"

李元芳说："我想这位应聘者放弃来您公司上班的主要原因正如他自己所说，应该是您给他的待遇低了点。"

"前夜星辰"一时迷糊了："上次技术骨干离职，'追求进步'说是因为他看不到公司和部门的未来，而不是因为待遇问题；这次新员工没有招聘到，却是因为待遇问题。"

"前夜星辰"问道："那您能否仔细解释解释？"

李元芳说："您应该知道'马斯洛需求层次理论'吧？"

"前夜星辰"说："这个我知道，'马斯洛需求层次理论'包括五个层次，从低到高依次是'生理需求''安全需求''归属和爱的需求''尊重的需求''自我实现的需求'。"

李元芳问道："您认为您昨天面试的这位员工应该属于'马斯洛需求层次理论'的哪一个层次？"

"前夜星辰"说："我想他应该属于'生理需求'这一层次，因为他刚参加工作不久。"

李元芳回答道："您说得没错，您昨天面试的这位员工应该属于满足其'生理需求'的层次。对还处于'生理需求'层次的员工，应该重点通过待遇来吸引他们，从而满足他们的'生理需求'。其实，当我们面对不同类型的员工时，应该采用不同的管理和激励办法。"

李元芳继续说："我们大致可以把部门员工分成两类，一类是刚入职不久的基层员工，另一类是已经成长为部门骨干型的'高层次'员工。我们要做到'让基层员工得实惠，让高层员工有理想'。"

"前夜星辰"觉得李元芳"让基层员工得实惠，让高层员工有理想"的说法非常新颖，她迫不及待地追问道："能否麻烦您再解释解释？"

李元芳说："所谓'让基层员工得实惠'就是通过绩效考核和绩效激励来影响他们每个月的收入；所谓'让高层员工有理想'，就是尽量多地去为他们提供一些有挑战性的工作或岗位，让他们拥有实现自我价值的平台。"

"前夜星辰"给李元芳发了一个"强"的表情符号后郑重地写了两个字："谢谢！"

"前夜星辰"继续说："现在我们部门技术人员的月薪都是固定的，只要没有加薪，员工每月的工资就是不变的。看样子，这种薪酬制度不利于激励员工，尤其是不利于激励基层员工。从明年开始，我要向公司申请改革薪酬制度，把每月的固定薪酬调整为浮动薪酬，通过每月绩效考核实现'多劳多得'，用这种方式来激励员工。"

李元芳给"前夜星辰"发了一个"强"的表情符号。

"前夜星辰"说："我感觉您在人力资源管理方面有很多值得我学习的地方，我能否加您为微信好友，便于以后向您请教？"

看到"前夜星辰"发过来的这条信息，李元芳主动把自己的微信号发给了"前夜星辰"。

*　　　　　　*　　　　　　*

李元芳认为，刚才和"前夜星辰"聊到的由员工招聘所引申出来的人力资源管理和激励的问题对广大中层管理者很有参考价值。于是，他把这件事在博客上写成了一篇文章，标题是《让基层员工得实惠，让高层员工有理想》，最后一段内容如下。

> 作为管理者，在人力资源管理方面，我们需要区别对待不同层次的员工。刚参加工作不久的员工，一般更在乎自己的收入；工龄较长的老员工，一般更在乎自我价值的实现。因此，作为管理者，我们需要把握

好"让基层员工得实惠，让高层员工有理想"这一人力资源管理和激励的基本原则。

就在"前夜星辰"向李元芳请教"为什么没能成功招聘"这个问题后的第三天晚上，一位网名为"昨夜星辰"的 QQ 网友请求加李元芳为好友，理由是"经'前夜星辰'介绍"，李元芳按下了"同意"按钮。

088. 不要让"沉默"的人"寂寞"

过了一会儿，"昨夜星辰"给李元芳发了一条信息，说："您好，我是'前夜星辰'的一位朋友，听她说您在员工管理方面很在行，所以加了您的 QQ。"

李元芳从 QQ 资料上看到，"昨夜星辰"也是一位女孩。

李元芳谦逊地说："我也只懂一点点，还望以后有机会多向您学习。"

"昨夜星辰"说："您谦虚了，我听'前夜星辰'说，她非常佩服您，所以她才介绍我认识您的。"

李元芳问道："方便说说您从事哪个行业吗？"

"昨夜星辰"说："我们公司属于 IT 行业，我是公司工程技术部的部门经理。"

李元芳说："真巧啊，咱们是同行。"

"昨夜星辰"给李元芳发了一个"握手"的表情符号后说："我在人力资源管理方面遇到了一些问题，不知能否得到您的指点？"

李元芳说："您千万不要这么说，我在这方面也刚刚起步。如果您不嫌弃我的水平低，我们可以一起分析和探讨。"

"昨夜星辰"说："事情是这样的，一位在我们部门工作了四年的员工，一个星期前离职了。"

李元芳说："那您能把这位员工的基本情况介绍一下吗？"

"昨夜星辰"说："这位员工是个女孩，性格比较内向，不善言语。她工作兢兢业业、细致认真、任劳任怨，是一个不错的实干型员工。她在公司工作了四年，我真的没有想到她会离职。这么好的员工离职了，真是可惜啊！"

李元芳说："您有没有问问她离职的原因？"

"昨夜星辰"说："我问她了，她没有明说，只是说她感觉部门不怎么重视她。"

李元芳说："您能否告诉我，她在公司工作的四年时间内，加过几次薪？"

"昨夜星辰"说："加过两次，一次是她转正的时候，一次是她来公司的第二年，公司发布新的薪酬体系时普调加薪，这两年没加过。"

李元芳问："她这两年表现怎样？"

"昨夜星辰"说："她一直表现得不错。"

李元芳说："那您为什么不给她加薪啊？"

"昨夜星辰"说："她一直默默地工作，平时寡言少语，从来没有向我提过她对现在的待遇不满意啊！"

李元芳说："那您对她关注得多吗？"

"昨夜星辰"内疚地说："我对她关注得比较少，表扬得也很少。"

李元芳说："我认为您可能在这方面出现了一些问题，导致了该员工离职。"

"昨夜星辰"说："那能否麻烦您帮我剖析剖析？"

李元芳说："您的这位员工性格内向、不善言语。这种类型的员工基本上不会主动要求上司给自己加薪，当然就更不会要求上司表扬自己了，但这并不代表他们不在意自己的收入和上司对自己的表扬与鼓励，相反，他们内心深处有着深深的渴望。我认为，作为管理者，我们应该公平地对待下属。有些管理者只给那些'会叫'（喜欢在上司面前表功、索要个人回报）的员工表扬和加薪，而对那些工作兢兢业业、不喜欢向上司表达自己内心渴望的员工则疏于表扬和加薪，这是非常错误的做法。作为管理者，我们千万不要让'沉默'的人'寂寞'。"

"昨夜星辰"说："您的剖析很有道理。我想这位员工的离职应该是我造成的，是我没有主动去重视和关心她。您说得很对，现在回想起来，我确实犯了一个错误，那就是让'会哭'的孩子吃了更多的'糖'，却没有想到那些'不爱哭'的孩子，他们可能更需要'糖'吃啊！"

李元芳说："您说得很好。管理者给员工更好、更多的薪酬、福利和表扬时，不能依据谁会'哭'、谁会'叫'，而应该依据谁的贡献大、谁的成绩更突出。对于那些业绩平平的员工，即使他再会'哭'、再会'叫'，不该给的还是坚决不给，否则就失去了管理的公平性、合理性和原则性。"

"昨夜星辰"听得如痴如醉，她给李元芳连发了三个"点头"的表情符号，表示对李元芳分析的高度认可和钦佩。

"昨夜星辰"说："谢谢您的分析和建议，以后我知道该怎么做了。我会从这位员工的离职中吸取教训，确保以后不再出现类似现象。"

李元芳说："不用客气，期望我的这些建议会对您的工作有帮助。"

"昨夜星辰"说："今天耽误您时间了，下次有问题再向您请教。"

"昨夜星辰"和李元芳互发了一个"再见"的表情符号后结束了对话。

*　　　　*　　　　*

李元芳认为，刚才和"昨夜星辰"聊到的有关内向型员工的管理和激励的话题很有现实意义，对广大中层管理者也很有参考价值。于是，他把对话进行了整理，在博客上写成了一篇文章，标题是《不要让"沉默"的人"寂寞"》，最后一段内容如下。

> 管理者要尽可能做到"一碗水端平"，不要"顾此而疏彼"，更不要"顾此而失彼"。那些性格内向、平时少言寡语的员工其实更希望得到上司的肯定和认可，所以我们千万不要疏于对他们的关注、重视、激励、认可和表扬，一定要提醒自己根据他们的业绩主动给他们加薪和表扬，只有这样，我们才能让他们在自己的岗位上安心工作，才能让他们做出更大的贡献。总之，一句话：作为管理者，我们不要让"沉默"的人"寂寞"。

没过几天，"昨夜星辰"又在网上向李元芳发来了求助信息。

089. 让有才华的人没有犯错误的机会

"昨夜星辰"说："您好，其实上次我还有一个问题想向您请教，只是当时时间比较晚了，怕影响您休息，也不忍心耽误您太多时间，所以只好作罢。"

李元芳说："没关系，与您讨论工作中出现的问题，对我以后更好地开展管理工作也是非常有帮助的，这是互利双赢的事情啊！"

"昨夜星辰"说："是这样的，我们部门有一位能力非常突出的员工，技术实力非常强，但身上有一些令我感到非常头疼的问题。"

李元芳说："您能说说具体的事例吗？"

"昨夜星辰"说："他的能力很强，帮我们部门解决了不少技术难题，但他恃才傲物，瞧不起能力不如他的同事，与部门员工之间的关系处理得也不好。最令人头疼的是，他说话很冲，甚至有点盛气凌人，不会顾及他人的感受。上次派他到客户现场去处理一个技术问题，他一激动，竟然骂客户'智障'。"

李元芳问道："如果您的这位员工能力没有这么突出，却有如您所述的这些不足的话，您会如何处理？"

"昨夜星辰"一激动，斩钉截铁地说："那早就被我开除了！"

李元芳问道："您为什么没有开除他呢？"

"昨夜星辰"说："他的能力很强，对部门贡献很大。如果把他开除了，我损失不起啊！"

李元芳说："那您能容忍他的这些缺点吗？"

"昨夜星辰"说："他的贡献和他给我带来的麻烦相比，就我个人来说，我是可以容忍的。但我们是一个部门、一个团队，时间长了，其他员工会认为我厚此薄彼，这样会影响他们的工作积极性、贡献度和稳定性啊！要是因为他而影响到整个部门，那问题就大了。"

李元芳说："'金无足赤，人无完人'，能力越出众的人，缺点往往越明显。您说的这种情况，是很多管理者头疼的事，其实我也不例外啊！既然您舍不得把他开除，又不希望他影响整个团队，那我就建议您好好对他做一番分析，看他身上到底有哪些优点和缺点，这些优点适合做什么工作，这些缺点不适合做什么工作，然后尽量去发挥他的优点，让他的缺点在你们部门没有发挥的机会。"

李元芳继续说："像您刚才说的，他说话很冲，您以后就不要安排他去和客户沟通。您可以安排别人去沟通，然后把沟通结果反馈给他。"

"昨夜星辰"说："我明白您的意思了，您是说'让有才华的人没有犯错误的机会'，对吗？"

李元芳说："您总结得很到位。遇到这样的员工，我们可以通过建立规章制度、加强日常管理、合理安排他们的工作等方式，尽量减少他们犯错误的机会。当然，如果能够杜绝，那就更好了。不过，想要完全杜绝恐怕很难，至少我目前远远没有做到。"

"昨夜星辰"说："您的这些建议很好，我一定会好好采用。不过，我想再问问，要是凭我现有的管理水平，仍然不能解决好这个问题，那该怎么办？"

李元芳说："如果您认为您对他的思想教育工作已经做到位，您的管理能力也充分发挥了，但这种类型的员工仍然无法被较好地使用，并且他的影响已经波及整个团队，我想，这时他的正面贡献应该小于他的负面影响了。既然他的正面贡献小于他的负面影响，那怎么做就显而易见了。"

"昨夜星辰"说："那就只能把他开除？"

李元芳说："只能'忍痛割爱'了，毕竟到了这个份上，您也很无奈啊，对吧？"

"昨夜星辰"给李元芳发了一个"笑脸"的表情符号后，说："真是'听君一席话，胜读十年书'啊，谢谢您了。"

李元芳发了一个"憨笑"的表情符号后，说："书还是要读啊，要是哪天哪位作者以我为人物原型写了一本书，您可记得一定要买回去看噢！"

"昨夜星辰"说："那是必须的。"

*　　　　　*　　　　　*

结束对话之后，李元芳认为管理这种能力超强但缺点也十分突出的员工，确实是很多管理者十分头疼的事情。于是，他把"昨夜星辰"提供的这个案例进行整理在博客上写成了一篇文章，标题是《让有才华的人没有犯错误的机会》，最后一段内容如下。

> 很多管理者在遇到这种能力超强但缺点也十分突出的员工时，不知如何管理。我曾经困惑过，现在也没有完全走出困惑。今天我的一位网友提出了这样一个案例，我们进行了详细分析。根据我的经验，我认为比较合适的办法就是对他们的优点和缺点进行深入分析，然后通过诸如建立规章制度、加强日常管理、合理安排他们的工作内容等方式，尽量发挥他们的优点，避开他们的缺点，从而最大可能减少他们犯错误的机会。我认为，想杜绝这类员工犯错误恐怕很难，如果哪位管理者真的做到了，那他应该就是当今世界首屈一指的管理大师了。

没过几天，"昨夜星辰"再一次找李元芳帮忙。

090. 这样化解技术牛人之间的冲突

"昨夜星辰"说："今天我遇到了一件令我非常头疼的事情，部门中两个一直相互较劲的技术牛人苏工和蔡工，在一项目技术选型讨论会上发生了激烈争吵，双方各执一词，都坚决捍卫自己的技术解决方案，谁也说服不了谁。两人之间的不和谐，这次彻底爆发了。"

"昨夜星辰"发了一个"抓狂"的表情符号后，继续说："您之前遇到过类似问题吗？您是如何处理的？"

李元芳说："您说的这种情况，我曾经也遇到过。的确，技术牛人一般比较孤芳自赏，甚至有点自恋；比较封闭自我，不太容易接受他人的观点。"

"昨夜星辰"看到李元芳也遇到过类似的情况，像抓到了一根救命稻草，她迫不及待地要李元芳指点迷津。

李元芳问道："您说的苏工和蔡工，他们提供的技术解决方案有什么差异吗？"

"昨夜星辰"说："他们提供的技术解决方案只是技术实现方式不同，讨论会上，大家普遍认为，从方案本身来说是难分伯仲的。这就是我头疼的地方，要是技术方案有明显优劣之分，倒好办些。"

李元芳说："根据我的经验，我认为要解决技术牛人之间不能相互合作的问题，比较可行的办法有如下四个：（1）平时多找他们单独沟通，但要注意不要一遇到冲突，就把冲突双方喊到一起沟通；多利用一些非正式的沟通场合和他们沟通，效果往往会更好，因为技术牛人一般都比较敏感。（2）你通过和他们的沟通，让他们明白你很重视他们、他们对部门很重要，同时要让他们明白商业活动不同于科研工作，比的不是技术绝对的好与坏，而是能不能多快好省地解决工作中遇到的问题。（3）平时可以通过一些事例和案例在团队中灌输团队合作的重要性，在部门中多营造团队协作的工作环境和氛围，像设立'合作贡献奖'就是不错的正面引导和激励的方式。（4）在合适的条件下（注意所选择的时机一定是他们没有发生冲突的时候）创造一些机会，让那些平时在工作过程中合作有困难的技术牛人在一起沟通和交流（如拓展活动时，有意让他们分在同一组），建立和培养他们之间的感情，这样会让他们之间的合作朝良性方向发展。"

李元芳继续说道："我说的四个方法是指技术牛人之间的冲突没有爆发时，我们可以采用的预防措施。像您说的这种情况，冲突已经爆发了，所以要采取应急措施。"

"昨夜星辰"急切地问道："您说我现在该如何做？"

李元芳说："建议您分别找他们两位聊聊，先动之以情，再晓之以理，然后看看双方是否愿意平心静气地坐下来沟通，如果能让他们放弃前嫌、走向合作，当然是最好的解决方案。如果暂时没办法做到这一点，就建议采用分开的方式来充分发挥他们各自的能力，如让他们分别负责不同的项目或调离到其他部门工作。"

"昨夜星辰"如获至宝，她对李元芳说："太感谢了，明天我就先找他们两位分别沟通，实在不行，就按您说的办法，把他俩分开做不同的项目，消除可能引发冲突的环境。"

"昨夜星辰"继续说道："在化解技术牛人之间的冲突方面，我以前确实不够重视，也没有特意去采用一些预防措施来培养技术牛人之间的感情和合作精神。您提到的让技术牛人相互合作的四个方法，我一定马上付诸行动。"

＊　　　　　＊　　　　　＊

李元芳认为，在技术部门，技术牛人之间不能精诚合作，是很多管理者倍感头疼的一件事情，也是团队中非常典型的一种内耗。如果能让技术牛人良好地合作，他们对团队的价值贡献无疑是巨大的。于是，他把"昨夜星辰"提供的这个案例进行整理在博客上写成了一篇文章,标题是《这样化解技术牛人之间的冲突》,其中有这样两段内容。

> 技术牛人在一起共事，出现冲突和摩擦的可能性往往较大。我们知道，在商业活动中，技术是为解决问题服务的，严格区分技术的优劣，既是很难做到的，也是没有意义的。对于技术部门来说，技术无疑是很重要的，因此，我们也不能因为技术牛人之间有冲突和矛盾，就轻率地采用开除的方式来平息；如果这样做，会导致部门内部技术人才匮乏。

> 技术牛人之间的冲突并非"洪水猛兽"，是可以有效预防和化解的。首先，预防胜于解决，作为技术部门的管理者，我们在平时应该多采用

一些措施，预防技术牛人之间可能出现的冲突。另外，当冲突出现时，我们尽量想办法让冲突双方能平心静气地坐下来沟通，如果做不到就暂时把他们分开，让他们从事不会产生冲突的工作。

在"昨夜星辰"和李元芳探讨"如何化解技术牛人之间的冲突"这一问题的第二天晚上，一位网名为"今夜星辰"的网友申请加李元芳为 QQ 好友。申请的理由是"我是'昨夜星辰'的大学闺蜜"，李元芳惊诧自己最近太有女人缘，依然按下了"同意"按钮。

091. 管理者需要"鞭打慢牛"

李元芳按下"同意"按钮后不久，"今夜星辰"就给李元芳发了一条信息，说："您好，我是'昨夜星辰'大学时期玩得最好的同学，还是同室闺蜜，她是睡在我上铺的姐妹，听她说您帮她解决了几个人力资源管理方面的问题，所以我加了您的 QQ。"

"今夜星辰"说："我是技术部门的经理，目前碰到了一个让我焦头烂额的问题，您能否给我支支招？"

李元芳说："咱们都是中层经理，谈不上什么支招，互相切磋就好。"

"今夜星辰"说："事情是这样的，最近三天，我们部门连续有三位平时工作表现非常不错的员工向我申请离职。"

李元芳问道："他们已经离职了吗？"

"今夜星辰"说："暂时还没有。"

李元芳说："那您赶快说说，我们一起讨论一下，看能否挽回他们'离职'的心。"

"今夜星辰"没有想到，一个做技术管理的男人，身体里居然有这么富有诗意的文学细胞。

"今夜星辰"给李元芳发了一个"赞叹"的表情符号后，说："这三位平时工作表现非常不错的员工，都反映他们的工作任务太重，压得他们喘不过气来。"

李元芳说："你们部门的员工，是每一个人任务都很重，还是越能干的人任务越重？"

"今夜星辰"说："俗话说'能者多劳'嘛，当然是越能干的员工工作任务越重啦！"

李元芳说："您这叫'鞭打快牛'。那我想问问您，在您部门，您认为一般的员工辛苦吗？"

"今夜星辰"说："一般的员工效率低，所以我给他们分派的工作比较少。"

李元芳说："这就是这些平时工作表现非常不错的员工想离职的原因。"

"今夜星辰"无奈地说："我不让这些能干的员工多劳动，部门没有业绩啊！"

李元芳说："很多管理者都喜欢'鞭打快牛'，其实这种做法是非常不可取的。诚然，'鞭打快牛'在关键时刻或非常时期往往能起到明显的作用，但如果一味地通过'鞭打快牛'来解决团队中的效益问题，则是大错特错的。因为这样做的结果，只能使'慢牛'变成更慢的'牛'，而'快牛'要么因为'疲劳'最终变成了'慢牛'，要么因为不堪重负离开了团队。这里我所说的'快牛'，泛指那些能力强、做事认真负责、乐于奉献的企业员工，'慢牛'泛指那些能力不佳、缺乏工作热情、做事拖沓的企业员工。"

说到这里，李元芳问道："您能否解释一下，为什么很多管理者都喜欢'鞭打快牛'？"

"今夜星辰"说："企业中的'快牛'不但贡献大，而且好管理。这些'快牛'不但善于创造业绩，而且大都任劳任怨，是管理者的'最爱'，所以这些'快牛'往往成了企业各级管理者为争取更好业绩而经常'鞭打'的对象。"

李元芳接着问："您能否再解释一下，为什么很多管理者不喜欢'鞭打慢牛'？"

"今夜星辰"说："因为企业中的'慢牛'不但贡献小，而且难管理。虽然管理者费了很大力气去管理他们，但效果不明显。"

李元芳说："没错。企业里的'慢牛'在工作方面往往'退避三舍'，管理者由于比较难激励这些'慢牛'来给团队创造可观的效益，因此往往对他们'听之任之'，结果是这些'慢牛'理直气壮、怡然自得地享受着'快牛'创造的劳动成果！"

"今夜星辰"说："您说得很对，现实就是这样的。"

李元芳说："所以，作为管理者，我们应该'鞭打慢牛，爱惜快牛'。因为'快牛'是企业的中流砥柱，他们不需要'鞭打'就会全力以赴地'快跑'。如果管理者不顾'快牛'的感受而一味'鞭打'他们，结果一定是'快牛'因疲于奔命而变成了'慢牛'，甚至是'病牛'，或因不堪重负而离开团队。由此可见，'鞭打快牛'的后果将是非常严重的，因此我们管理者一定不要致力于'鞭打快牛'。相反，我们应该想方设法去'鞭打慢牛'，让他们'不劳而获'的幻想彻底破灭。这样做，一方面可以让原来的'快牛'仍然是'快牛'，让容易改造的'慢牛'成为'快牛'，让'油盐不进'的'慢牛'（极个别员工）变成'走牛'（离开团队），从而提高团队中'快牛'的比例；另一方面，让'慢牛动机'在团队中无容身之地，能激发大家的工作热情，从而提高团队的效益。由此可见，从长远来看，我们应该'鞭打慢牛'。所以，作为管理者，我们一定不要因为畏难而纵容'慢牛'。"

"今夜星辰"说："那您认为我需要采用什么方法和手段来有效地'鞭打慢牛'呢？"

李元芳说："我认为我们可以从两个方面来努力。一方面是建立严格、客观、公正的绩效考核制度。团队中'慢牛'有安身之处或滋生的土壤，往往是因为团队没有严格、客观、公正的绩效考核制度，从而让这些'慢牛'有机可乘。如果团队建立了严格、客观、公正的绩效考核制度，'慢牛'就很难因'浑水摸鱼'而得到不该得到的回报。没有不劳而获的'收益'，就等于断了'慢牛'的'后路'，

'慢牛'自然就会自寻出路了——要么将自己改造为'快牛'，要么离开这个再也没有'免费午餐'可享用的团队。"

李元芳接着说："另一方面是施行科学合理的竞争和淘汰机制。企业不应该是'慢牛'的避风港。企业需要通过施行科学、合理的激励竞争机制（当然，这种竞争一定是良性的）来让员工在互帮互助的工作氛围中你追我赶，这样无形中就为'慢牛'创造了一种积极向上的气氛，在这种竞争氛围潜移默化的影响下，让一些'尚可救药'的'慢牛'转变成'快一点的牛'，甚至成为'快牛'。当然，企业中的淘汰机制也必不可少，对于那些'无可救药'的'慢牛'，我们需要坚决、果断地将他们淘汰出局。"

"今夜星辰"说："谢谢您的建议。我明天先给这三位准备离职的员工做思想工作，尽可能让他们留下来，同时我要立刻着手'鞭打慢牛'，用行动留住'快牛'的心。"

"今夜星辰"给李元芳发了"握手"和"再见"的表情符号，李元芳也比照回复后，两人结束了 QQ 对话。

＊　　　　　＊　　　　　＊

结束与"今夜星辰"的 QQ 对话之后，李元芳思索："鞭打快牛"是很多管理者的惯用手法，很多人只看到了这样做的短期好处，却没有意识到这样做的长期害处，这是一个很严重的问题。为了能让更多喜欢"鞭打快牛"的管理者尽早走出这个误区，李元芳把和"今夜星辰"的对话内容进行整理在博客上写成了一篇文章，标题是《管理者需要"鞭打慢牛"》，其中有两段重要的内容如下。

> "鞭打快牛"似乎已经成为管理者追求团队高效益所必然采用的手段。然而，长期或过分地"鞭打快牛"不但起不到提高团队效益的作用，反而会降低团队效益和打击团队士气。因此，作为团队管理者，我们应该想方设法去"鞭打慢牛"。
>
> 另外，我认为，企业管理者还应该警惕这样一种现象：有些善于"钻营"的"慢牛"，可能通过一些手段获得了企业的认可而有了一定的职务。对于这样的"慢牛"，企业可能由于缺乏"能上能下"的用人机制而让这些"在其位不谋其政"的"慢牛"继续安然享受"甜蜜"的职务"馅饼"。

因此，企业中不能存在"能上不能下"的用人机制，而应该实施和强化"能上能下"的用人机制，让真正的"快牛"有更多的升迁或为企业做贡献的机会，让那些所谓的"快牛"（其实是最可怕的"慢牛"）得到应有的"惩罚"。

后来，"今夜星辰"给李元芳"报喜"说，那三位打算离职的员工只走了一位。另外，她通过"鞭打慢牛"让团队的活力增强了，团队业绩也有了新的突破。

092. 外圆而内方

时间如流水，一晃李元芳担任部门经理已经十个多月了。广州的 11 月秋高气爽，是一年中最适宜出游的月份之一。一个星期六的早上，李元芳和李思思相约去番禺大夫山森林公园游玩。

番禺大夫山森林公园最适合骑自行车游玩，公园面积很大，环境优美，每天（特别是节假日）都会有很多市民、学生骑着自行车来到这里，呼吸公园里的新鲜空气，观赏公园里的美景，锻炼身体。

李元芳和李思思在公园北门外租了一辆两人用自行车，和很多年轻的恋人一样，高高兴兴地徜徉在公园里的绿道上。

公园里骑车的人很多，处处充满笑声，仿佛到这里来游玩的人都没有烦恼——也许是公园里的环境和氛围让到这里游玩的人把他们在生活和工作中的烦恼都抛到九霄云外了。

李元芳和李思思骑着两人用自行车，享受着周末的美好时光，一路上有说有笑。李思思是一个充满智慧的女人，但也有调皮的一面，车一到上坡，她就故意不踩，让李元芳"孤军奋战"，累得气喘吁吁，美其名曰"这是为了让他更好地锻炼身体"；车一到下坡，她反而用力蹬，让李元芳不太容易控制车速和方向，美其名曰"这是为了让他更好地锻炼车技"。

两人骑了一个半小时自行车，都大汗淋漓。于是他们把自行车停靠在公园里的湖边，两人依偎而坐，看着清澈的湖水，闻着桂花的芳香，吃着美味的零食，聊着只有他们自己才听得懂的情话，享受着美丽的爱情。

大约休息了半小时，李思思说："元芳，我发现你的名字很有意思啊！"

李元芳不解地问："为什么这么说？"

李思思说："你的名字'元芳'，与'圆方'同音，对吧？"

李元芳问："你说的是哪个'yuanfang'啊？"

李思思说："我说的'yuanfang'是数学里'圆形'的那个'圆'、'正方形'的那个'方'。"

李元芳说："这个'圆方'有什么特别的意义吗？"

李思思说："这个'圆方'很好地体现了管理者所需要的特质。"

李元芳说："这样啊，那请你解释解释。"

李思思说："管理者就应该做到'外圆'而'内方'。所谓'外圆'是指管理者应该圆通、有适当的灵活性；所谓'内方'是指管理者应该正直、讲求原则。管理者如果不正直、不讲求原则，就根本不配当别人的上司；如果不圆通、没有适当的灵活性，就根本当不好管理者。"

说着，李思思撸起李元芳的右手衣袖，按了一下李元芳右臂上的肌肉，对李元芳说："元芳，你看，我刚才把你的肌肉按下去，我一松手，你的肌肉马上就弹

回来了，对吧？"

李元芳说："是啊!"

李思思说："肌肉被按下去能自动弹回来，说明肌肉有弹性，肌肉有弹性，就证明这个人还活着，要是肌肉被按下去弹不回来了，估计这个人就死了。"

李思思继续说："其实，管理者有适当的灵活性，就是管理要有适当的弹性啊!有适当弹性的管理，才是鲜活的管理!"

李元芳忽然想到去年公司常务副总经理熊浩和自己讲过电影《井冈山》中有关毛主席进行团队建设的一个场景，也是告诉自己管理要有灵活性。当时熊总借用的是影片中的一个情节，现在李思思使用了一个形象的比喻，真是异曲同工啊!

李元芳认为，自从熊浩给自己讲了电影《井冈山》里的情节之后，自己在管理原则性和灵活性的分寸上把握得还不错，于是充满自信地说："思思，那我现在做到'圆方'了吗？"

李思思说："有那么一点意思了，但还需要历练。"

其实，李思思认为李元芳的管理水平已经不错了，她故意不把李元芳说得那么优秀，目的是想让他戒骄戒躁，从而能不断提升。

*　　　　　*　　　　　*

两人在番禺大夫山森林公园里玩得很开心，在公园即将闭园时，才恋恋不舍地离开。

*　　　　　*　　　　　*

回到家里，李元芳打开自己的电脑，把今天和李思思聊天的核心内容在博客上整理成了一篇文章，标题是《管理者应该做到外圆而内方》，最后一段内容如下。

> 很多管理者，要么是"内太方"（管理死板、教条），要么是"外太圆"（管理随便、放任自流）。这样的管理者，不可能成为好的管理者。我认为，一个好的管理者，应该做到原则性和灵活性相结合，即在不违背工作原则的同时，根据不同的情况适当变通。其实，"原则性"就是坚持执行工作规范和制度，"灵活性"就是实施必要的人文关怀。"外圆而内方"这个度把握好了，我们就能成为好的管理者。

093. 从指挥，到指导，到发动

又到了一年中的最后一个月，也是很多公司年度冲业绩的最后一个月，也可以说是最忙的一个月。李元芳所管理的部门由于计划到位、执行得也不错，与其他部门相比，这个月的压力并不是非常大。

从李元芳担任部门经理近一年的业绩来看，薛勇认为李元芳已经具备了一个部门经理所需的能力和素质。为了让李元芳能更好地开展下一年度的各项工作并取得更大的突破，薛勇和李元芳进行了一次旨在针对新一年度如何更好地履职部门经理的面谈。

薛勇说："元芳，今年剩下不到一个月的时间了，从你们部门的业绩来看，已基本完成了全年的计划任务和指标。你们部门是我们电子政务软件开发中心下属三个部门中业绩最突出的一个，恭喜你。你是第一次担任部门经理，牵头领导一个部门，能在短短的一年的时间内取得这样的成绩，是非常不容易的。"

李元芳说："谢谢薛总监对我和我们团队的肯定和表扬，其实在这一年的工作中，我发现自己还有不少做得不够的地方，还有很大的进步空间。"

薛勇说："没错。'活到老，学到老'嘛，每个人都需要不断学习和进步。马上就要步入新的一年了，我想利用这个机会和你做一个沟通，以便我们把即将到来的新的一年乃至以后的工作做得更好。"

李元芳虚心地点点头。能学到知识和技能，是李元芳最高兴的事情。

薛勇接着说："我们知道，管理有三个层次：指挥、指导和发动。从管理者自身来说，我们应该由'指挥团队'到'指导团队'并尽快过渡到'发动团队'；从管理者对下属的管理来说，应该对下属由'指挥他'到'指导他'并尽快过渡到'发动他'。我的意思是说，从总的管理方向上一个管理者应该注重和聚焦如何去'发动'团队，只有多'发动'团队，我们的管理才会更轻松、业绩才会更突出。但具体到团队成员，由于他们的能力和工作经验不同，他们会处于'指挥''指导''发动'的不同管理层次上。如何实施这三个层次的有效管理，是对管理者更大的考验。"

李元芳还是第一次听到"管理有三个层次"的说法，他感觉自己对"指挥""指导""发动"这三个动词的含义并不是十分清楚，于是问道："薛总监，我不太清楚'指挥''指导''发动'这三个动词的准确含义，您能否给我解释一下？"

薛勇说："所谓'指挥'就是'命令'的意思。管理者如果主要采用'命令'的方式来管理下属，基本上是两种情况：一种是这个员工刚入职，能力和工作经验明显不足，这时管理者安排他做什么他就去做什么；另一种是管理者认为手下都是或不少是'牙膏型'员工，不挤就不出活儿，于是实施机械的'按钮式'管理。如果是第一种情况，我认为这属于管理者要经历的正常管理阶段，如果是第二种情况，管理者就需要反思了，因为不能往高层次迈进的管理者，不可能成为优秀的管理者。"

薛勇喝了一口水，接着说："所谓'指导'就是'教练'的意思，侧重提升员工的素质和能力。管理者应该亲自或委托他人去培养新进公司或新晋岗位的员工，让他们尽快具备承担工作任务的能力，从而更好地胜任他们的本职工作，为管理者实施'发动'的管理方式做准备。"

李元芳全神贯注地听着，连眼珠子都一动不动。

薛勇接着说："所谓'发动'就是'授权'的意思。通过有效授权和激励、启发员工，让他们自动自发地完成被授权的工作。管理者只有多实施有效的'发动'，团队这部'机器'才能实现良性运转，才能有更高的生产效率。"

李元芳一边听着薛勇的阐述，一边在思考着："我好像也'指挥''指导''发动'过，但没有这样总结过啊！"

李元芳问道："薛总监，您认为我在'指挥''指导''发动'这三方面有哪些需要改进的地方？"

薛勇说："你担任公司中层管理者快三年了，这三年来，特别是今年，我认为你的进步非常大，基本能针对不同的员工把握好'指挥''指导''发动'这三个层次，不过我感觉你在有效'指导'和'发动'方面做得还不够，效果不太明显。现在，部门不断发展壮大，对管理者的能力和素质会不断提出新的、更高的要求，因此，我们还要学习更多、更实用的'指导'和'发动'的方法和技巧。"

李元芳认为薛勇对自己的评价很到位，虽然自己在管理方面取得了一定的进步，但明显感觉在"指挥"方面的投入比较多，如何通过更加有效的"指导"，让团队更好、更快地进入"发动"阶段，这将是自己接下来努力的方向。

薛勇说："作为管理者，如果我们希望自己尽快迈上管理的新台阶，希望团队尽快迈上工作的新台阶，就一定要学会辅导、学会激励、学会启发。"

＊　　　　　　＊　　　　　　＊

李元芳认为薛勇给自己分享的"管理的三个层次"非常有启发意义。面谈当天，李元芳回到家中，在博客上写了一篇标题为《管理者要实现从指挥到指导到发动的跨越》的文章，最后一段内容如下。

> 作为管理者，我们需要根据团队成员的不同能力和工作经验去"指挥""指导""发动"他们，但我们的管理焦点或目标应该是如何更好地去"发动"他们。就管理者领导一个团队来说，一流的管理者"发动"团队，二流的管理者"指导"团队，三流的管理者"指挥"团队。其实，一个人的潜力是无穷的，关键在于我们怎么去激发。因此，谁能充分地激励和发动团队，谁就是最有价值的管理者。我现在还没有做到充分地激励和发动团队，但这是我今后努力的方向。相信自己，我能行！

094. 培养下属良好习惯的六个要点

薛勇继续说："要把团队培养成'发动型'团队，需要培养团队成员良好的工作习惯。"

李元芳说："薛总监，您说得太对了。我刚担任部门副经理时，您和其他几位领导指导我养成的那些好习惯，真的让我受益匪浅。"

薛勇继续说："元芳，关于团队成员应该养成哪些好的思维习惯和行为习惯，我想你应该很清楚吧？"

李元芳说："我工作八年多了，经历了从技术到管理的工作历程，根据我自身的工作经验，尤其是这三年管理团队的经验，我已经清楚团队成员应该养成哪些好的思维习惯和行为习惯，才能更好地完成本职工作，才能更有利于团队成员的个人发展和团队的成功。"

薛勇说："在这里，我要给你强调一下，以前我给你说的'集思广益'的思维习惯和行为习惯，以及公司人力资源总监郑现实给你说的'建立信任'的思维习惯和行为习惯，你一定要让团队成员都养成这两个思维习惯和行为习惯，这对于整个团队更好地形成合力非常有帮助。"

李元芳点点头，说："薛总监，今年我一直试图让团队成员养成我所期望的良好习惯，但效果并不明显，您看我在培养员工养成良好习惯的方式、方法上是不是存在问题？"

薛勇说："那你先谈谈你所采用的方式和方法吧！"

于是，李元芳把自己所采用的如何让团队成员养成良好习惯的方式和方法向薛勇做了详细的汇报。

薛勇听完后，说："元芳，我认为你在培养员工养成良好习惯的方式、方法上确实存在一些问题。"

李元芳说："薛总监，我在这方面经验不足，您能否给我一些指导？"

薛勇说："任何人的习惯培养都是一个由被动到主动再到自动的过程。作为管理者，我们在培养下属良好习惯方面，也需要遵循和经历这三个阶段。根据我的经验，我认为培养下属的良好习惯需要注意以下六个要点。第一，提高下属的认识，让下属明白养成某一良好习惯对自己的意义和价值，从而让其对养成某一良好习惯产生浓厚的兴趣。因为兴趣是最好的老师，如果没有兴趣，你逼他去做，很难取得好的效果。第二，明确该习惯所对应的行为规范，让下属清楚养成某一良好习惯的具体标准。有了标准，他们就知道该如何操作了。第三，树立可供效仿的榜样，这个榜样最好是让下属自己去找，因为榜样是下属努力的标杆，是下属学习的参照对象。可以让他自己去和榜样做对比，但管理者要注意，不要在下属面前拿该下属与榜样做比较。第四，持之以恒的行为训练。一般来说，二十一天可以形成初步习惯，九十天的持续训练能形成比较稳定的习惯。第五，及时评估和有效奖惩，以激励和奖励为主导，体现上司对下属的关心、重视并持续提供下属养成某一良好习惯所需要的外在推动力。第六，营造良好的团队环境和氛围，从而为下属持续呈现这一良好习惯提供'土壤'。这个要点的意思是说，如果大家都这样做了，那么没有这样做的人就会觉得自己脱离了队伍，从而感觉到'压力'，进而'迫使'自己养成大家都有的良好习惯。"

薛勇接着说："这六个要点都很重要，缺少了任何一个都很难让团队成员养成良好和稳定的思维习惯和行为习惯。"

李元芳听完薛勇的描述，终于明白自己当初的做法为什么没有产生良好的效果了。

薛勇继续说："元芳，你今年的工作是以个人如何尽快适应部门经理岗位为主的，明年就应该把主要精力花在团队建设上。关于培养下属良好习惯的六个要点，我想明年你一定会从中获益的。"

*　　　　　　*　　　　　　*

李元芳非常感谢薛勇给自己分享了培养下属良好习惯的六个要点，因为这恰好是他急需的，也是他之前不具备的知识和技能。与薛勇面谈的第二天晚上，李元芳完整地回忆了薛勇给自己分享的内容，在博客上写了一篇标题为《管理者培养下属良好习惯的六个要点》的文章，最后一段内容如下。

一个人的习惯决定了他的未来和一生的幸福。习惯既可以自己主动培养，也可以让别人帮助自己培养。管理者想让团队创造高效益，就应该让团队成员养成有利于团队成员个人发展和团队成功的良好的思维习惯和行为习惯。我们中心总监给我分享的"管理者培养下属良好习惯的六个要点"，虽然我还没有用实践去证明它是否有效，但对比我之前的做法和结果，我认为这样做是非常有效的。从明年开始，我将会按照这六个要点去操作，到时再和大家分享成功的喜悦吧！

095. 绩效考核应该这样做

薛勇接着说："元芳，马上就到年底了，关于年底对员工的绩效考核，你准备好了吗？前两年员工的绩效考核是以我为主进行的，当时你只是参与，所以我想和你确认一下。"

李元芳说："薛总监，员工绩效考核是人力资源管理中最重要的一块，前两年我担任部门副经理时就一直在向您学习。通过您在绩效考核中的实际操作，我总结绩效考核主要包括七个方面，分别是：（1）绩效考核动员，让被考核者理解绩效考核对自身的好处，让他们从心里乐于接受绩效考核；（2）绩效考核办法的制定，围绕岗位职责和工作内容，和被考核者一起制定合理、科学的绩效考核办法；（3）绩效考核办法的宣传，让被考核者充分了解绩效考核指标，清楚自己的行动方向；（4）绩效考核的辅导，根据工作需要对被考核者进行培养和辅导，让被考核者具备绩效考核指标要求的能力；（5）绩效考核办法的执行，不折不扣、公平、公正、公开地执行绩效考核办法；（6）绩效考核结果的面谈，让被考核者知道自己的绩效考核结果，并向其解释绩效考核结果，指出其成绩和待改进之处；（7）绩效考核总结，总结绩效考核办法和绩效考核过程的经验和不足，作为下一绩效考核周期内绩效考核改进的依据。"

薛勇说："你总结得很好，绩效考核一般就包括这七个方面。"

李元芳接着说："绩效考核动员、绩效考核办法的制定、绩效考核办法的宣传这三个方面，我和张帆在今年年初都落实了。关于绩效考核办法，主要还是沿用您之前当部门经理时确定的一些指标，根据今年的实际情况，做了一些小的调整。关于今年的绩效考核办法，您当时还夸奖我们呢，说我们修订后的绩效考核办法比之前的更完善了，考核指标公平、合理，比之前更量化、更有针对性了。"

薛勇说："没错，我对你们修订后的绩效考核办法比较满意，特别是你们和被考核者一起制定考核标准，得到了大家的充分认同。在这一点上，我感到非常满意。"

李元芳说："这得益于您以前反复给我强调的'唯有参与，才有认同'啊！"

李元芳继续说："至于绩效考核的辅导，今年我们做得还不够，给员工有针对性的培养还是少了点。"

薛勇说："在绩效考核的辅导方面，虽然你们有进步的空间，但今年你们做得还算不错，毕竟你和张帆都是今年才走向新的管理岗位的。"

李元芳说："关于绩效考核办法的执行，我们会像您当时那样，按'章'兑现，说到做到，不折不扣地实现我们当时对员工的承诺。"

薛勇说："这样做很好，这也是我之前和你讲过的管理者威信来源的一个方面。"

李元芳说："关于绩效考核结果，我通过观察您之前在这方面的实际操作，准备从如下几个方面开展工作：第一个方面是被考核者在绩效考核周期内的主要工作和各项考核指标的完成情况；第二个方面是被考核者实际的绩效考核结果；第三个方面是被考核者在考核周期内所取得的主要成绩和进步；第四个方面是被考核者在完成绩效考核指标方面遇到的问题和存在的不足；第五个方面是被考核者哪些方面需要改进以及如何改进；第六个方面是与被考核者沟通下一绩效考核周期内的主要工作；第七个方面是提出对被考核者在下一绩效考核周期内的工作绩效的期望。"

薛勇说："你观察得很仔细，总结得非常不错。另外，你可以根据需要，在与被考核者就绩效考核结果进行面谈时增加这三个部分：与被考核者一起探讨当前岗位所需能力，以及被考核者所拥有的优势和存在的不足；与被考核者一起探讨其个人发展计划，以便在新的考核周期内为他提供合适的工作和培训机会；征求被考核者对管理者或团队工作的意见和看法。"

李元芳隐约记得薛勇之前确实这么做过。

薛勇继续说："在与被考核者就绩效考核结果进行面谈时，希望你能注意以下六个步骤：第一，面谈前进行充分的准备；第二，安排合适的面谈时机和场所，明确面谈的时长；第三，用合适的开场白引导对方轻松进入面谈主题；第四，在面谈过程中，注意根据实际需要，采用引导、提问、聆听、探讨等多种方式，让沟通既愉悦又高效；第五，面谈结束前，要进行必要的总结，并得到下属的认同；第六，面谈结束时，记得鼓励和表扬下属。"

李元芳把自己在与被考核者就绩效考核结果进行面谈方面不太清楚的地方都一一记录下来。

薛勇说："与被考核者就绩效考核结果进行面谈非常重要。这样吧，你们和被考核者进行面谈时，也通知我参加一两个人的面谈吧！"

李元芳点点头，接着说："薛总监，关于绩效考核总结，我初步制定了一个总结模板，我拿来给您看看？"

薛勇说："好啊！"

于是，李元芳回到自己的办公室，拿了一份"绩效考核总结报告"模板的初稿过来，如表 8 所示。

表 8　绩效考核总结报告[①]

部门			
应考核人数		实考核人数	
绩效考核指标的完成情况： 针对每个考核指标，统计分析部门被考核者完成这些指标的实际情况			

[①] 在实际应用时，需要针对不同岗位的不同绩效考核办法，分别编制"绩效考核总结报告"。

续表

部门	
应考核人数	实考核人数

绩效考核办法中存在的不足：
根据各绩效考核指标的实际完成情况，分析绩效考核办法哪些方面存在不足
绩效考核过程中的经验和存在的不足之处：
全年绩效考核工作结束后，总结绩效考核过程中的经验和存在的不足
下一考核周期内绩效考核的改进方向：
根据绩效考核指标和绩效考核过程中存在的不足，明确下一考核周期内哪些方面需要改进

　　薛勇看完李元芳展示的"绩效考核总结报告"，点点头，说："我们之前没有编制'绩效考核总结报告'，你这次编制了，很好。我认为我们今年可以先采用这个模板，如果有不足之处，明年再改进。"

　　薛勇最后补充说："刚才我们把绩效考核从绩效考核动员到绩效考核总结完整地讨论了一遍，绩效考核应该这样做，才能真正发挥作用。咱们今天就聊到这里吧！"

　　李元芳谢过薛勇后，回到了自己的办公室。

＊　　　　＊　　　　＊

与薛勇面谈后的第二天晚上，李元芳在博客上写完文章《管理者培养下属良好习惯的六个要点》，一看时间还早，就一鼓作气，又写了一篇标题为《绩效考核应该这样做》的文章，最后一段内容如下。

　　绩效考核需要从绩效考核动员、绩效考核办法的制定、绩效考核办法的宣传、绩效考核的辅导、绩效考核办法的执行、绩效考核结果的面谈和绩效考核总结七个方面去落实。一些管理者把制定好的绩效考核办法当成摆设，或实际考核时不严格按照绩效考核办法去执行，其实这是非常不好的。另外，绩效考核结果的面谈也非常重要。有些管理者把与被考核者就绩效考核结果进行面谈看成是一种工作负担，应付了事，没有准备、没有计划，随意性大，想到哪里就谈到哪里，这也是非常不合适的。在这方面，我虽然经验不足，但已经认识到绩效考核办法和绩效考核结果的面谈的重要性，我将严格按照我们总监提出的要求认真执行。

096. "救火" 与 "预防"

自从李元芳加入"技术经理学习交流群"后，随着他在群里发言的增多，以及他乐于与大家一起探讨他们遇到的一些问题，有不少人申请加他为自己的QQ好友。

12 月 9 日晚上，李元芳登录 QQ 后，"技术经理学习交流群"中一位网名为"闻鸡起舞"的成员申请加李元芳为 QQ 好友。李元芳一看"闻鸡起舞"的网名，便猜测他是一个大忙人。

李元芳按下"同意"按钮后，"闻鸡起舞"马上给李元芳发了一条信息："您好，我一直很关注'技术经理学习交流群'里大家的言论，从中学到了不少东西，特别是您的一些观点，我非常认同。"

李元芳说："您过奖了，我只是发表了一些浅见而已。"

"闻鸡起舞"说："我现在有件事比较苦恼，您能否帮我分析分析？"

李元芳说："您说来听听，也许我曾经碰到过。"

"闻鸡起舞"给李元芳发了一个"抓狂"的表情符号后，说："是这样的，我担任部门副经理快两年了，感觉每天都从早忙到晚，但效率并不高。"

李元芳说："您用过'时间管理四象限法'吗？"

"闻鸡起舞"说："我曾经用过，但我一天到晚忙着'救火'，根本就没有多少时间去处理那些'重要但不紧急的事情'，所以后来就不用了。"

李元芳说："我非常理解您，我也为此苦恼过。"

"闻鸡起舞"看到李元芳也有过与自己类似的感受，于是急迫地问："您是用什么绝招摆脱这种困境的？"

李元芳说："根据'时间管理四象限法'，那些'紧急且重要的事情'属于'碎石类事情'，也就是您刚才提到的'救火'类事情，而那些'重要但不紧急的事情'则属于'鹅卵石类事情'，对吧？"

"闻鸡起舞"说："没错，我就是一天到晚处理'碎石类事情'，没办法去处理'鹅卵石类事情'。"

李元芳问道："您有没有分析过'碎石类事情'是如何产生的呀？"

"闻鸡起舞"说："我没有分析过这个问题，但我感觉是在工作过程中自然产生的。"

李元芳说："您的这种认识不太对。您在工作中遇到的'碎石类事情'有一些是不容易避免的，会随着工作的开展而出现，但大部分'碎石类事情'都是'鹅卵石'被打碎后产生的。"

"闻鸡起舞"说："您的意思是说，由于我没有安排时间去处理'鹅卵石类事情'，结果导致了'碎石类事情'的产生？"

李元芳说："您理解得非常正确。工作中的一些问题，我们往往认为它们是无法避免、自然产生的，其实它们是由于我们计划不周、能力不够等原因所导致的。如果我们能把计划做得到位些，能在工作之前提升自己的能力，很多问题是可以避免的。"

"闻鸡起舞"说："您的这个解释我能理解，您是说，如果我们处理'鹅卵石类事情'多了，'碎石类事情'就会自然而然地减少。但关键是目前我连'救火'都应付不过来啊，您有什么好的建议吗？"

李元芳说："建议您改变目前这种做事的理念和方法，否则您'救火'的事情会越来越多，形成恶性循环。"

"闻鸡起舞"焦急地说："您看我该如何改变？"

李元芳说："由现在的单一'救火'调整为'边救火，边预防'，即忍痛放弃一些'救火'类事情，迫使自己拿出一些时间来做计划，来提升自己和员工的能力。不过，这样做前期会有些痛苦，因为眼睁睁地看着'起火'而'不救'，那是非常煎熬的事。不过，如果不这样做，你就会永远处于'救火'的痛苦之中。"

"闻鸡起舞"说："我终于明白'要改变目前的境况，就必须改变目前的观念和方法'的道理了。从明天开始，我一定要着手改变。接受和忍住暂时的痛苦，才可能获得长久的快乐。"

李元芳给"闻鸡起舞"发了一个"笑脸"的表情符号后，说："建议您从修改网名开始。"

不到两分钟，李元芳发现"闻鸡起舞"的网名改成了"气定神闲"。

李元芳说："祝您尽快'气定神闲'。"

"气定神闲"给李元芳发了一个"握手"的表情符号表示感谢。

＊ ＊ ＊

结束了和"气定神闲"的谈话之后，李元芳想：很多管理者忙于"救火"却疏于"预防"，这确实是一个值得大家警醒的问题。为了让更多人受益，李元芳把和"气定神闲"的对话内容在博客上整理成了一篇文章，标题是《"救火"与"预防"》，最后一段内容如下。

> 看着"火"在"烧"不去"救"，心里会很痛；一直在"救火"，心里会更痛。很多管理者走不出忙于"救火"的困境，一方面是没有真正弄清楚"预防"与"救火"孰重孰轻，另一方面是不具备"眼看大火狂烧而不去救"的"舍得"的勇气和气魄。预防胜于解决，这是我们管理者必须把握的原则。多在"重要而不紧急"的事情上花时间，才能让"紧急而重要"的事情逐步减少，才能提高管理者的管理效率，这是不容置疑的真理。作为管理者的你我，须谨记！

李元芳刚写完《"救火"与"预防"》这篇文章，"技术经理学习交流群"中一位网名为"不知所措"的成员给李元芳发来了一个"握手"的表情符号，李元芳随即礼貌性地回复了一个"握手"的表情符号。

097. 这样处理员工的工作偏差

"不知所措"说："您好，我在处理员工工作偏差方面遇到了困难，您现在有没有时间帮帮我？"

李元芳说："您具体遇到了哪方面的困难？"

"不知所措"说："我每次处理员工工作方面存在的偏差时，不是员工认为我处理得不合适，就是我感觉没有达到预期的处理效果，这真让我不知所措啊！"

李元芳心想："你的网名和你现在的处境很吻合啊！"

李元芳说："要不您先举一个例子，讲讲您是如何处理员工工作偏差的，然后我们一起分析分析，看看哪些方面需要改进，可以吗？"

于是，"不知所措"讲了一个自己处理过的非常有代表性的案例，通过这个案例把自己如何处理员工工作偏差的步骤和方法详细地描述了一遍。

李元芳看完"不知所措"的描述后，说："根据我的经验，您在处理员工工作偏差方面存在两个需要改进的地方：一是在处理员工工作偏差时对员工有负面看法；二是对工作偏差出现的原因分析得不够，员工不明白究竟需要从哪些方面改进，这就导致员工无法找到真正合适的改进方案。"

"不知所措"说："您说的第一个方面确实没错，我性子比较急，一看员工工作出现了偏差，就容易'上火'。"

李元芳说："如果你带着不良情绪去处理员工的工作偏差，员工是很难心悦诚服的。管理者需要去'磨'自己的性子。我的上司给我讲过，影响他人要潜移默化。我觉得，管理者在管理员工时，也要慢慢感化，效果更佳。"

"不知所措"说："您说得对。"

"不知所措"接着说："您说的第二个方面，我一直认为寻找工作偏差出现的原因应该是员工自己的事情。"

李元芳说："道理上也许是这样，但实际上不可行。因为如果每个员工都能真正弄清楚工作偏差出现的原因的话，那么大部分工作偏差就不会出现了。所以，我认为管理者需要和员工一起分析工作偏差出现的原因——至少需要在员工自己找出工作偏差出现的原因后，由管理者来审查确定。因为弄清原因是至关重要的一环，原因没弄清楚，改进方案必然有问题，改进方案有问题，改进效果必然会大打折扣。"

"不知所措"认为李元芳分析得很有道理。

李元芳接着说："在工作中，我制定了处理员工工作偏差的基本流程，我发给你看看吧！"

"不知所措"非常高兴地接收了李元芳发过来的处理员工工作偏差的基本流程，如图 13 所示。

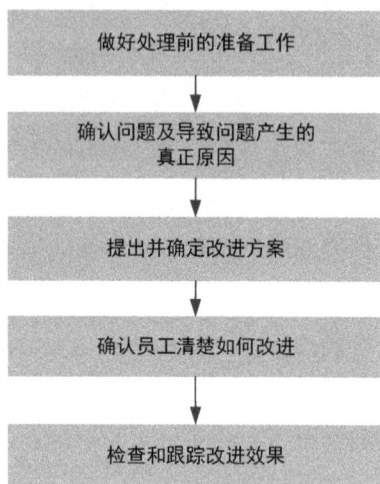

图 13　处理员工工作偏差的基本流程

李元芳整理的处理员工工作偏差的基本流程分为五个步骤。

第一步　做好处理前的准备工作：要处理好问题，先处理好心情。不要带着负面情绪去处理员工的工作偏差。

第二步　确认问题及导致问题产生的真正原因：员工行为的改变来自其内心对问题的正确认识，管理者需要客观地将员工工作中的偏差呈现出来，并和员工一起分析导致问题出现的原因是什么、问题引发的后果是什么。

第三步　提出并确定改进方案：和员工一起找出解决问题的方案。

第四步　确认员工清楚如何改进：通过提问和反馈的形式，确认员工真正理解了上述问题及改进方案并承诺改变，即清楚问题是什么、原因是什么、改进方案是什么、接下来的行动是什么。

第五步　检查和跟踪改进效果：根据事先的计划检查和跟踪员工工作的改进效果，并及时做出评价、调整和总结。

"不知所措"看完"追求进步"发过来的处理员工工作偏差的五个步骤的详细描述后，说："我知道下次该怎么做了，谢谢您。"

*　　　　　　*　　　　　　*

结束了和"不知所措"的谈话之后，李元芳想：处理员工工作偏差是管理者的一堂必修课。于是，他根据自己的工作经验在博客上写了一篇文章，标题是《这样处理员工的工作偏差》，最后一段内容如下。

> 不少管理者在处理员工工作偏差时，容易犯两个错误：一是带着负面情绪去处理员工工作偏差；二是对员工工作偏差出现的原因分析得不够彻底。这两个错误将直接导致员工工作偏差无法达到期望的处理效果。处理员工工作偏差是管理者的一堂必修课，这门课我本人也修得不是很好，创作此文的唯一目的就是和广大管理者共勉、共进。

后来，李元芳登录 QQ 时，发现"不知所措"把网名修改为"心如明镜"了。

然而，"不知所措"把网名改为"心如明镜"不久，又把网名改成了"心如迷雾"。一天，"心如迷雾"在网上向李元芳求助。

098. 这样接收和处理客户投诉

"心如迷雾"说："作为管理者，我在处理客户投诉方面一直做得不理想，不知在这方面您有没有心得可以分享？"

李元芳说："您在这方面的主要困惑是什么？"

"心如迷雾"说："我今年一共处理了四起客户投诉，但没有一起是让客户满意的。客户不是不满意我接收他们的投诉，就是不满意我处理他们的投诉。所以我想问问您，如何接收和处理客户投诉，才能让客户既满意我对他们投诉的接收和处理过程，又满意我对他们投诉的处理结果？"

李元芳说："我曾经也有您这样的经历。有时候客户不满意我接收他们投诉时的表现，有时候客户不满意我处理他们投诉的过程和结果。后来，我把我处理过的客户投诉的案例都整理出来，对接收过程、处理过程和处理结果认真地进行了分析，发现是因为我没有一套科学地接收和处理客户投诉的流程和方法，所以出现了客户有时满意有时不满意的情况。"

"心如迷雾"说："后来您是怎么做的？"

李元芳说："后来我开发了一个接收和处理客户投诉的流程。"

"心如迷雾"问道："您采用这个接收和处理客户投诉的流程之后，效果怎样？"

李元芳说："最开始效果不是非常明显，后来通过逐步改进，最近九个月来采用这个流程处理的客户投诉，客户都非常满意。"

"心如迷雾"心中大喜，说："您的这个接收和处理客户投诉的流程，能给我讲讲吗？"

李元芳说："我把这个流程的主要内容给您讲讲吧，供您在以后的工作过程中参考。"

"心如迷雾"给李元芳发了一个"握手"的表情符号表示感谢。

李元芳整理出来的"接收和处理客户投诉的流程"，如图 14 所示。

接收和处理客户投诉的流程一共包含九个步骤。

第一步 倾听客户投诉的事项和内容：耐心和仔细地倾听客户投诉的具体事项和内容。

第二步 复述并确认客户投诉的事项和内容：用自己的语言复述客户投诉的事项和内容，并向客户确认我们的理解是否正确。

第三步 真诚道歉：对由此给客户带来的问题或不便真诚地表示歉意。

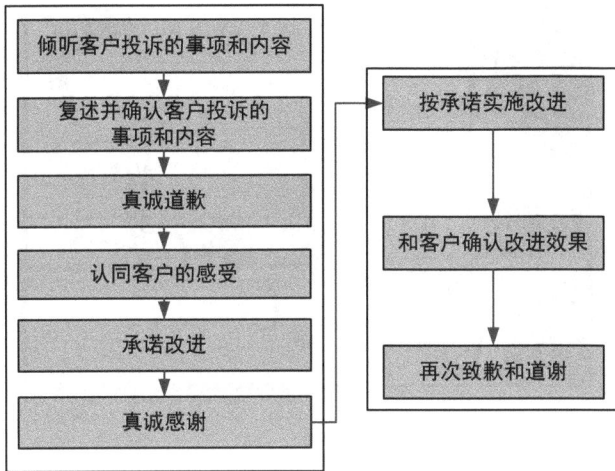

图 14　接收和处理客户投诉的流程

第四步　认同客户的感受：移情，认同客户的感受。

第五步　承诺改进：承诺我们将采取什么行动，以及在什么时候纠正错误或偏差。

第六步　真诚感谢：真诚感谢客户提出这些我们以后需要注意和改进的问题。

第七步　按承诺实施改进：严格按第五个步骤给出的承诺不折不扣地落实。

第八步　和客户确认改进效果：和客户确认客户投诉的事项是否已经处理妥当，否则继续改进。

第九步　再次致歉和道谢：客户对处理结果满意后，需要再次表示歉意和谢意。

李元芳说："在'接收和处理客户投诉的流程'中，前六个步骤可以保证我们接收客户投诉时让客户满意，后三个步骤可以保证客户对他们的投诉被处理的过程和结果满意。"

"心如迷雾"看完"追求进步"发过来的"接收和处理客户投诉的流程"和对流程的描述之后，说："我以前在接收和处理客户投诉时，确实没有什么模式，以后我试着这样做，有问题再向您请教，谢谢您。"

*　　　　　*　　　　　*

结束了和"心如迷雾"的交谈之后，李元芳想：虽然客户投诉在管理活动中出现得不是很多，但如果不能正确接收和处理客户投诉，对管理者本人及其所管理的部门乃至整个公司都会产生很大的影响。为了让有这方面困惑的管理者受益，李元芳结合"心如迷雾"提出来的问题和自己之前的经验在博客上写了一篇文章，标题是《这样接收和处理客户投诉》，最后一段内容如下。

> 为数不少的管理者不怎么重视客户投诉，他们认为客户往往喜欢"小题大做"。其实，这种想法是错误的。不管我们认为客户的投诉是"小题大做"还是"无事生非"，都需要认真对待。因为客户的投诉是我们改进工作的机会。同时，我们只有处理好客户的投诉，客户才会对我们更加信赖、更有信心，才会对我们不离不弃，才会长期支持我们。

099. 成绩源自点滴积累

时间在两种情况下过得最快：一种是工作的时候，另一种是谈恋爱的时候。这几年，工作和恋爱这两件事在李元芳的生命中同时进行着。在不知不觉中到了一年的年底，又到回顾和总结的时候了。

这一年是李元芳担任部门经理的第一年，在计划、组织、指挥、协调和监控五个方面，李元芳进行了全面的"操盘"，他在摸爬滚打中加深了对管理工作的领悟。一年下来，李元芳感觉自己摸索到了一些管理的门道，也慢慢悟到了一些属于自己的管理智慧。

另外，这一年，李元芳还在领导力、团建建设、激励、沟通、影响力、决策、冲突管理、建立信任、教练技术等人际关系软技能方面进行了实际操作并取得了长足的进展。

李元芳认为，自己已经由技术走向了管理。

*　　　　　*　　　　　*

深夜，李元芳坐在书桌旁，三年来管理生涯的点点滴滴，一幕幕清晰地浮现在眼前。李元芳感觉这三年来经历了不少，自己也成长了不少。

步入职场九年，特别是这三年的管理生涯，李元芳感受到，沉淀和积累对于一个人的成长和成功确实至关重要。李元芳认为，没有持续的积累，就不会有今天能胜任部门经理岗位的自己。

积水成河，聚沙成塔。成绩源自点滴的积累，管理水平的提升同样如此——因为，有诗为证。

积累是梯，从山脚引向山顶；
积累是桥，让此岸连通彼岸。
积累是索，从现在导向未来；
积累是灯，让黑暗变成光明。

100. 总结是成功之父

除了积累，李元芳感觉担任部门经理一年来自己另一个收获就是几乎每天都要做的总结。俗话说，"失败是成功之母"，李元芳从自己的经验中得出一个新的结论，那就是"总结是成功之父"。

一年来，李元芳在博客上写的文章共计 200 多篇，博客的总访问量已突破 50 万人次。李元芳感觉，从这些文章中受益最大的，并不是看文章的人，而是写文章的人——李元芳自己。

通过对自己的工作进行总结并整理成文章，李元芳提升了自己的思想、发现了自己的不足、得到了新的智慧、找到了进步的方向。所以，李元芳认为，用"总结是成功之父"来形容总结的好处，一点都不为过。

在三年的管理实践中，李元芳平时除了通过写文章做总结，还重点从如下八个方面进行了认真总结。

第一，技术人员和管理人员确实存在比较大的差别，这个差别不仅表现在工作内容上，还表现在工作时所采用的思维方式和行为方式上。

作为成功从技术走向管理的职场人士，李元芳把技术人员和管理人员在一般特质上的区别进行了整理，如表 9 所示。

表 9　技术人员和管理人员一般特质对比

技术人员的一般特质	管理人员的一般特质
习惯聚焦事	首先聚焦人
关注点	关注面
非黑即白	非黑非白
对事不对人	对事也对人
更关心过程	更关心结果
收敛思维	发散思维
刻板	灵活
科学性	艺术性
经常使用的词语：绝对、完全、肯定、绝不、必须等	经常使用的词语：经常、通常、也许、或许、大概等

第二，中层管理者要做到有效管理，需要实践"六十五字方针"，如表 10 所示。

表 10　有效管理的六十五字方针

有效管理的六十五字方针	
把关而不设关；	分配工作讲标准；
指导而不主导；	落实工作讲计划；
包容而不纵容；	汇报工作讲结果；
到位而不越位；	检查工作讲证据；
授权而不弃权	评价工作讲绩效

第三，要成为一名优秀的中层管理者，需要具备如下八大特质。

- 诚实守信：因为诚信，所以简单；诚信是人际关系的基石。
- 阳光心态：激励和感染他人，形成高绩效团队。
- 专家能力：指引方向和正确决策，让下属有信心追随。
- 关爱下属："爱出者爱返"，人心的力量胜过千军万马。
- 律己宽人：己身正，不令而行；宽容他人是最伟大的智慧。

- 懂得分享：分享成功，能将成功放大；分享失败，能让失败不断消失。
- 不断学习：让自己的思想、理念和才干保鲜，让自己从优秀一步一步走向卓越。
- 坚持到底："渠成"才能"水到"，美丽的风景总在路的尽头。"坚持"共有16 笔画，"放弃"共有 15 笔画，坚持与放弃只是一笔之差，却结果迥异。想把管理工作做好，不可能一蹴而就，需要长期的坚持和实践。

第四，要想把团队建设好，需要把握好八条原则。

- 尊重团队每一位成员。

- 耐心倾听团队成员的心声。

- 不要当众批评下属。

- 真诚听取团队成员的意见和建议。

- 在团队中提倡合作和信息共享。

- 善于了解团队成员的做事风格及他们的优缺点。

- 以团队成员乐于接受的方式进行表扬。

- 以积极的方式为下属提供指导。

第五，要想有效地培训下属，需要按如下六个步骤去实施。

- 说给他听。

- 做给他看。

- 让他做做看。

- 做好了，要夸赞。

- 没做好，再改善。

- 反复做，成习惯。

第六，管理者想要提升下属学习效率，可以从如下九个方面去努力。

- 引起注意：通过提问或观看与学习主题相关的视频、图片等，把下属的注意力吸引过来。

- 明确学习目标：在开始指导之前，一定要和下属明确学习目标；因为目标导向，才能事半功倍。

- 回忆必要的知识：管理者与下属一起回忆与主题相关的知识，能让下属更容易接收和理解新的知识。

- 凸显重点知识：通过运用良好的演示方法（如放大、加粗）和教学方法（如放慢语速、加大音量、重复等），让下属"聚焦"重点内容。

- 运用辅助教学手段：通过"以不同方式说明""介绍实际案例""联结已知知识"等手段让下属加深理解和记忆。

- 实操练习：通过下属自己亲自操作，让其"身临其境"，从而更深入透彻地掌握所学知识。

- 及时并积极反馈：上司对下属的学习效果和练习效果进行及时、积极的反馈，让下属因为感受到上司对自己的重视和肯定而更加积极认真地学习。
- 评估学习效果：一段时间后，通过考试或考察的方式检验下属的学习效果，让下属在学习之后能"温故"，从而对所学知识掌握得更"牢固"。
- 刺激学以致用：通过绩效激励和引导，刺激下属将所学的知识和技术应用到实际工作中，从而更好地达到学习的目的。

第七，管理者要想处理好人际沟通方面的问题，需要具备"五心"。

- 喜悦心：生活是美好的，与人沟通是一件愉快的事情。
- 包容心：海纳百川，有容乃大；包容别人，就是给自己机会。
- 同理心：凡事换位思考；事出总有因，换一个角度，海阔天空。
- 赞美心：善于和乐于发现对方的优点并给予肯定或表扬。
- 爱心：爱人者，人爱之。

第八，管理者要做到有效沟通，需要注意五个要点。

- 怎么说比说什么更重要。
- 对待别人的观点和看法，要有一种良好的心态。
- 凡事先替别人着想。
- 积极主动，懂得助人就是助己。
- 用别人期望的方式去对待别人。

李元芳默默地对自己说，总结真是一个好方法，也是一个好习惯，这个好习惯，我一定要坚持下去。

第四篇：从管理走向领导

101. 领导和管理的五大区别

虽然李元芳担任部门经理只有一年的时间,但由于之前的积累和自己的好学,他比较顺利地走上了管理之路,被广州港前信息科技有限公司评为"年度优秀中层管理者",这是令他感到非常高兴的一件事情。

*　　　　　　　*　　　　　　　*

执着于事业的李元芳,也稳定地发展着和李思思的爱情,他俩互相鼓励着、互相支持着,执子之手,与子共进;在平淡的生活中,时不时泛起爱情的涟漪,在共同的成长和进步中,一起走过了温馨、浪漫而充实的春夏秋冬。

*　　　　　　　*　　　　　　　*

李元芳担任部门经理两年后(第三年),公司董事长狄仁杰不再兼任公司总经理;公司总经理由公司原常务副总经理熊浩担任;公司原人力资源总监郑现实被提拔为公司副总经理,主管公司行政和人事;电子政务软件开发中心原总监薛勇升任公司副总经理,主管公司软件业务;李元芳由于工作能力提升快、业绩突出,被公司任命为电子政务软件开发中心总监;电子政务软件开发中心开发一部原部门副经理张帆接替李元芳的职位,担任部门经理。

新的任命生效的第三天,主管公司行政和人事的副总经理郑现实就把李元芳叫到自己的办公室。

郑现实开门见山:"李总监,恭喜你啊!"

李元芳被郑现实这么一称呼,还真有点不好意思,脸一下子就红了。

郑现实示意李元芳坐下后,接着说:"我今天请你过来,一是向你表示祝贺,二是受公司总经理熊浩的安排和委托,和你聊一聊你今后发展的重心。"

郑现实继续说:"你从部门副经理的岗位一路走来,相信你很清楚,任何管理者都要承担双重角色,那就是管理的角色和领导的角色。一个优秀的管理者,这两个角色的正确履行缺一不可。你能总结一下你对管理和领导的理解吗?"

李元芳毕竟有了四年的管理经验,加之狄仁杰、熊浩、薛勇、郑现实等领导一直以来对自己的言传和身教，他对管理和领导还是有比较清晰的认识和体会的。

李元芳回答道："管理是通过对资源进行计划、组织、指挥、协调和控制，来实现某一预定的目标；而领导是指确定方向、设定目标、统一意志，引导和影响、调动和鼓舞下属为实现目标而积极行动和努力工作的过程。根据我的工作体会，我认为管理强调执行力和给结果的能力，领导强调前瞻力和对下属的带动能力。"

郑现实微笑着点点头："元芳，你真行啊，你对管理和领导认识得蛮到位的。根据我多年的管理经验，我总结了领导和管理的五大区别，和你分享：第一大区别，角色性质不同，领导务'虚'，管理务'实'；第二大区别，角色定位不同，领导定位于做正确的事情，管理定位于把事情做正确；第三大区别，角色职责不同，领导的主要职责是指明方向、统一意志、建立愿景、设定目标、整合资源、激励和鼓励，管理的主要职责则是带领团队实现领导者所设定的目标；第四大区别，角色侧重点不同，领导侧重于思考，管理侧重于贯彻执行；第五大区别，角色履职方式不同，领导者应该走在员工的前面做引路人和指路人，而管理者则需要和员工在一起战斗。"

李元芳最开始还有些洋洋自得，但听完郑现实分享的领导和管理的五大区别之后，明显地感觉到郑现实对领导和管理的认识比自己深刻多了，顿时意识到自己还有很大的提升空间。

郑现实呷了一口茶，补充道："从领导和管理的区别我们可以知道，越是基层的管理者，管理成分越多、领导成分越少；越是高层的管理者，领导成分越多、管理成分越少。你现在由部门经理升任总监，管理职位提升了，那么领导成分自然就增多了，以后在夯实自己管理能力的同时，要把重心放在提升自己的领导能力上，要实现从管理到领导的蜕变。咱们今天就先聊到这里吧，你先回去好好领悟，看如何提升领导力，以后我会再找你沟通的。"

李元芳若有所思地点着头，不由自主地感受到在职业能力提升的道路上还"任重而道远"。

当李元芳离开副总经理郑现实的办公室时，顺手拿出手机一看，李思思发过来的一条微信跃入了他的眼帘。

102. 领导力所包含的六个方面

李元芳打开微信，发现李思思发的是一个链接，李元芳打开链接一看，文章讲的正是自己急需学习的领导力！

李元芳在心里感叹：知我者，思思也！

李元芳如饥似渴地看完了全文。

文中提到，领导力是指管理者在其所管辖的范围之内，充分地利用人力和各种客观条件，以最小的成本办成所需要办成的事情，从而提高整个团队办事效率的能力。

通过文章的描述，李元芳意识到，领导力主要包含六个方面：感召力、吸引力、影响力、前瞻力、决断力和控制力。所谓感召力，也被称为"领袖气质"，是一种吸引他人追随和拥护的人格魅力。一般来说，伟人具有很强的感召力。所谓吸引力，是指能成为对方的偶像，让对方崇拜和模仿。一般来说，明星具有很强的吸引力。所谓影响力，是指一个管理者，通过他的言行举止，让别人接受他的观点、他的思想和他的方案的能力。言行举止浓缩为两大方面：一方面就是说，另一方面就是做。管理者既要会说，也要会做。所谓说，是指一个管理者能够清楚和明白地把他的思想和观点表达出来，让别人非常容易听明白、听懂；所谓做，是指一个管理者要能做到身先士卒、要能做到以身作则。人与人之间其实是互相影响的，不是别人影响你，就是你影响别人。管理者应该多去影响别人。所谓前瞻力，通常把它称为"眼光"，是一个管理者着眼未来、预测未来和把握未来的能力。所谓决断力，就是正确决策的能力。管理者在需要做出决定时，要能当机立断，不犹犹豫豫，不拖泥带水。所谓控制力，就是管理者的理性判断和行动，管理者既需要控制自己的思想和行动，也需要有效地控制组织或者团队的发展方向和战略实施过程。

回到办公室，李元芳画了一个领导力的"六力"模型，如图 15 所示。

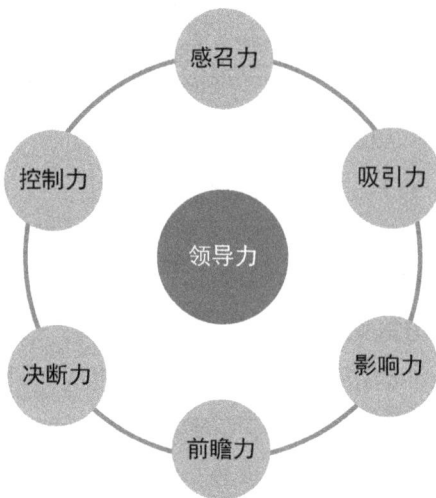

图 15　领导力的"六力"模型

下班的路上，李元芳思忖着，自己不是伟人，比较难具备感召力；自己不是明星，比较难拥有吸引力。那么，作为管理者的自己，就应该努力去提升影响力、前瞻力、决断力和控制力，从而提升自己的领导力。

自己对提升领导力的重心应该放在哪些方面的认识是否正确呢？李元芳心里没有十足的把握。带着问题和自己的思考，第二天上午一上班，李元芳就迫不及待地拨通了自己的顶头上司——公司主管软件业务的副总经理薛勇——的电话。

103. 领导力来源的五大基本要素

薛勇毕竟和李元芳共事多年，也一直是李元芳的顶头上司，两个人在工作沟通方面，可以称得上是"心有灵犀"；他一接到李元芳的电话，寥寥数语，就知道李元芳想要咨询的问题。于是，薛勇把李元芳请进了自己的办公室。

李元芳坐下后，开口说道："薛总，昨天郑总找我谈了领导力方面的话题，他提示我要注意提升领导力方面的能力，我昨天也进行了思考，自己把握不准，想请教您我应该从哪些方面来提升自己的领导力？"

薛勇没有直接回答李元芳的问题，而是开口说道："元芳，在你担任部门副经理时，我们就探讨过领导力的话题，你当时还说我的影响力比你大呢。领导力分为五个层次，你知道吗？"

李元芳摇摇头。

薛勇从自己整理的资料中拿出一张图，如图 16 所示，接着说："人们通常把领导力分为五个层次：第一层领导力，来源于职位与职权，下属追随你的原因是你的职位与职权，让他们别无选择；第二层领导力，来源于关系与认可，下属追随你的原因是你和他们的关系好；第三层领导力，来源于业绩与贡献，下属追随你的原因是你为企业做出了突出的贡献；第四层领导力，来源于教练与辅导，下属追随你的原因是你让他们获得了卓有成效的成长；第五层领导力，来源于人格与魅力，下属追随你的原因是你具有良好的人格魅力。"

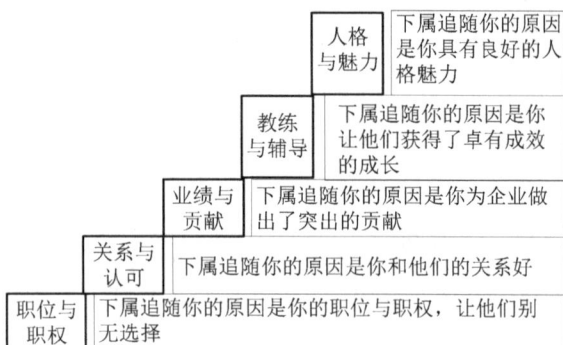

图 16 五层领导力

展示和讲解完"五层领导力"模型之后，薛勇问道："你认为你现在处于领导力的第几个层次？"

李元芳短暂思考之后，回答道："从担任部门副经理以来，在您和公司其他领导的指导下，我带领团队为公司做出了一定的贡献，也积极主动地给予了团队成员一定的培训和辅导，我感觉自己处于领导力的第三层和第四层之间的这个范围。"

薛勇点点头，他又从自己整理的资料中拿出一份文件，说道："让我们再来看看领导力来源的五大基本要素。"

薛勇边指着文件边解释，如图 17 所示。

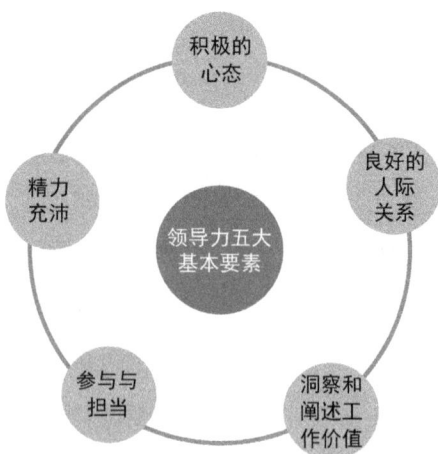

图 17 领导力来源的五大基本要素

管理者的领导力主要是由这五大基本要素决定的。

- 积极的心态：管理者是要引领和带领团队的，所以管理者的心态是非常重要的。管理者应该积极向上，应该充满正能量。只有管理者自己充满正能量，才能够引领下属也充满正能量。
- 良好的人际关系：管理者是需要和人打交道的。管理者只有具备良好的人际关系，才能够去发挥自己的领导作用，下属才会愿意接受你的领导。
- 洞察和阐述工作价值：管理者需要经常安排下属的工作，然而管理者不能仅仅把工作任务分派给下属，而是应该和下属说清楚，让他做这项工作，对公司、对组织、对团队及对他个人有什么意义和价值。一个人只有知道了做这件事情的意义和价值，才能更好地发挥他的主观能动性，把工作做得更出色。
- 参与与担当：管理者不能把自己游离在团队之外，而是应该参与到团队中，和大家一起努力。另外，管理者一定要有担当，当团队出现问题或者说业绩不佳的时候，管理者一定要勇敢地站出来，承担自己的责任。
- 精力充沛：管理者的情绪会感染下属的情绪，管理者激情、高昂、精力充沛，下属也容易激情、高昂、精力充沛。当整个团队士气高昂时，这个团队的工作效率才高。

薛勇接着说："根据我们刚才看到的'五层领导力'模型和领导力来源的五大

基本要素，你前面提到的'应该从哪些方面来提升自己的领导力'这一问题，就比较清晰了。"

李元芳充满信心地问道："薛总，结合您分享的'五层领导力'模型、领导力来源的五大基本要素及我的实际情况，您认为'我今后应该重点去提升自己的影响力、前瞻力、决断力和控制力'这个定位是基本准确的，对吗？"

薛勇笑着点点头，用力握住李元芳的手。无形之中，这又增强了李元芳对自己的自信心。

谢过薛勇，李元芳带着上司给予的肯定和期盼，离开了薛勇的办公室。

此时，李元芳的手机响了。

104. 管理者领导力的修炼方法

李元芳掏出手机一看，电话是在福州工作的表哥打来的。

李元芳在福州工作的表哥，目前已升任公司副总裁，此次表哥打电话是想请李元芳给他们公司今年新晋的 15 名中层经理讲课，谈谈自己成功从技术走向管理的心得和体会。

抓住这个机会，李元芳向表哥讲述了自己的近况并向表哥咨询了有关领导力方面的问题。

表哥结合自己的成长经历和感悟，给李元芳分享了如下内容。

领导力作为一个人的软技能，我们没办法在短时间内获得，需要不断修炼。在这里，我和你分享我总结的管理者领导力提升的五种修炼方法，如图 18 所示。第一种方法：亲自实践。实践出真知。在工作的过程中，管理者需要和团队成员一起策划和设计我们的工作目标，并激励和鼓励团队成员来实现我们所设定的目标，这就是亲自实践。第二种方法：阅读。管理者需要阅读一些领导力方面的书籍或文章，从中学习并付诸实践，内化为自己的领导力。第三种方法：参加课程培训或拓展训练。他山之石，可以攻玉。管理者需要走出去，参加一些课程培训或拓展训练，通过课程培训和拓展训练，可以从老师和同学身上学习到一些有关领导力提升的方法，用于提升自己的领导力。第四种方法：写心得体会。通过写工作心得、学习心得，能更好地加深自己的体会和感悟，让自己成长得更快、更稳健。第五种方法：复盘和修正。经常进行工作复盘，通过复盘我们发现自己做得不好或需要改进的方面，在以后的工作中有意识地去改进，从而有利于补长自己的领导力短板，提升自己全方位的领导力。

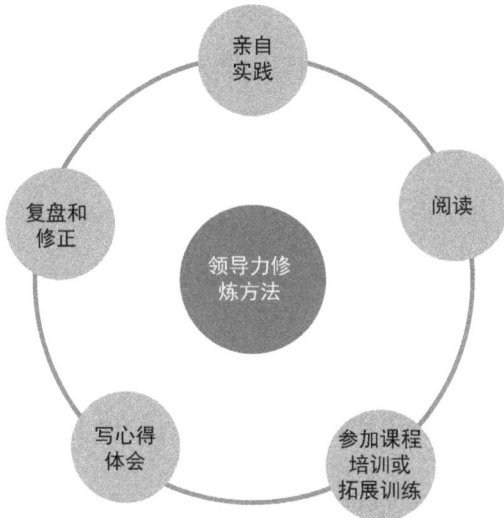

图 18　管理者领导力的修炼方法

　　关于管理者全方位的领导力，表哥补充说："领导力不仅体现在管理者对员工方面，还体现在管理者对上司、管理者对同事、管理者对客户等方方面面，所以通常说一个管理者需要拥有 360 度全方位的领导力。"

　　＊　　　　　　　＊　　　　　　＊

　　李元芳意识到，弄清楚了什么是领导力、领导力的来源、领导力的修炼方法，以及自己应该从哪些方面去重点提升自己的领导力，接下来就是自己漫长的自我修炼之旅了。

　　一晃半年过去了，在这半年时间里，李元芳除了实践给团队设定目标、激励人心等领导力活动，还阅读了《领导力21法则》等5本关于领导力的经典书籍，参加了一次三天两晚的领导力集训，每月写一篇领导力提升和感悟方面的文章，并在工作中修正了自己发现的三个与领导力相关的行为。

　　接下来，7月发生的这件事情，李元芳充分展示了自己的领导力。

105. 实战：管理者领导力的综合应用

　　事情是这样的，李元芳主管的部门之一——电子政务软件开发中心开发一部客户A单位信息中心的W主任是一个技术"牛人"，人相对比较固执。这天，当项目组技术人员向W主任汇报技术方案时，W主任认为项目组的技术方案与自己设想的不一样，于是就和项目组相关人员理论起来，并坚持要项目组采用自己的技术方案。项目组成员没能采用合适的方式说服W主任，但也不同意采用W主任提供的技术方案。W主任当场发火并以项目组成员态度恶劣、不尊重甲方为由要求李元芳"法办"项目组。

　　李元芳之前和W主任有过接触，对W主任的性格比较了解。李元芳详细了解了项目情况和本次事件的原委之后，和W主任进行了电话沟通。以下是李元芳和W主任电话沟通的基本内容。

　　李元芳说："W主任，首先我就我们项目组今天在项目技术方案汇报会上出现的不当行为向您表示歉意，期望能得到您的原谅。刚才，我们认真地分析了您提出的技术方案，您不愧是技术专家，您提出的技术方案确实很不错。"（李元芳后来就此次事情复盘时发现，这是领导力中控制力的应用：通过承认错误和肯定对方来舒缓和控制对方的情绪。）

W主任的火气好像小了一些，插话道："我提出的技术方案是经过深思熟虑的！"

李元芳接着说："嗯，看得出来，您为本项目的建设操了不少心。多年来，对新技术的研究和应用，我们公司一直走在同行的前列，在以往实施的项目中，我们采用的技术方案，后来经过项目的实际验证，都具有很好的效果。"（李元芳后来就此次事情复盘时发现，这是领导力中影响力的应用：通过展示自身的实力来促使对方接受自己的方案。）

李元芳心里清楚，从"息事宁人"的角度出发，采用W主任提出的技术方案显然是最佳的，但这不利于公司未来的业务和技术发展。考虑到长远利益，李元芳补充道："刚才，我会同项目组技术骨干进行了认真分析，大家一致认为如果采用您提出的技术方案，确实能很好地满足当下的业务需求。但您也知道，业务会不断发展、政策会不断变化，为了适应未来的业务变化和技术演进，我们提出的技术方案与您的技术方案有所不同，目的是确保该应用系统具有更持久的生命价值。"（李元芳后来就此次事情复盘时发现，这是领导力中前瞻力的应用：通过着眼未来让解决方案更科学。）

W主任感觉到李元芳是在替自己着想，语气柔和了很多："你刚才的分析很有道理，你们的技术人员当时只是坚持自己的方案，要是他们能这样给我分析就好了。不过，我的技术方案中有三个方面是你们提出的技术方案中所欠缺的。"

接着，W主任详细阐述了这三个方面。

听完W主任的阐述，李元芳以敬佩的口吻回复道："多亏主任的点拨，我们一定会把您提出的这三个方面纳入本项目的技术方案，从而让技术方案更完美。"

W主任追问道："你们多久能完成新技术方案的原型展示？"

李元芳结合自己的工作经验并综合考虑电子政务软件开发中心的技术实力，自信地说："主任，请您放心，我们保证一个星期内完成新技术方案的原型展示，到时候一定交给您一份满意的答卷。"（李元芳后来就此次事情复盘时发现，这是领导力中决断力的应用：通过自信拍板增强对方对自己的信心。）

＊　　　　＊　　　　＊

后来的结果证明，新的技术方案确实在项目中大放异彩，W 主任也对李元芳的领导力赞赏有加。

106. 鼓舞人心也是领导力

这一天是计算机技术与软件专业技术资格（水平）考试成绩公布的日子，上午上班后不久，张帆就敲响了李元芳办公室的门。

张帆这次报考的是信息系统项目管理师的考试，这是他第二次参加该资格的考试了。遗憾的是，他这次还是没能通过该资格的考试。

张帆垂头丧气地说："元芳，我这次又没能通过信息系统项目管理师的考试。唉，我怎么这么差劲啊！"

李元芳没有作声，他倒了一杯水给张帆。

张帆接过水杯，接着说："我现在真有点怀疑自己的能力了，对自己也没什么信心了，我不想再考了。"

李元芳宽解道："信息系统项目管理师是一个难度很高的考试，每次通过率都只有百分之十几。你也知道，我两年前考信息系统项目管理师时，也是第二次考试才通过的啊！你这次没能通过考试，虽然有点遗憾，但也很正常啊！能说说你这次考试成绩和上次相比，有什么进步吗？"

张帆回答道："要说进步还是有的，上次案例分析和论文两个科目都没有通过，这次只有论文没有通过，而且这次论文科目的考试成绩比上次还多了 3 分。"

李元芳趁势打气道："非常不错啊，你这次成绩较上次有这么大的提高，就说明你对知识的掌握程度比之前更加牢固了。你再努力一次，准能通过！"

看到张帆的眼神明亮了不少，李元芳继续说："任何事情，我们都不太可能通过一次努力就成功，只要我们不放弃，胜利就会在不远处向我们招手。你说呢？"

张帆被李元芳这么一鼓励，精神一下子好了很多，他点着头对李元芳说："元芳，我不会放弃的！"

下班回家的路上，李元芳和正在昆明出差的李思思通过微信聊天，当聊到张帆考试的这件事情时，李思思回复道："鼓舞人心也是领导力。"

是的，李思思说得很对，鼓舞人心也是领导力！作为管理者，我们不但要自己充满信心和希望，还应该不断给团队带去信心和希望。一个人，对未来充满信心，就没有过不去的坎；一个团队，士气高昂，就没有克服不了的困难。而团队领导者，就是团队信心和士气的发动机！

＊   ＊   ＊

张帆一鼓作气，次年 5 月份，第三次参加了信息系统项目管理师的考试，终于如愿以偿。

107. 管理者对下属的领导力

李元芳担任电子政务软件开发中心总监快一年了，他不断实践、不断总结，按照表哥提到的 360 度全方位领导力这一框架，感悟、践行、梳理和整理着管理者对下属的领导力、管理者对上司的领导力、管理者对平级的领导力和管理者对客户的领导力。

通过梳理和整理，李元芳认为，管理者对下属的领导力主要体现在五个方面。

第一个方面：管理者应该为下属指明方向。方向是行动的航标，方向比努力更重要；做正确的事情，比正确地做事更重要。如果把团队比作一条船，那么团队的管理者就是这条船上的舵手。船的安危和希望，主要把握在舵手的手里；团队的安危和希望，则主要把握在管理者手里。

第二个方面：管理者应该统一大家的意志。意志力就是生产力。管理者通过疏导员工的思想，让大家心往一处想、劲往一处使，以最大的合力去协同实现团队的目标。

第三个方面：管理者应该整合资源。管理者通过资源整合、人岗匹配、因材施教进行最优化的部署和组合，从而带领团队创造 1+1>2 的业绩。

第四个方面：管理者应该影响下属。管理者通过自身的言行举止来影响下属，让下属乐意追随管理者，让下属认同团队确定的工作目标和工作方向并为之而不懈努力。

第五个方面：管理者应该激励和鼓励下属。人要长期保持旺盛的工作激情往往是比较困难的，管理者需要采用合适的方法和措施，不断激发下属的工作热情。

李元芳认为，管理者可以通过如下四种方法来修炼和提升对下属的领导力。

第一种方法：提升自身素养。管理者的自身素养既包括管理者的能力也包括管理者的品质，一个管理者如果能力强、品质好，就一定能潜移默化地影响下属。

第二种方法：以身作则。要求下属做到的，管理者先带头做到，管理者自己不能游离在团队规则之外。因为，己身正，才能不令而行；身不正，虽令不从。

第三种方法：严以律己，宽以待人。一个严以律己、宽以待人的管理者，一定会具有较强的人格魅力；而较强的人格魅力，是一种难能可贵的领导力。

第四种方法：培养和教练下属。培养和教练属于第四层领导力的范畴。在管理者的培养和辅导下，下属获得了卓有成效的成长，这样的管理者，下属当然更乐意追随。

108. 管理者对上司的领导力

管理者"领导"上司当然比管理者领导下属要难得多。

管理者对上司的领导力体现在哪些方面？管理者如何修炼和提升对上司的领导力？

经过实践历练的李元芳认为，管理者对上司的领导力主要体现在两个方面。

第一个方面：管理者能获得上司的认同和信任。在开展工作的过程中，如果上司认同我们的工作思路和工作方法，他们很放心地把工作授权给我们，他们相信我们能把被授权的工作完成得很好，并放心大胆地让我们去做，那就表示我们在上司面前具有良好的领导力；反之，如果我们得不到上司的认同和信任，上司担心我们不能很好地完成被授权的工作，而隔三岔五地要求我们汇报或检查的工作，那就表示我们在上司面前不具有良好的领导力。

第二个方面：上司会主动征求我们的意见和看法。在开展工作的过程中，如果上司遇到了问题或者困难，他们会主动征求我们的意见或建议，就表示我们在上司面前具有良好的领导力；反之，如果上司遇到了问题或困难，不会找我们沟通，不会让我们提供意见、建议或方案，那就表示我们在上司面前不具有良好的领导力。

李元芳认为，管理者可以通过如下三种方法来修炼和提升对上司的领导力。

第一种方法：做好自己的本职工作。管理者做好自己的本职工作是获得上司认同和信任的前提，很难想象一个连自己本职工作都做不好的下属能被上司信任和委以重任。

第二种方法：学会从上司的角度出发考虑问题。角度不同，观点不同，做法自然不同。管理者能从上司的角度出发考虑问题，就比较容易和上司"心有灵犀"，提出的方案和措施，才能更具有高度和品质，才更合情和合理。自然，这样的建议或方案，能得到上司认可和欣赏的可能性就大大提升。

第三种方法：让上司"增值"。下属辅佐上司，让上司业绩得到提升；下属辅佐上司，让上司职位得到晋升。上司"增值"了，上司被他（她）的上司认可了，反过来，上司就会更认可、信任和重用我们，这无疑就提升和彰显了我们对上司的领导力。

109. 管理者对平级的领导力

管理者对平级（这里的平级，是指在同一单位职位相当的人）的"领导"自然不同于管理者对下属的领导，因为平级之间几乎没有责任和义务。

管理者对平级的领导力体现在哪些方面？管理者如何修炼和提升对平级的领导力？

具有一定实践经验的李元芳总结出，管理者对平级的领导力主要体现在三个方面。

第一个方面：能获得平级的认同。在与平级共事的过程中，我们的思想、观点和方案，能够经常获得平级的认同。

第二个方面：能影响平级。管理者能够通过自己的言行举止去影响平级，让平级接受我们的思想、观点和方案。

第三个方面：能够在平级中成为"意见领袖"。大家决议做某一件事情时，不同的人往往会有不同的观点和思想，当我们把自己的观点和思想表达出来之后，往往能够获得多数平级的认可和肯定，甚至是夸赞和推举，那就说明我们在平级面前具有良好的领导力。

李元芳认为，管理者可以通过如下三种方法来修炼和提升对平级的领导力。

第一种方法：提升肚量。平级和平级之间不存在责任和义务的关系，别人帮我们是情分，别人不帮我们是本分。提升肚量的意思就是平级没有帮我们，不要"记恨在心"；当平级找我们帮忙时，我们不会因为之前的事情影响行动，而是会"不计前嫌"地去慷慨帮助对方。提升肚量，就能提升我们在平级心中的认可度，从而提升我们对平级的领导力。

第二种方法：累积情感账户。由于平级和平级之间是不存在责任和义务关系的，互帮互助和互相支持在很多时候都是出于彼此之间的情感，因此我们平时就需要多在对方心中累积情感账户，有能力帮助对方时就尽可能多去帮助对方。这样，在我们需要对方帮助时能有已经储备好的"情感账户"用于支出，从而获得对方的帮助；在我们需要对方支持时能有已经储备好的"情感账户"用于支出，从而获得对方的支持。

第三种方法：成就他人。成就他人包括两个方面：一方面是协助平级创造了更好的业绩，另一方面是协助平级晋升了职位。如果平级在我们的协助下业绩提升了或职位升迁了，那对方也会更好地去认同和支持我们，也可能协助我们取得更好的业绩或获得职位的晋升，从而提升我们对平级的领导力。

110. 管理者对客户的领导力

客户是我们的衣食父母，管理者对客户的领导力体现在哪些方面？管理者如何修炼和提升对客户的领导力？

有多年工程项目从业经验和客户服务经历的李元芳总结出，管理者对客户的领导力主要体现在两个方面。

第一个方面：能影响客户。从专业领域这一角度来说，我们应该比客户更内行，在服务客户的过程中，通过与客户沟通说服客户，让客户欣赏并采纳我们的思想、观点和方案，而不是被动地按客户提出的"差强人意"的思路行事，这就是我们对客户领导力的体现。

第二个方面：能获得客户的认同和信任。在服务客户的过程中，如果客户认同我们的工作思路和工作方案，他们对我们的服务能力和服务品质充满信心，他们相信我们能提供比其他公司更加优质的服务并放心大胆地让我们去做，那就表示我们在客户面前具有良好的领导力；反之，如果我们得不到客户的认同和信任，客户总是担心我们不能很好地完成被他们授予的合同而隔三岔五地要求我们汇报或检查我们的工作成果，那就表示我们在客户面前不具有良好的领导力。

李元芳认为，管理者可以通过如下三种方法来修炼和提升对客户的领导力。

第一种方法：做出效果。作为客户，他们更关心的不是我们的工作过程，而是我们的工作结果，如果我们每次做出来的工作成果都能达到甚至超出客户的预期，那我们就能够更好地获得客户的认同和信任，自然就提升了我们对客户的领导力。

第二种方法：急客户之所急。如果我们总是用心去解决客户所关心的或希望解决的问题，急客户之所急，时间一长，我们就能获得客户的认同和信任，从而提升我们对客户的领导力。

第三种方法：换位思考，感同身受。客户有客户的立场、难处和利益诉求，多站在客户的角度来思考问题，多站在客户的角度来感受他们的需求，用将心比心的方式来思考和行动，这样更容易得到客户的认同和欣赏，从而提升我们对客户的领导力。

＊ ＊ ＊

随后，李元芳把自己梳理和整理的 360 度全方位领导力的这四篇文章，汇报给了主管公司行政和人事的副总经理郑现实及自己的表哥。

111. "检阅"领导力

年终总结会议的前一天，主管公司行政和人事的副总经理郑现实在走廊上碰到了李元芳，他来了一个"突然袭击"，以提问的方式"检阅"了一下李元芳对领导力的领悟和实践。

郑现实说："元芳，一年又将过去了，还记得年初我们探讨过的领导与管理的区别吗？"

李元芳回答道："郑总，非常感谢您当时的点拨。一年来，我一直按您当时分享的内容在领悟领导与管理的区别，也一直在总监的岗位上实践领导与管理这两个角色。"

郑现实问道："那感觉如何？"

李元芳回答道："总体来说，我认为我对管理者应承担的领导和管理这两种角色的体会比之前担任部门经理时更深刻了。不过，我还有很大的提升空间，很多方面我还做得不好。"

郑现实接着说："是的，从你领导的电子政务软件开发中心今年的业绩来看，领导和管理这两种角色你扮演得挺不错的。由于管理者的领导力是管理者的一项软技能，所以需要长时间修炼。优秀的管理者，必须有360度全方位领导的能力，你整理、总结的管理者对下属、管理者对上司、管理者对平级、管理者对客户的领导力就挺好的。延展开来，还有管理者对上司的平级、管理者对平级的下属、管理者对外部合作伙伴等方面的领导力。然而，管理者的领导力需要根据环境和对象的不同恰到好处地应用，这很重要、也很难。元芳，你体会如何？"

李元芳回答道："郑总，我的体会是领导力表面上看很抽象，甚至有些'虚'，但落实起来，实际上很具体、很有挑战性。因为领导力的应用没有公式，也没有程序可以套用；领导力的应用有很大的灵活性，也非常考验一个管理者的综合能力。"

郑现实点点头表示对李元芳观点的认可，并继续问道："请你谈谈，你认为作为总监有哪些常态工作能够彰显管理者的领导力？"

李元芳整理了一下自己的思路，回答道："结合我之前部门正副经理的从业经验和今年担任总监的新历练，我认为主要有六项常态工作能够彰显我的领导力：第一项，规划电子政务软件开发中心的愿景和未来；第二项，指明电子政务软件开发中心的发展方向；第三项，制定电子政务软件开发中心的发展战略；第四项，统一电子政务软件开发中心各成员的思想和意志；第五项，整合团队内外部资源；

第六项，激励和鼓励团队成员不断奋进。"

郑现实对李元芳的回答赞赏有加，他最后说道："随着我们职位的上升，领导力对我们来说会越来越重要，需要我们一直去修炼；职业旅途就如同打怪升级，过了一关还会有下一关。"

*　　　　　*　　　　　*

回到办公室，李元芳在博客中写道：领导别人最好的方式，就是先提升自己。作为团队的领导者，修己方能安人，而修己是一场没有尽头的修行！

后记：是英雄就总在路上

日子一天一天过去，与人的年龄一同增长的，除了知识和能力，还有房价。

值得欣喜的是，在李元芳和李思思的共同努力下，在双方父母的资助下，三年前，他们成功付了首期，在广州东圃美林湖畔以按揭的方式购买了一套120平方米的商品房，幸运地成为有房一族。

最令李元芳高兴的事情是，通过自己的不懈努力，俘获了李思思的芳心，两人在12月26日登记结婚，一对恋人成为伉俪。

李元芳和李思思的结婚典礼于新年元旦举行。当日，婚礼大堂张灯结彩，双方父母和主要亲友都到场为他们祝福，李元芳的领导：公司董事长狄仁杰、公司总经理熊浩、主管公司行政和人事的副总经理郑现实、主管公司软件业务的副总经理薛勇等都参加了他们的婚礼，同时见证他们结婚庆典的还有李元芳和李思思的一些朋友、同事和同学，婚礼隆重而热闹。从李元芳和李思思脸上洋溢的笑容可以看出，这应该是他们人生截至目前最幸福、最快乐的时刻！

＊　　　　　　＊　　　　　　＊

李元芳和李思思婚后第二个星期，两人去海南三亚度蜜月。在天涯海角，他们十指相扣，赤脚倘徉在柔软的沙滩上，任海浪轻抚，任海风拂面，爱情之石为证，两人幸福的婚姻直至永远！

已过而立之年的李元芳，望着茫茫大海，心中无限感慨：虽然自己已经工作了十余年，但事业之步刚刚迈开；虽然自己已从技术走向管理，但管理之门刚刚敲开；虽然自己已过而立之年，但生活之舟刚刚起航。未来，工作上的压力、生活中的负担，还有很多需要自己去面对、去撑扛。

夜里，听着涛声，李元芳思绪激荡，久久未能入眠。此时，李思思已经熟睡。李元芳悄悄起身，打开自己的笔记本电脑，伴着窗外阵阵的涛声和点点星光，将三亚美丽的夜景和自己此时此刻的心情写成了一首诗。

> 从技术领域走来，
> 我倾情地投入了管理的怀抱。
> 从习惯的养成到思维方式的改变，
> 我经历了一次次自我否定与升华。
> 从管理菜鸟到管理高手，
> 我试图用经历和总结让前进的每一步都绚烂如花。
> 爱情之石，浪漫三亚，
> 思思温情妆点，景色美如画。
> 今夜，人在海角，梦在天涯，
> 成功之路在脚下！

关上电脑，李元芳拉开窗帘，面朝大海，仰望苍穹，他握紧拳头，默默地对自己说："是英雄，就总在路上，我要做一个职场中的真英雄，做一个管理领域的真英雄；路无尽，奋斗无涯，逝去的年华已成为回忆，今年是我的事业的新起点，努力吧，元芳！"

附录 A：第一篇梗概

表 A-1　第一篇梗概

章序号	标　题	核　心　内　容	创　作　意　图
001	赶鸭子上架	经历五年半一线技术工作的李元芳，由于技术能力强、工作业绩突出被公司提拔为部门副经理	后续对李元芳履职情况进行描述的起笔
002	管理者需要必要的"折腾"	薛勇通过让李元芳独立制订部门年度计划，让李元芳领悟到：管理者需要经历必要的历练	实践出真知，"经理"要有适当的亲身"经历"才能更好地明白管理的"道理"
003	让计划成为习惯	薛勇告诉李元芳要养成"计划先行"的行为习惯，给李元芳展示了制订工作计划的基本流程图	从技术走向管理的管理者，首先需要养成"计划先行"的行为习惯
004	计划之前要有行动	薛勇告诉李元芳，在做具体计划之前，需要做好必要的准备工作	管理者不单要重视做计划，还要重视如何通过前期准备确保制订出科学、合理的计划
005	技术人才当管理者最重要的是什么	郑现实告诉李元芳，技术人才当管理者最重要的是思维习惯和行为习惯的改变	想实现从技术到管理的转型，就需要把技术人员的思维习惯和行为习惯调整为管理人员所需要的思维习惯和行为习惯
006	衣服穿得好，可以当领导	郑现实告诉李元芳，管理者要注意自己的外在形象	管理者不但要有素质和能力，外在形象也是很重要的
007	用目标导向行为	熊浩通过事例让李元芳明白管理者需要养成"目标导向"的思维习惯和行为习惯	从技术走向管理的管理者，需要养成"目标导向"的思维习惯和行为习惯
008	目标是要做到什么程度，目的是为什么要做	在季度工作总结会上，熊浩让管理者明白了什么是目标和目的	管理者弄清楚目标和目的对带领团队高效开展工作很重要
009	从结果中享受快乐	薛勇通过在张帆身上发生的案例让李元芳明白管理者要以结果为导向	"目标导向"要求管理者首先应该关注工作结果
010	从整体和全局出发	薛勇通过李元芳在项目组中分配人力资源这一事例让李元芳明白管理者需要养成"全局思维"的习惯	从技术走向管理的管理者，需要养成"全局思维"的思维习惯和行为习惯
011	从多个角度看问题	薛勇通过两幅图让李元芳明白从多个角度看问题的重要性	"全局思维"要求管理者要善于从不同角度观察事物和人物
012	细节就是影响工作成败的那些环节	薛勇通过客户拒绝在验收报告上签字这一事例和"Y23 理论"让李元芳明白关注细节的重要性	"全局思维"要求管理者不仅要关注整体，还要关注细节

章序号	标 题	核 心 内 容	创 作 意 图
013	轻重缓急要分清	郑现实让李元芳详细了解了"时间管理四象限法"的用途并演示了具体的操作方法	从技术走向管理的管理者,需要养成"要事第一"的思维习惯和行为习惯
014	先罗盘,后时钟	郑现实通过"如何成功走出迷失的丛林"这一生活事例让李元芳明白在时间管理有效性方面需要注意先明确目标、再规划行动方案	"要事第一"告诉管理者:"方向比努力更重要"
015	"舍"与"得"	在《管理者的智慧》公开课上,培训师告诉李元芳管理者需要学会"舍得"	"要事第一"要求管理者要学会正确取舍
016	十根手指有长短,荷花出水有高低	李思思通过高低不一的荷花让李元芳明白管理者要善于发现和聚焦员工的优点	从技术走向管理的管理者,需要养成"聚焦优点"的思维习惯和行为习惯
017	"找对"而不是"找碴"	薛勇通过在张帆身上发生的案例让李元芳明白管理者要善于发现和欣赏下属身上的优点	"聚焦优点"要求管理者要善于发现和欣赏下属身上的优点
018	新木桶原理	熊浩通过"新木桶原理"让李元芳明白扬长避短的重要价值	"聚焦优点"要求管理者要善于通过扬下属之长、避下属之短来提升团队绩效
019	宽容是一种伟大的力量	"小 B 事件"和薛勇分享的"楚王的故事"让李元芳明白管理者要学会宽容下属	"人非圣贤,孰能无过"和"聚焦优点"要求管理者要学会宽容下属的"无心之过"
020	对待技术人员最要紧的两个字——尊重	郑现实通过指导李元芳处理"老 C 事件",让李元芳明白尊重技术人员对实施有效管理的好处	"聚焦优点"要求管理者要学会通过尊重下属来创造实施管理的有利条件
021	换位思考让人豁然开朗	薛勇通过让李元芳处理"小 D 事件"和分享一位朋友遇到的真实案例让李元芳明白换位思考在解决工作中遇到的问题时的重要性	"聚焦优点"要求管理者要学会用换位思考的方式来解决工作中遇到的问题
022	会"拼"才会赢	薛勇通过解析拔河比赛中电子政务软件开发部拔河队战胜系统集成部拔河队的原因让李元芳明白管理者要善于集思广益	从技术走向管理的管理者,需要让自己和团队养成"集思广益"的思维习惯和行为习惯
023	1 加 1 可能大于 2	薛勇通过捆绑在一起的筷子、足球赛、篮球赛等事例让李元芳明白在团队中实现"1 加 1 大于 2"的可能性和重要性	"集思广益"要求管理者要尽可能凝聚团队的力量创造出最大的合力和最优的绩效

章序号	标 题	核 心 内 容	创 作 意 图
024	唯有参与，才有认同	薛勇通过父母夸子女这一生活事例让李元芳明白工作中让下属尽可能多参与的重要意义	"集思广益"要求管理者要充分认识和实践"唯有参与，才有认同"这一重要的管理理念
025	管理者其实是一根穿珍珠的线	李思思把员工比喻为"珍珠"，把管理者比喻为"穿珍珠的线"，让李元芳明白管理者的重要价值其实是整合资源	"集思广益"要求管理者要善于整合团队资源
026	村看村，户看户，群众看干部	李思思告诉李元芳，在工作中管理者需要起到模范带头作用	"集思广益"要求管理者要起到"领头羊"的作用
027	身先士卒就是威，说到做到就是信	薛勇通过李元芳在工作中犯的一个小错误让李元芳进一步加深对管理者需要身先士卒、率先垂范的理解和认识	管理者在要求下属做好之前，自己先要带头做好
028	管理者要做应该做的事，而不是做喜欢做的事	薛勇和李元芳探讨管理者究竟是要做应该做的事还是做喜欢做的事，从而让李元芳明白管理者其实要做应该做的事——管理工作	从技术走向管理的管理者，需要调整好自己，少做自己喜欢的技术工作，多做管理岗位应该和需要做的管理工作
029	强将手下无弱兵吗	薛勇通过剖析李元芳代替技术工程师解决技术问题这一事例让李元芳明白管理者需要去培养下属的能力而不是替下属做事	从技术走向管理的管理者，应该学会培养下属、给下属提供锻炼的机会和平台
030	谁的"猴子"谁负责抚养	薛勇通过和李元芳分享比尔·翁肯"背上的猴子"这一理论和"小E事件"让李元芳明白管理者要让员工各司其职	"集思广益"其实也要求管理者要让下属各司其职、对自己的工作负责
031	插播："添才"与"天才"	李元芳羡慕薛勇的管理才能，薛勇说这是积累的结果	管理者管理能力的提升离不开积累，其实任何岗位都一样
032	让"我能"引发蝴蝶效应	郑现实通过向李元芳解释"蝴蝶效应"和高速列车为什么能有那么快的速度，进一步强调管理者要通过激发和提升员工的能动性和能力实现团队业绩最大化	管理者要让"我能"变为"团队能"，从而引发"蝴蝶效应"，使管理效能倍增
033	信任真的很重要	在去武汉大学做宣传性演讲的路上，郑现实和李元芳探讨信任对团队取得优秀业绩的重要性	从技术走向管理的管理者，需要在团队中"建立信任"
034	情感账户：多"存款"，少"取款"	郑现实和李元芳探讨：管理者要想被下属信任，就需要在"情感账户"中多"存款"、少"取款"	人要获得他人信任，最有效的办法就是在情感账户中多"存款"、少"取款"

章序号	标 题	核 心 内 容	创 作 意 图
035	坚持"用人不疑"	郑现实和李元芳探讨，管理者要想让下属认为我们是信任他们的，最有效的办法应该是"用人不疑"	管理者既需要被下属信任，也需要让下属感受到自己也信任他们
036	建立团队的共同价值观、共同利益和共同目标	郑现实告诉李元芳，建立团队的共同价值观、共同利益和共同目标有利于团队成员之间产生信任	"建立信任"要求管理者不但要解决管理者和员工之间的信任和被信任问题，还要解决员工之间的信任和被信任问题
037	信任不等于撒手不管	郑现实告诉李元芳，信任下属很重要，监督下属的工作进展和工作成果也很重要	管理者需要把握好信任和监督之间的平衡点
038	李元芳的半年总结	李元芳总结了担任部门副经理半年以来个人履职情况和个人成长情况	李元芳的半年总结将从技术走向管理的管理者应该养成哪些思维习惯和行为习惯——列出
039	沟通应该这样进行	薛勇告诉李元芳沟通的三大要素，沟通是循环渐进的，以及沟通的基本问题是"心态"、基本原理是"关心"、基本要求是"主动"	管理者的沟通能力至关重要。管理者要做到有效沟通，先要掌握基本的沟通知识，再去练习沟通技巧
040	保持信息的一致性	薛勇告诉李元芳，管理者要保持信息的一致性，过滤信息对工作是有害的，管理者既不要向上过滤信息，也不要向下过滤信息	在对上和对下的沟通过程中，管理者保持信息的一致性非常重要
041	会讲的永远不如会听的	在《有效沟通管理》课程中，培训师告诉李元芳学会聆听很重要	管理者不但要会"说"，更要会"听"
042	话说三遍淡如水	李思思通过"小 F 现象"告诉李元芳，管理者和下属沟通时，要做到切中要害、点到为止，不要唠叨不停	管理者和下属沟通时，应该挖掘下属内心深处的需求和真正的渴望
043	因人而异的沟通原则和沟通要领	郑现实和李元芳分享了他总结出来的与上司、下属、平级及外部客户沟通的原则和要领	管理者需要针对不同的对象选择使用不同的沟通原则和沟通要领
044	管理者的首要角色是服务者	熊浩通过"小 G 事件"让李元芳明白管理者的首要角色其实应该是服务者	管理者不要把自己看成是"高高在上"的领导，而应该把自己看成是为下属提供服务的服务者
045	用人部门的管理者是首要人力资源培养者	薛勇告诉李元芳，用人部门的管理者应当承担培养下属的主要责任	培养员工不是人力资源部的事，用人部门的管理者应当承担培养下属的主要责任

章序号	标　题	核 心 内 容	创 作 意 图
046	领导力的三大主要来源——职权、技能和人格魅力	薛勇告诉李元芳，管理者的领导力来源于职权、技能和人格魅力，三者相得益彰，管理者需要重点培养和使用自己的技能和人格魅力	在工作中，管理者需要多发挥自己的技能和人格魅力，不要滥用职权
047	影响力是逐步建立的	薛勇通过"陈阿土的故事"，让李元芳明白管理者的影响力是逐步建立起来的	管理者要通过不断影响他人，从而让他人被自己影响
048	走过履职部门副经理第一年	李元芳总结了自己担任部门副经理一年的工作情况和取得的进步	回顾从技术走向管理的管理者所需要养成的七个习惯，以及管理者沟通和领导力的提升技巧，进一步对这些知识进行阐述

附录 B：第二篇梗概

表 B-1　第二篇梗概

章序号	标　题	核 心 内 容	创 作 意 图
049	"承上"与"启下"	薛勇告诉李元芳，对于中层管理者来说，"承上"和"启下"都很重要，但"承上"比"启下"更重要	中层管理者是公司和员工之间的桥梁，要发挥好"承上"和"启下"的纽带作用
050	做企业的铺路人	郑现实告诉李元芳，中层管理者要以主人翁精神做好企业的建设者	中层管理者要做企业的主人，不要有"打工心态"
051	和下属保持适当的距离	在"中层管理者如何处理好人际关系"培训会上，主讲老师告诉李元芳，中层管理者要和下属保持适当的距离	中层管理者不宜和下属走得太近，要保持适当的距离。疏远下属固然不好，但和下属走得太近往往会对自己的管理工作造成负面影响
052	配合他人才能更好地成就自己	在"中层管理者如何处理好人际关系"培训会上，主讲老师告诉李元芳，中层管理者要尽量多配合兄弟部门的工作	中层管理者要学会多去配合兄弟部门的工作，而不是"各人自扫门前雪"
053	管理就是要贯彻执行	在"中层管理者如何处理好人际关系"培训会上，主讲老师告诉李元芳，中层管理者要多支持上司的工作、为上司建言献策	中层管理者既需要贯彻执行上司的命令，也需要为上司建言献策，并想方设法减少因上司考虑不周对结果造成的影响
054	中层管理者应有的角色认知	李元芳从五个方面总结了自己对中层管理者的角色认知	中层管理者只有正确认知自己的角色，才能履行好自己的岗位职责
055	"忠"与"患"	李元芳在福州做人力资源总监的表哥通过"小 H 事件"告诉李元芳，一个下属只能有一个顶头上司	管理者要避免"多头"管理
056	"天使"与"天使的行为"	李元芳在福州做人力资源总监的表哥告诉李元芳，要善于通过规章制度和绩效激励引导员工达到管理者的要求	管理者要多聚焦在员工的行为改变上
057	"特殊"员工"特别"对待	李元芳在福州做人力资源总监的表哥给李元芳分享了七类"特殊"员工的特点及管理方法	管理者不仅要做常规管理，还要做"异常"或"特别"管理
058	制度建设与人文关怀	李元芳在福州做人力资源总监的表哥告诉李元芳，管理者要做到制度建设与人文关怀并举	制度建设与人文关怀是孪生姐妹，管理者要保持两者的和谐共进
059	管理者的"五心"领导术	李元芳在福州做人力资源总监的表哥告诉李元芳，中层管理者在履行岗位职能时，需要做到尽心、关心、细心、虚心和耐心	尽心、关心、细心、虚心和耐心是管理者不可或缺的"五心"

续表

章序号	标 题	核 心 内 容	创 作 意 图
060	用系统方法代替过往经验	薛勇通过"加班"这一现象告诉李元芳要用好的方法来代替过往经验，从而实施更高效的管理	管理者不能仅凭经验来实施管理，而是应该多提炼实用的方法
061	好的管理应该既简单又有效	薛勇通过技术工作追踪流程的优化让李元芳明白好的管理应该是既简单又有效的	管理者应该注意，好的管理应该既简单又有效，复杂而有效或简单而无效的管理都不是好的管理
062	工作追踪要这样做	薛勇把技术工作追踪流程优化为四个步骤：收集工作数据、做出工作评价、寻求改进方案、建立共识和承诺	管理者需要用合适的流程来追踪下属的工作
063	两点之间并非线段最短	熊浩告诉李元芳，管理者需要学会变通，当条件发生了改变时，一定要注意动态调整管理办法	管理者的灵活变通很重要
064	管理是一门科学，更是一门艺术	熊浩通过电影《井冈山》的故事片段告诉李元芳，管理者在把握原则性的同时注意灵活性	管理者既要有原则性，又要有灵活性
065	在哪里跌倒，就在哪里趴下	熊浩告诉李元芳，管理者犯点错误不可怕，但一定要善于总结和反思，不犯同样的错误。同时，李元芳总结了自己担任部门副经理第二年的工作情况和个人成长情况	管理者要学会总结和反思

附录 C：第三篇梗概

表 C-1　第三篇梗概

章序号	标　　题	核　心　内　容	创　作　意　图
066	元芳，你怎么看	狄仁杰告诉李元芳，一名管理者"不在其位"时也需要适当"先谋其政"	管理者需要站在更高的职位上来思考一些问题
067	插播：用博客记录心情和积累心得	李元芳开通了自己的博客，并写下了第一篇文章	管理者记录和总结自己的管理心得很重要
068	管理者的成功建立在团队和下属成功的基础之上	薛勇告诉李元芳及其他管理者，管理者要先让团队和下属成功	团队和下属成功在前，管理者成功在后，没有团队和下属的成功就没有管理者的成功
069	"诊断"与"处方"	李元芳通过"小孩争抢橘子事件"让张帆明白，处理"小 J 事件"，应该是先"诊断"、再"开方"	管理者在处理问题时，应该注意先弄清原因，再寻找解决方案
070	从事实出发来实施管理	李元芳通过"小 M 事件"让张帆明白，管理者在处理问题时一定要以事实为依据	管理者在处理问题时，一定要先弄清事实，再动用管理的"胡萝卜"或"大棒"
071	Think、Talk 和 Do	薛勇告诉李元芳及其他管理者，中层管理者首要工作应该是"Think"（思考）、其次是"Talk"（传播）、最后是"Do"（执行）	中层管理者需要注意处理好"Think"（思考）、"Talk"（传播）和"Do"（执行）的重要性顺序
072	"推"与"拉"的哲理	李元芳告诉张帆，管理者需要通过建立团队的共同价值观、共同愿景、共同利益诉求、共同目标和共同思路，"拉"团队前行	管理者需要通过共识的"拉力"来领导团队，而不是通过行政命令的"推力"来驱使团队
073	管理者的胸怀是靠委屈撑大的	李元芳通过案例向网友"我是一阵风"（实际上就是张帆）解释管理者的胸怀是靠委屈撑大的	管理者需要有承受委屈的胸怀
074	管理者要"授人以渔"	李元芳告诉项目经理小 Y，管理者要"授人以渔"，而不仅仅是"授人以鱼"	对管理者来说，教会员工做事比替员工做事重要得多
075	人才甄选的"真经"	薛勇给李元芳系统地分享了一些人才甄选和招聘时需要注意的问题和方法	如何甄选和招聘人才是管理者必须掌握的技能
076	管理者眼中的需求观	李元芳在"我们应该如何更好地服务于客户"演讲中阐述，管理者需要满足他人"所需"，他人才能成就管理者"所求"	管理者需要培养正确的"需求观"

章序号	标　题	核　心　内　容	创　作　意　图
077	拉杆箱中的智慧	李元芳告诉张帆，管理者既要做一根"能屈能伸"的拉杆，也要做一根"需要时能及时出现，不需要时不要出来碍事"的拉杆	管理者要做一根有智慧的"拉杆"
078	"低头拉车"与"抬头看路"	在"打造优秀中层管理者"实战特训营培训课上，培训师告诉李元芳，管理者要"先抬头看清路，再低头拉好车"	管理者要"先抬头看清路，再低头拉好车；边抬头看清路，边低头拉好车"
079	决策不能"拍脑袋"	在"打造优秀中层管理者"实战特训营培训课上，培训师和大家一起开发出有效决策的基本流程	管理者不能仅仅依靠"拍脑袋"进行决策，而是要用科学的方法加以指导
080	工作分派就该这样做	在"打造优秀中层管理者"实战特训营培训课上，培训师和大家一起开发出工作分派的流程	管理者在给下属分派工作时不能"随性"，而是应该依据科学的工作分派流程
081	插播：读书才能赢	李元芳告诉张帆，看书对提升自己的管理能力非常有帮助	管理者要多学习，不断提升自己
082	激励比监督更重要	李元芳通过处理下属对张帆的投诉让张帆明白，管理者需要监督下属，更需要激励下属	管理者"不要像膏药一样贴在员工的后背上"，在必要监督的同时，要多一些鼓励和激励
083	授权也是一种激励手段	李元芳告诉张帆，管理者可以通过把一些有挑战性的工作授权给下属，达到激励下属的目的	管理者要清楚地认识到授权也是对下属的一种激励手段
084	合理授权很重要	李元芳通过"张帆让秘书提交《浮动工资考核表》"这一错误的授权让张帆明白授权应该合理	管理者应该明白，一些权力不能"授"给下属
085	管理者授"权"不授"责"	李元芳通过处理"小 X 事件"让项目经理小 Z 明白，管理者应该授"权"但不应该授"责"	管理者可以授权下属去完成工作，但管理者需要对下属完成工作的进度和质量负责
086	不怕没有待遇，就怕没有希望	李元芳向网友"前夜星辰"阐释让员工看到希望和未来是非常重要的	管理者不仅要为员工提供待遇，还要为员工构建未来和希望
087	让基层员工得实惠,让高层员工有理想	李元芳向网友"前夜星辰"阐释对待基层员工和高层员工应该采用不同的办法，即让基层员工得实惠，让高层员工有理想	管理者需要分别满足不同员工的不同需求

章序号	标　题	核　心　内　容	创　作　意　图
088	不要让"沉默"的人"寂寞"	李元芳向网友"昨夜星辰"阐释要公平公正地对待和关心员工，特别是不能忽略那些性格内向的员工	管理者对待员工要一视同仁，要多关注性格内向的员工和兢兢业业、默默无闻的员工
089	让有才华的人没有犯错误的机会	李元芳向网友"昨夜星辰"阐释，可以通过建立规章制度、加强日常管理、合理安排工作等方式，发挥下属的优点，避开他们的缺点	管理者要想办法发挥下属的优点，避开他们的缺点
090	这样化解技术牛人之间的冲突	李元芳向网友"昨夜星辰"阐释，可以通过预防措施来降低技术牛人之间发生冲突的概率，可以通过应急措施来处理技术牛人之间已经发生的冲突	冲突处理是管理者需要掌握的一门软技能
091	管理者需要"鞭打慢牛"	李元芳向网友"今夜星辰"阐释，管理者应该爱惜"快牛"、鞭策"慢牛"	管理者不应该"鞭打快牛"，应该多想办法"鞭打慢牛"
092	外圆而内方	李思思告诉李元芳，管理者应该做到"外圆（圆通、有适当的灵活性）而内方（正直、有原则）"	管理者应该做到"外圆而内方"，将原则性和灵活性相结合
093	从指挥，到指导，到发动	薛勇告诉李元芳，管理的三个层次是"指挥""指导""发动"，管理者要向最高层次"发动"努力	管理的三个层次是"指挥""指导""发动"，管理者应该尽快由"指挥"过渡到"发动"
094	培养下属良好习惯的六个要点	薛勇向李元芳分享了培养下属良好习惯的六个要点	管理者在培养下属行为习惯方面要采用科学、合理的步骤
095	绩效考核应该这样做	薛勇和李元芳详细探讨了绩效考核的七个方面：绩效考核动员、绩效考核办法的制定、绩效考核办法的宣传、绩效考核的辅导、绩效考核办法的执行、绩效考核结果的面谈和绩效考核总结	如何进行绩效考核是管理者必须掌握的技能
096	"救火"与"预防"	李元芳向网友"闻鸡起舞"阐释"预防比救火更重要"，管理者要想少"救火"就必须多"预防"	管理者应该多安排时间处理"重要但不紧急"的事务，从而逐步减少"重要而紧急"的"救火"事件的发生
097	这样处理员工的工作偏差	李元芳向网友"不知所措"分享了"处理员工工作偏差"的五个步骤	管理者需要有效处理员工工作中出现的偏差
098	这样接收和处理客户投诉	李元芳向网友"心如迷雾"分享了"接收和处理客户投诉"的九个步骤	管理者应该正确地接受和处理客户投诉

章序号	标　题	核　心　内　容	创　作　意　图
099	成绩源自点滴积累	李元芳对自己担任部门经理一年的工作情况和个人成长情况进行了总结	强调积累对管理者成长的重要性
100	总结是成功之父	李元芳从八个方面总结了自己三年管理工作生涯的心得和体会	再次强调管理者学会总结是非常重要的

附录 D：第四篇梗概

表 D-1　第四篇梗概

章序号	标　　题	核　心　内　容	创　作　意　图
101	领导和管理的五大区别	郑现实和李元芳分享领导与管理的五大区别	管理者要想成功从管理走向领导，必须弄清楚领导与管理的区别
102	领导力所包含的六个方面	李元芳从李思思分享的文章中了解到领导力主要包含感召力、吸引力、影响力、前瞻力、决断力和控制力六个方面	让管理者清楚应该从哪些方面来培养自己的领导力
103	领导力来源的五大基本要素	薛勇给李元芳分享了"五层领导力"及领导力来源的五大基本因素	让管理者清楚自己已具备哪个层次的领导力并知道领导力从何而来
104	管理者领导力的修炼方法	表哥给李元芳分享了管理者领导力的五种修炼方法	让管理者明白可以通过哪些途径来修炼自己的领导力
105	实战:管理者领导力的综合应用	通过一个案例展示了李元芳的部分领导力	通过案例的形式，让管理者体会领导力的具体应用
106	鼓舞人心也是领导力	李元芳通过对下属张帆的鼓励，让张帆重拾考试信心	让管理者了解到，管理者善于鼓舞人心，也是一种领导力
107	管理者对下属的领导力	李元芳总结了管理者对下属领导力五个方面的体现和四种修炼方法	让管理者清楚在下属身上可以展现自己哪些方面的领导力，以及如何修炼这些领导力
108	管理者对上司的领导力	李元芳总结了管理者对上司领导力两个方面的体现和三种修炼方法	让管理者清楚在上司身上可以展现自己哪些方面的领导力，以及如何修炼这些领导力
109	管理者对平级的领导力	李元芳总结了管理者对平级领导力三个方面的体现和三种修炼方法	让管理者清楚在平级身上可以展现自己哪些方面的领导力，以及如何修炼这些领导力
110	管理者对客户的领导力	李元芳总结了管理者对客户领导力两个方面的体现和三种修炼方法	让管理者清楚在客户身上可以展现自己哪些方面的领导力，以及如何修炼这些领导力
111	"检阅"领导力	郑现实"检阅"李元芳对领导力的领悟和实践	让管理者对领导力有一个完整、清晰的认识